本研究得到国家自然科学基金资助（No. 70673013、No. 71073029、No. 70873025）

中国出境旅游
市场定位与影响因子

郭英之　著

知识产权出版社
全国百佳图书出版单位

内容提要

本书在中外相关文献综述的基础上，结合市场抽样调查和典型案例追踪，基于推拉力因子机理，将市场定位与出境旅游目的地相结合，研究中国出境旅游市场定位特征；运用因子归纳推理分析，研究基于推力因子和拉力因子的出境旅游市场影响因素之间的相关性；并在此基础上，运用可持续发展原理，研究中国出境旅游市场定位与影响因素的可持续发展。同时，通过对中国出境旅游市场的抽样调查研究旨在阐明中国出境旅游者购物行为的基本特征及其购物消费特征，从而为中国出境旅游消费研究提供新的视角。

本书可为中国及出境旅游目的地国家和地区的出境旅游政策调整、出境旅游产品营销等提供参考依据，也可为政府旅游机构、经营出境业务的旅游企业，制定相应的出境旅游市场策略，提供量化科学依据。

责任编辑：江宜玲　　　　　**责任出版**：卢运霞

图书在版编目（CIP）数据

中国出境旅游 市场定位与影响因子/郭英之著. —北京：知识产权出版社，2012.6
ISBN 978-7-5130-1193-8

Ⅰ.①中… Ⅱ.①郭… Ⅲ.①出入境—旅游—研究—中国 Ⅳ.①F592.3

中国版本图书馆 CIP 数据核字（2012）第 053226 号

中国出境旅游 市场定位与影响因子

ZHONGGUO CHUJING LÜYOU SHICHANG DINGWEI YU YINGXIANG YINZI

郭英之　著

出版发行：知识产权出版社

社　　址：北京市海淀区马甸南村1号	**邮　　编**：100088
网　　址：http://www.ipph.cn	**邮　　箱**：bjb@cnipr.com
发行电话：010-82000860 转 8101/8102	**传　　真**：010-82000507/82000893
责编电话：010-82000860 转 8339	**责编邮箱**：jiangyiling@cnipr.com
印　　刷：知识产权出版社电子制印中心	**经　　销**：新华书店及相关销售网点
开　　本：787mm×1092mm 1/16	**印　　张**：15.5
版　　次：2012年8月第1版	**印　　次**：2012年8月第1次印刷
字　　数：237千字	**定　　价**：48.00元

ISBN 978-7-5130-1193-8/F·516（4067）

前　言

近年来中国经济不断发展，国民生活水平不断提高，特别是人民币对美元不断升值，使中国游客出境旅游成本不断降低，不但极大地提高了中国居民出境旅游的市场规模，而且极大地提高了中国居民出境旅游的购买能力。

本研究在中外相关文献综述基础上，结合市场抽样调查和典型案例追踪，基于推拉力因子机理，运用多维空间分析和矢量分析，将市场定位与出境旅游目的地相结合，研究中国出境旅游市场定位特征，运用因子归纳推理分析，将出境旅游者行为模式与旅游客源市场相结合，研究基于拉力因子的中国出境旅游市场定位的感知特征模式与影响因素；将出境旅游目的地的区域旅游特征与市场定位研究相结合，研究基于拉力因子的出境旅游目的地市场定位与影响因素之间的关系；将相关分析法与出境旅游市场细分特征相结合，研究基于推力因子和拉力因子的出境旅游市场影响因素之间的相关性；并在此基础上，运用可持续发展原理，研究中国出境旅游市场定位与影响因素的可持续发展。同时，通过对中国出境旅游市场的抽样调查研究旨在阐明中国出境旅游者购物行为的基本特征及其购物消费特征，从而为中国出境旅游消费研究提供新的视角。

本研究可为中国及出境旅游目的地国家和地区的出境旅游政策调整、出境旅游产品营销等提供参考依据，也可为政府旅游机构、经营出境业务的旅游企业，制定相应的出境旅游市场策略，提供量化科学依据。

目 录

第一章　中国出境旅游市场定位与影响因子的研究背景

第一节　引　言

回顾世界旅游市场的发展过程，旅游业已成为当代世界经济中不可缺少的组成部分。旅游市场是一个新兴且具有强大生命力的市场。近几年，旅游业发展迅速，在区域、全球经济发展上的贡献也被大众所普遍认同（Seddighi and Theocharous，2002）[1]。旅游业已经成为仅次于石油产业的世界第二大出口产业，而且当前还在迅猛发展。联合国世界旅游组织（World Tourism Organization，WTO）表示，尽管出现金融危机而且油价高涨，但2009年国际旅游人数将近9亿人次，预测2010年全球观光业收入增长将超过4%，2010年全球观光市场依旧看好（凤凰网，2010）[2]。

根据联合国世界旅游组织的统计分析：2008年全球国际旅游入境达9.2亿人次，比2007年增加约1 900万人次；增长率达到2.1%。2009年受到经济不景气及H1N1蔓延全球的影响，国际旅游人数略有下滑，预计2010年全球国际旅游继续保持快速增长（见表1－1），其中亚太地区接待国际旅游入境人数增长1.1%；美洲地区增长3.0%；非洲地区和中东地区也分别增长了3.8%和18.2%。

2009年国际旅游入境人数比2008年下降约4 000万人次，其中欧洲地区下降2 740万人次，约占下降总数的68.5%；亚太地区下降360万人次，约占下降总数的9%；美洲地区和中东地区分别下降760万人次和310万人次，各占下降总数的19%和7.75%；值得注意的是，非洲地区增加240万人次，在一蹶不振的全球旅游市场中独树一帜（见表1－1）。

表 1 - 1　2008～2009 年各区域接待国际旅游入境人数、增长率与比例

各区域	2008 年国际旅游			2009 年国际旅游		
	总人数（万人次）	增长率（%）	比例（%）	总人数（万人次）	增长率（%）	比例（%）
全世界	92 000	2.0	100.0	88 000	-4.3	100.0
欧洲地区	48 710	0.3	52.9	45 970	-5.6	52.2
亚太地区	18 410	1.1	20.0	18 050	-1.9	20.5
美洲地区	14 710	3.0	16.0	13 950	-5.1	15.9
非洲地区	4 570	3.8	5.0	4 810	5.1	5.5
中东地区	5 560	18.2	6.1	5 250	-5.6	6.0

资料来源：World Tourism Organization（2010），*UNWTO World Tourism Barometer*［Online］. Available：http：//www. unwto. org/facts/eng/barometer. htm.

而从世界旅游经济发展来看，一如全球国际旅游增长一样，表现出区域发展不平衡特征。从世界旅游总需求（见表 1 - 2）来看，欧盟和北美地区的旅游总需求分别达到 24 868.81 亿美元和 20 407.64 亿美元，虽然增长率仅为 2.2% 和 3.0%，且低于世界旅游总需求增长率 3.9% 的水平，但其占世界旅游总需求的比重却分别达到 35.2% 和 28.9%，加上东北亚地区的比重为 16.8%，3 个地区占世界旅游总需求的比重达到 80.9%。

其他众多地区虽然旅游总需求保持较快的增长率，但是占世界旅游总需求的比重却比较小，充分显示出欧美地区仍然占世界旅游总需求重要地位，尤其是欧盟地区，虽然涨幅较小，但和其他区域比较起来仍占世界第一位。欧洲旅游区是全世界最大旅游区，旅游者接待量和旅游收入都位居世界第一。欧洲除拥有丰富的旅游资源外，欧盟一体化进程中建立的一系列促进欧盟经济发展的政策，也大大促进了旅游业发展（European Commission，2009）[3]。

根据世界旅游组织的报告，至 2020 年欧洲国家入境旅游者将达到 7.17 亿人次，年增长率将达到 3%。虽然其所占有市场比例可能从 1995 年的 59.8% 下降到 2020 年的 45.9%（主要导因是中东、东亚和太平洋地区及南亚地区的强有力竞争），但欧洲仍将保持世界最大市场比例地位（United Nations World Tourism Organization，UNWTO，2008）[4]。

表1-2　2007年世界各旅游区主要旅游经济指标

世界各区域	旅游总需求		旅游经济 GDP	
	总量（亿美元）	增长率（%）	总量（亿美元）	占区域 GDP 比例（%）
全世界	70 602.88	3.9	49 592.82	100.0
欧盟地区	24 868.81	2.2	17 676.64	10.9
北美地区	20 407.64	3.0	16 735.22	10.5
东北亚地区	11 848.10	6.5	9 740.67	10.6
东南亚地区	1 967.94	5.1	1 430.04	10.6
拉丁美洲地区	1 863.56	7.9	1 289.25	7.3
中东地区	1 722.42	5.9	1 175.31	9.6
南亚地区	820.37	8.1	623.73	5.5
北非地区	619.85	7.6	519.46	13.6
加勒比地区	560.77	3.0	402.50	16.5

资料来源：World Travel & Tourim Council（2007），*the* 2007 *Travel & Tourism Economic Research*，[Online]．Available：http：//www. wttc. org/.

第二节　研究背景与研究意义

（一）中国出境旅游市场的发展现状

随着1978年以来中国改革开放的不断深入，中国经济得到了迅速发展。随着中国居民人均可支配收入的增加，出境旅游的需求也不断增加，中国公民出境旅游市场迅猛增长（见图1-1）。自1990年起我国政府正式开放新、马、泰、菲等国作为我国公民出境旅游目的地国家，1993年我国公民出境旅游数量为374万人次，2000年为1 000多万人次，2002年则达到1 660多万人次，2003年尽管受到SARS等因素的影响，但全年出境旅游人数仍达到了2 022万人次，比2002年增长了21.79%，首次超过日本1 700万人次数左右的出境规模。2004年出境旅游人数达到2 885.29多万人次，比2003年增长

42.68%，成为亚洲最大的旅游客源输出国，并跻身全球出境旅游消费前10位（张海燕，2005）。[5] 2005年出境旅游人次为3 102.6万人次，比2004年增长了8.36%；2006年出境旅游人次为3 452.4万人次，比2005年增长了10.42%。从1993～2006年，我国公民出境旅游总人次达1.94亿人次，年平均增长率达到58.78%。2008年出境旅游人数达到4584.44万人次，比2007年增长11.9%，中国公民（自费）出境旅游市场迅猛增长（中国旅游统计年鉴编辑委员会，1993～2009）。

据世界旅游组织预测，到2020年我国居民出境旅游数量将达到1亿人次，占全球出境旅游市场的6.2%，仅次于德国、日本和美国，位居全球第4（WTO，1999）[6]。

总体看来，2000～2008年旅行社组织的中国居民出境旅游总人次达24 061.76万人次，年平均增长率达到19.88%（见图1－2）。但相比于中国国内旅游人次年平均增长率的53.5%，仍存在较大差距。此外，中国出境旅游人次只占国内旅游和入境旅游总人次的2.5%，说明尽管中国出境旅游的发展速度较快，但是其市场份额并不大。

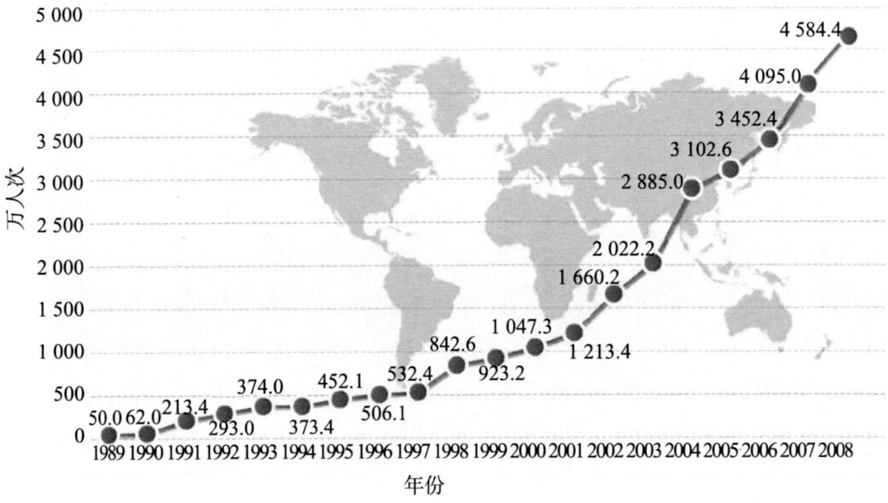

图1－1　中国出境旅游市场人次（1989～2008）

资料来源：中国旅游统计年鉴编辑委员会（1993～2008）[7]

中国旅游协会（2009）[8]。

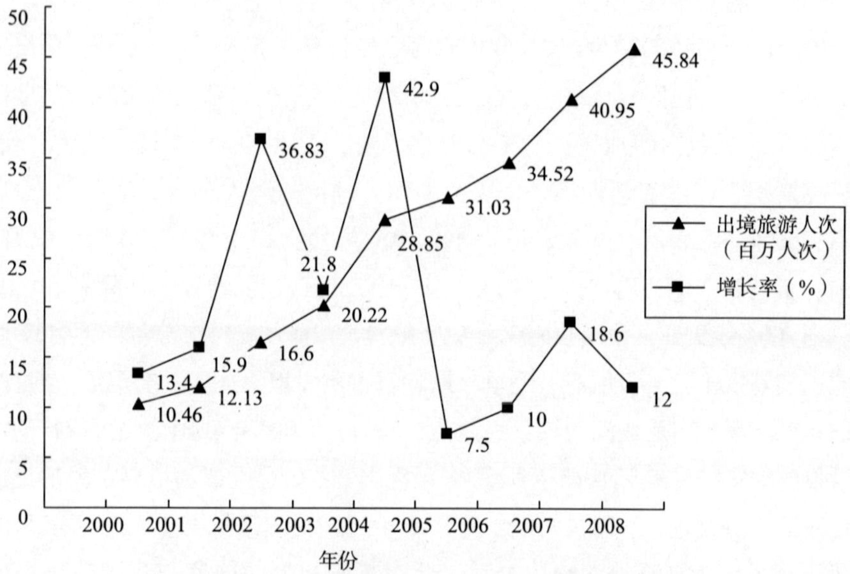

图 1－2　中国出境旅游市场发展情况（2000～2008）

资料来源：《中国统计年鉴（2001～2009）》[9]。

（二）中国出境旅游市场的管理

我国政府对我国出境旅游市场和出境旅游目的地国家（地区）管理采取"有组织、有计划、有控制地适度发展"的指导方针：一是对方是我国的客源国；二是政治上对我国友好；三是其旅游资源有吸引力，具备适合我国旅游者的接待服务设施；四是对我国旅游者在法律、行政等方面没有歧视性、限制性政策，使我国旅游者有安全保障；五是具有良好的可进入性等原则和程序；六是切实搞好我国出境旅游的宏观调控，防止出现旅游贸易逆差，不能因扩张过猛而影响我国外汇储备增长；七是充分利用我国越来越明显的客源输出国地位，最终实现"以出境带旺入境"的目标（钟海生、郭英之，2001[10]）。

我国出境旅游是从我国公民自费出境探亲旅游发展而来的。自 1990 年起，我国政府陆续开放新加坡、马来西亚、泰国、菲律宾为探亲旅游的目的地国家，1997 年起，根据新的原则与程序，陆续批准开放了一些我国公民自费出国旅游的目的地国家，使出境探亲旅游正式改变为我国公民自费出国旅游（肖曲，1997）。截至2003年年底，我国政府已经批准了57个我国公民自费出境旅游目的地国家（地区），其中，我国公民目前可成行的自费出境旅游目的地国家已达到32个，包括新加坡、马来西亚、泰国、菲律宾、俄罗斯、蒙古、朝鲜、哈萨克斯坦、吉尔吉斯斯坦、塔吉克斯坦、韩国、澳大利亚、新西兰、日本、越南、柬埔寨、缅甸、文莱、尼泊尔、印度尼西亚、土耳其、埃及、马耳他、德国、斯里兰卡、马尔代夫、印度、南非、古巴、克罗地亚、匈牙利和巴基斯坦。到2004年9月，我国政府又开放了欧洲26国为新的旅游目的地，12月又开放了埃塞俄比亚、肯尼亚、毛里求斯、塞舌尔、坦桑尼亚、突尼斯、赞比亚、津巴布韦非洲8国及亚洲的约旦（张煦，2004）。2004年我国公民可成行的出境旅游目的地国家（地区）已达到67个，标志着我国已经成为世界重要的出境旅游输出国（陈富钢，2004）。截至2009年年底，我国已批准135个国家和地区为我国公民出境旅游目的地。今后，会有越来越多的国家与我国签订出境旅游合同，中国公民出境旅游目的地会越来越多（见表1-3）。

表1-3　中国已开放的出境旅游目的地国家和地区

开放年份	中国公民出境旅游目的地国家和地区	数量
1990~1993	新加坡，马来西亚，泰国，菲律宾	4
1994	新加坡，马来西亚，泰国，菲律宾，俄罗斯	5
1995	新加坡，马来西亚，泰国，菲律宾，俄罗斯，蒙古	6
1996	新加坡，马来西亚，泰国，菲律宾，俄罗斯，蒙古，朝鲜	7
1997	新加坡，马来西亚，泰国，菲律宾，俄罗斯，蒙古，朝鲜，哈萨克斯坦，吉尔吉斯斯坦，塔吉克斯坦	10
1998	新加坡，马来西亚，泰国，菲律宾，俄罗斯，蒙古，朝鲜，哈萨克斯坦，吉尔吉斯斯坦，塔吉克斯坦，韩国	11
1999	新加坡，马来西亚，泰国，菲律宾，俄罗斯，蒙古，朝鲜，哈萨克斯坦，吉尔吉斯斯坦，塔吉克斯坦，韩国，澳大利亚，新西兰	13
2000~2001	新加坡，马来西亚，泰国，菲律宾，俄罗斯，蒙古，朝鲜，哈萨克斯坦，吉尔吉斯斯坦，塔吉克斯坦，韩国，澳大利亚，新西兰，日本，越南，柬埔寨，缅甸，文莱	18

续表

年份	中国公民出境旅游目的地国家和地区	数量
2002	新加坡，马来西亚，泰国，菲律宾，俄罗斯，蒙古，朝鲜，哈萨克斯坦，吉尔吉斯斯坦，塔吉克斯坦，韩国，澳大利亚，新西兰，日本，越南，柬埔寨，缅甸，文莱，尼泊尔，印度尼西亚，马耳他，土耳其，埃及	23
2003	新加坡，马来西亚，泰国，菲律宾，俄罗斯，蒙古，朝鲜，哈萨克斯坦，吉尔吉斯斯坦，塔吉克斯坦，韩国，澳大利亚，新西兰，日本，越南，柬埔寨，缅甸，文莱，尼泊尔，印度尼西亚，马耳他，土耳其，埃及，德国，斯里兰卡，马尔代夫，印度，南非，古巴，克罗地亚，匈牙利，巴基斯坦	32
2004	新加坡，马来西亚，泰国，菲律宾，俄罗斯，蒙古，朝鲜，哈萨克斯坦，吉尔吉斯斯坦，塔吉克斯坦，韩国，澳大利亚，新西兰，日本，越南，柬埔寨，缅甸，文莱，尼泊尔，印度尼西亚，马耳他，土耳其，埃及，德国，斯里兰卡，马尔代夫，印度，南非，古巴，克罗地亚，匈牙利，巴基斯坦，欧洲 26 国，非洲 8 国（埃塞俄比亚，肯尼亚，毛里求斯，塞舌尔，坦桑尼亚，突尼斯，赞比亚，津巴布韦），约旦等	67
2005	泰国，新加坡，马来西亚，菲律宾，韩国，澳大利亚，新西兰，日本，越南，柬埔寨，缅甸，文莱，马耳他，印度尼西亚，土耳其，埃及，尼泊尔，德国，印度，马尔代夫，斯里兰卡，南非，克罗地亚，匈牙利，巴基斯坦，古巴，希腊，法国，荷兰，比利时，卢森堡，葡萄牙，西班牙，意大利，奥地利，芬兰，瑞典，捷克，爱沙尼亚，拉脱维亚，立陶宛，波兰，斯洛文尼亚，斯洛伐克，塞浦路斯，丹麦，冰岛，爱尔兰，挪威，罗马尼亚，瑞士，列支敦士登，埃塞俄比亚，津巴布韦，坦桑尼亚，毛里求斯，突尼斯，塞舌尔，肯尼亚，赞比亚，约旦，北马里亚纳群岛联邦，斐济，瓦努阿图，英国，智利，牙买加，俄罗斯，巴西，墨西哥，秘鲁，安提瓜和巴布达，巴巴多斯，老挝等	74
2006	泰国，新加坡，马来西亚，菲律宾，韩国，澳大利亚，新西兰，日本，越南，柬埔寨，缅甸，文莱，马耳他，印度尼西亚，土耳其，埃及，尼泊尔，德国，印度，马尔代夫，斯里兰卡，南非，克罗地亚，匈牙利，巴基斯坦，古巴，希腊，法国，荷兰，比利时，卢森堡，葡萄牙，西班牙，意大利，奥地利，芬兰，瑞典，捷克，爱沙尼亚，拉脱维亚，立陶宛，波兰，斯洛文尼亚，斯洛伐克，塞浦路斯，丹麦，冰岛，爱尔兰，挪威，罗马尼亚，瑞士，列支敦士登，埃塞俄比亚，津巴布韦，坦桑尼亚，毛里求斯，突尼斯，塞舌尔，肯尼亚，赞比亚，约旦，北马里亚纳群岛联邦，斐济，瓦努阿图，英国，智利，牙买加，俄罗斯，巴西，墨西哥，秘鲁，安提瓜和巴布达，巴巴多斯，老挝，蒙古，汤加，格林纳达，巴哈马等	78

续表

年份	中国公民出境旅游目的地国家和地区	数量
2007	泰国，新加坡，马来西亚，菲律宾，韩国，澳大利亚，新西兰，日本，越南，柬埔寨，缅甸，文莱，马耳他，印度尼西亚，土耳其，埃及，尼泊尔，德国，印度，马尔代夫，斯里兰卡，南非，克罗地亚，匈牙利，巴基斯坦，古巴，希腊，法国，荷兰，比利时，卢森堡，葡萄牙，西班牙，意大利，奥地利，芬兰，瑞典，捷克，爱沙尼亚，拉脱维亚，立陶宛，波兰，斯洛文尼亚，斯洛伐克，塞浦路斯，丹麦，冰岛，爱尔兰，挪威，罗马尼亚，瑞士，列支敦士登，埃塞俄比亚，津巴布韦，坦桑尼亚，毛里求斯，突尼斯，塞舌尔，肯尼亚，赞比亚，约旦，北马里亚纳群岛联邦，斐济，瓦努阿图，英国，智利，牙买加，俄罗斯，巴西，墨西哥，秘鲁，安提瓜和巴布达，巴巴多斯，老挝，蒙古，汤加，格林纳达，巴哈马，孟加拉国，叙利亚，安道尔，摩洛哥，摩纳哥，保加利亚，乌干达，阿曼，纳米比亚，阿根廷和委内瑞拉等	89
2008	泰国，新加坡，马来西亚，菲律宾，韩国，澳大利亚，新西兰，日本，越南，柬埔寨，缅甸，文莱，马耳他，印度尼西亚，土耳其，埃及，尼泊尔，德国，印度，马尔代夫，斯里兰卡，南非，克罗地亚，匈牙利，巴基斯坦，古巴，希腊，法国，荷兰，比利时，卢森堡，葡萄牙，西班牙，意大利，奥地利，芬兰，瑞典，捷克，爱沙尼亚，拉脱维亚，立陶宛，波兰，斯洛文尼亚，斯洛伐克，塞浦路斯，丹麦，冰岛，爱尔兰，挪威，罗马尼亚，瑞士，列支敦士登，埃塞俄比亚，津巴布韦，坦桑尼亚，毛里求斯，突尼斯，塞舌尔，肯尼亚，赞比亚，约旦，北马里亚纳群岛联邦，斐济，瓦努阿图，英国，智利，牙买加，俄罗斯，巴西，墨西哥，秘鲁，安提瓜和巴布达，巴巴多斯，老挝，蒙古，汤加，格林纳达，巴哈马，孟加拉国，叙利亚，安道尔，摩洛哥，摩纳哥，保加利亚，乌干达，阿曼，纳米比亚，美国，阿根廷和委内瑞拉等	90
2009	新加坡，马来西亚，泰国，菲律宾，俄罗斯，蒙古，朝鲜，哈萨克斯坦，吉尔吉斯斯坦，塔吉克斯坦，韩国，澳大利亚，新西兰，日本，越南，柬埔寨，缅甸，文莱，尼泊尔，印度尼西亚，马耳他，土耳其，埃及，德国，斯里兰卡，马尔代夫，印度，南非，古巴，克罗地亚，匈牙利，巴基斯坦，欧洲 26 国，非洲 8 国（埃塞俄比亚，肯尼亚，毛里求斯，塞舌尔，坦桑尼亚，突尼斯，赞比亚，津巴布韦），约旦，北马里亚纳群岛联邦，斐济，瓦努阿图，英国，智利，牙买加，俄罗斯，巴西，墨西哥，秘鲁，安提瓜和巴布达，巴巴多斯，老挝，蒙古，汤加，格林纳达，巴哈马，圣卢西亚，加纳，厄瓜多尔，乌拉圭，加蓬，马里，贝宁，喀麦隆，佛得角，卢旺达，莫桑比克，尼日利亚，阿尔及利亚，委内瑞拉，阿根廷，乌干达，孟加拉国，安道尔，特立尼达和多巴哥，阿拉伯联合酋长国，加拿大，圭亚那，多米尼克，马里，加纳，巴布亚新几内亚，黑山等	135

资料来源：中国旅游统计年鉴编辑委员会（1990～2009）。[11]

（三）研究意义

1. 相关概念

（1）旅游

本研究对旅游的定义沿用世界旅游组织（WTO）、世界旅游理事会（WTTC）和地球理事会（Earth Council）基于旅游统计的便利性而对旅游所作的界定，即旅游是人们离开平时的居住地，为休闲、公务或其他目的而到外地旅行或逗留时间不超过一年的活动（马勇、周霄，2004）[12]。

（2）出境旅游

出境旅游指一国公民前往本国以外的国家或地区所进行的旅游活动，所采取的形式可以是旅行社的包价旅游、半包价旅游或自助旅游等自费出境旅游及公务旅游、探亲旅游等其他形式的旅游活动。中国出境旅游指中国内地公民前往中国内地以外的国家或地区（包括港澳台地区）所进行的旅游活动。

根据《中国旅游统计年鉴》的定义，出境游客（出境旅游人数）是指我国（内地）公民因公或因私出境前往其他国家或地区观光、度假、探亲访友、就医疗养、购物、参加会议或从事经济、文化、教育、宗教活动的人数（即出境游客）（中国旅游统计年鉴编辑委员会，2007）[13]。统计时，出境游客按每出境一次统计 1 人次。出境游客包括出境（过夜）旅游者和出境一日游游客。中国的出境旅游又有其特殊的一面，在出境旅游中包括 3 个部分：边境游、港澳游和出国游。

2. 理论意义

随着中国经济的迅速发展，中国居民人均可支配收入的不断增加，中国出境旅游的需求不断增长。中国出境旅游是从中国公民自费出境探亲旅游发展而来，自 1990 年起，中国政府陆续批准开放了中国公民自费出国旅游目的地国家，到 2005 年年底，中国政府已开放的出境旅游目的地国家达到 119 个。中国公民出境旅游人数从 1993 年的 374 万人次，增加到 2005 年的 3 100 万人次，累积总人数达 1.28 亿人次，年平均增长率达到 20.9%，成为亚洲第一大出境旅游客源国。据世界旅游组织（WTO）预测，到 2020 年中国居民出境旅游数量将达到 1 亿人次，占全球出境旅游市场的 6.2%，仅次于德国、日本和美国，位居全球第 4。随着中国出境旅游市场的迅猛增长，不可避免地给出境旅游市场管理带来相当多的问题。尽管中外学者对中国出境旅游市场做了大量思辨性研究，但仍然迫切需要对中国出境旅游市场进行深入的定量分析与研究。

本研究旨在在中外相关文献综述基础上，结合市场抽样调查和典型案例追踪，基于推拉力因子机理，运用多维空间分析和矢量分析，将市场定位与出境旅游目的地相结合，研究中国出境旅游市场定位特征，运用因子归纳推理分析，将出境旅游者行为模式与旅游客源市场相结合，研究基于拉力因子的中国出境旅游市场定位的感知特征模式与影响因素；将出境旅游目的地的区域旅游特征与市场定位研究相结合，研究基于拉力因子的出境旅游目的地市场定位与影响因素之间的关系；将相关分析法与出境旅游市场细分特征相结合，研究基于推力因子和拉力因子的出境旅游市场影响因素之间的相关性；并在此基础上，运用可持续发展原理，研究中国出境旅游市场定位与影响因素的可持续发展。同时，通过对中国出境旅游市场的抽样调查研究旨在阐明中国出境旅游者购物行为的基本特征及其购物消费特征，从而为中国出境旅游消费研究提供新的视角。本研究可为中国及出境旅游目的地国家和地区的出境旅游政策调整、出境旅游产品营销等提供参考依据，也可为政府旅游机构、经营出境业务的旅游企业，制定相应的出境旅游市场策略，提供量化科学依据。通过本课题研究，可为中国出境旅游市场定位等方面，提供方法上和理论上的指导。一方面，可总结具有中国特色的出境旅游市场定位理论，即通过市场抽样调查和典型案例追踪，验证国外已有的理论模型，并完善之，以填补国内相关研究空白，对中国出境旅游市场具有一般理论方法性的指导意义；另一方面，在以上研究基础上，本课题还将深入研究中国出境旅游的市场定位及其影响因子之间的链条传递过程，以期在中国出境旅游市场的理论体系研究上有所创新和突破。

3. 应用价值

随着中国出境旅游市场的迅猛增长，对中国出境旅游市场理论和实证研究的需求越来越迫切，迫切需要对中国出境旅游市场的行为感知模式、影响因子、市场定位等关键性问题进行研究。中国出境旅游市场的发展模式、行为感知特征、影响因子、市场定位等特征，不仅关系到中国及其出境旅游目的地国家和地区对出境旅游市场的政策调整、营销战略制定、旅游产品开发等问题，而且也对具有经营出境业务的中外旅游企业的出境经营战略的制定与实施有深远的影响。中国出境旅游目的地国家的旅游市场营销者，对中国旅游者出境旅游行为感知特征模式与影响因子、出境旅游目的地的感知特征与影响因子，表现出极大的兴趣。本课题研究可为中国政府旅游机构、从事出境业务的中外旅游企业及中国出境旅游目的地国家的管理者和经营者，制定相应的出境旅游市场管理政策与决策战略，提供量化科学依据。

4. 研究趋势

随着可自由支配收入的提高，中国出境旅游者的数量将会进一步增长，无论是从中国宏观经济环境、旅行社发展，还是从出境游相关部门的政策管制及出境旅游目的地国家的营销活动，都可以看到，中国出境旅游市场将呈现出强大的发展趋势。因此，也迫切需要在市场调研的基础上，对中国出境旅游市场现状进行深入的定量分析和研究，为旅游企业和政府旅游机构，提出具有一定科学依据的发展现状、影响因子和发展战略，找出中国出境旅游市场的影响因子与市场定位。这是未来的重要研究方向与发展趋势。因此，本课题的研究不仅必要，也是可能的。

第三节　研究内容与研究方法

（一）研究内容

第一，全球出境旅游市场及中国出境旅游市场定位的比较研究。研究内容包括：在全球出境旅游市场数据分析的基础上，与国外有关理论进行比较研究，以奠定具有中国特色的出境旅游市场定位特征与影响因子的理论创新突破口；结合国外的实证研究，特别是国外典型案例和成功经验的研究，为中国出境旅游市场定位特征和影响因素提供实际参照体系；对国内外出境旅游市场环境进行比较研究，主要从宏观环境进行比较研究；以市场定位和市场竞争理论为基础，将产业经济学与市场定位理论相结合，全面研究中国出境旅游市场的发展现状，并分析中国出境旅游市场的发展特征（包括发展趋势、发展模式、细分特征等）及对中国出境旅游市场现状特征进行 SWOT 分析；根据以上研究，对中国出境旅游市场的现有发展战略（包括旅游企业、政府旅游机构、目的地管理者等）进行述评。

第二，通过主成分因子分析，采用多维空间分析方法，通过空间图形分析，研究基于拉力影响因子的中国出境者选择出境旅游目的地市场定位特征，以分析研究感知刺激物（旅游目的地）之间的联系，以及多个旅游目的地特征属性的关系。通过对中国出境旅游目的地拉力因子进行主成分因子分析，得到主要的拉力因子，这些因子也是中国出境旅游市场最主要的拉力影响因子。研究内容包括：识别两点之间的距离，或者说可识别两两旅游目的地之间的相似性与非相似性；探讨刺激点（旅游目的地）与矢量（旅游目的地特征属性）之间的关系；通过相关分析，研究中国旅游者对出境旅游目的地感知特征属性相互关联模式；推力因子数据来源可通过典型案例追踪和市场抽样调查获得，并采用里克特量表进行测量，将数据输入数据库，并进行相关统计分析获得；通过 GIS 和多维空间分析，对中国出境旅游目的地感知的相似性与非相似性进行比较，研究中国出境旅游市场定位的目的地发展规律及中国出境旅游市场定位的目的地空间分布规律。

第三，通过主成分因子分析，并采用聚类方法，研究基于推力影响因子的中国出境旅游者市场定位特征模式。这些中国出境旅游者行为感知特征的推力因子，也是影响中国出境旅游市场最主要的推力因子。研究内容包括：①通过市场抽样调查获得推力因子数据来源，如要求已有出境经历的中国旅游者描述出境旅游的潜在能力和理由陈述，采用里克特量表说明其同意或者不同意的观点；②通过对中国出境旅游者行为的拉力因子进行主成分因子分析，得到主要拉力因子；③为了进行中国出境旅游者行为动机影响因素的聚类分析，根据主成分因子分析法的研究结果提取出来的主成分因子平均数进行 K 值聚类过程，从中得出基于推力因子的中国出境旅游者行为动机影响因素的聚类特征属性；④通过聚类分析，研究中国旅游者偏爱出境旅游目的地的旅游行为感知特征、中国出境旅游市场定位的旅游者客源地构成特征、中国出境者感知特征及中国出境旅游者行为感知特征模式；⑤通过相关分析，研究中国旅游者对出境旅游目的地感知特征属性的相互关联模式。拉力因子数据通过市场抽样调查获得，拉力因子也采用同推力因子同样的过程进行测量和统计分析。

第四，通过因子相关分析方法，研究中国出境旅游目的地市场定位特征的拉力影响因子和出境旅游者行为市场定位特征的推力影响因子之间关联模型。研究内容包括：①通过定性分析，将人文地理学与市场定位理论相结合，研究影响中国出境旅游市场定位的宏观影响因子和微观影响因子；②通过因子分析和主成分分析，研究影响中国出境旅游者选择出境旅游目的地的感知特征属性的推力因子、影响中国出境旅游目的地的拉力影响因子及中国出境旅游者行为感知特征的影响因子；③通过相关分析，对推拉力因子之间相互关系进行分析，以研究主要的推力因子和拉力因子之间是否存在显著相关性；④通过推力因子与拉力因子之间关系，研究中国出境旅游市场定位特征及其影响因子的关联模型。

第五，通过多元方差分析和聚类分析方法，研究中国出境旅游市场细分特征与评估市场份额拓展潜力，构建中国出境旅游市场定位与影响因子之间的关系，从而为中国出境旅游市场管理者与经营者提供量化的科学依据。研究内容包括：①中国出境旅游客源市场细分对各出境旅游目的地的选择过程，实际是在旅游期望、旅游偏好与旅游目的地感知形象之间所进行的差异性与相似性的评判过程；②研究中国出境旅游者对出境旅游目的地国家旅游形象的独特性、地域性、文化性等旅游感知形象特征因子；③建立起中国出境旅游者对出境旅游目的地国家市场定位与形象感知评估特征；④通过中国出境旅游者对出境旅游目的地国家旅游形象的感知期望行为、主观偏好、感知评价及形象品牌的研究比较，建立起中国出境旅游目的地国家的有效旅游决策和旅游线路，为中国出境旅游市场的有效营销提供有效的量化依据。

本课题的研究内容框架，如图 1 –3 所示。

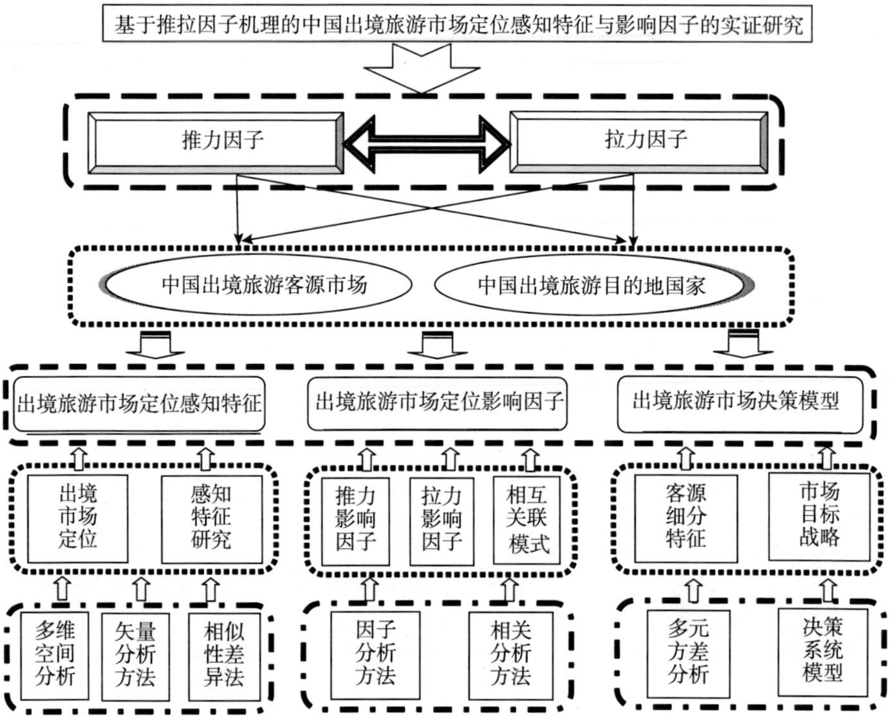

图1－3　中国出境旅游市场的研究内容与研究方法

（二）研究目标

尽管中国出境旅游市场迅猛发展，但对中国出境旅游市场需求的定量研究为数有限，而基于推拉因子机理的中国出境旅游感知特征与影响因子的研究更为缺乏。因此，本课题的研究目标有以下4个。

研究目标之一：基于拉力因子（旅游目的地感知特征属性），对中国出境旅游目的地的感知特征进行研究。包括：

①识别影响中国旅游者选择出境旅游目的地的显著因子（特征属性）；

②探讨中国旅游者对出境旅游目的地的偏爱模式；

③找出对中国旅游者最具潜力的出境旅游目的地国家（包括目前尚未开放的出境旅游目的地国家）；

④研究中国旅游者对出境旅游目的地感知的相似性与非相似性；

⑤探究中国旅游者对出境旅游目的地感知特征属性的相互联系。

其中，目标④和⑤，采用多维空间分析方法并通过图形进行研究，分析中国出境旅游目的地感知特征属性。

研究目标之二：基于推力因子（旅游者行为动机感知特征属性），对中国出境旅游者行为感知特征进行研究。包括：

①基于推力因子的中国出境旅游者行为感知特征研究；

②基于推力因子的中国出境旅游者信息获取特征；

③基于推力因子的中国出境旅游者消费感知特征研究。

研究目标之三：基于推拉因子机理，对中国出境旅游市场的影响因子进行研究。包括：

①识别影响中国出境旅游者选择出境目的地决策的拉力与推力影响因子；

②基于推拉因子的选择决策出境旅游目的地的影响因子；

③基于推拉因子的中国出境旅游者行为感知特征的影响因子；

④中国出境旅游市场推力因子和拉力因子影响因子特征属性之间的相互关联；

⑤基于推拉因子的中国出境旅游市场感知特征和影响因子的决策支持系统研究。

研究目标之四：基于推拉因子（旅游者行为动机感知特征属性），对中国出境旅游者行为感知特征进行研究。包括：

①基于推力因子的中国出境旅游者购物行为感知特征研究；

②基于推力因子的中国出境旅游者购物信息获取特征研究；

③基于推力因子的中国出境旅游者购物消费感知特征研究。

（三）拟解决的关键问题

本课题拟解决的关键问题为：

第一，基于推力因子，采用多维空间分析等方法，对中国出境旅游者感知特征属性进行定量研究；

第二，基于拉力因子，运用 GIS 相关技术手段，对中国出境旅游目的地特征属性的时空分布规律进行研究；

第三，基于推拉因子机理，运用多元回归相关分析方法，对中国出境旅游目的地和旅游者购物行为影响因子的关联模式进行定量研究；

第四，通过市场抽样调查与典型案例分析，综合运用相关研究方法，验证国外已有的理论模型，并完善之，以填补国内相关研究空白，为中国出境旅游市场感知特征与影响因子、中国出境旅游购物行为的决策支持系统模型的建立奠定一定的理论基础；

第五，如果本理论模型得到反复的验证而能上升为科学理论，将对中国出境旅游市场具有一般性的方法论指导意义。

（四）研究方法

第一，多维空间分析。通过采用多维空间分析，研究出境旅游市场定位的感知特征，主要用于研究感知刺激物（出境旅游目的地）之间的联系，以及多个出境旅游目的地特征属性与中国出境旅游购物行为的关系。

第二，相似性差异法。通过相似性差异图形分析，识别两点之间的距离，或者说可识别两两出境旅游目的地之间的相似性与非相似性的程度。可采用市场抽样调查问卷形式，请旅游者比较每两两出境旅游目的地之间的相似性或差异性程度，而获得分析数据。

第三，矢量分析方法。可用于探讨刺激点（出境旅游目的地、出境旅游者出游动机）与矢量（旅游目的地特征属性、出境旅游者特征属性）之间的关系。

第四，因子分析方法。用于研究和描述中国旅游市场定位的主要影响因子，对推力影响因子和拉力影响因子进行主成分分析。只有特征值大于 1 的因子才予以保留；只有因子载荷和公因子方差比大于 0.4，才选入最终的因子结构中；计算每个项目的信度系数大于或接近于 0.7，才能确认因子内在的一致性。

第五，多元方差分析。采用 K 均值聚类方法差异多变量分析过程，用于检验出境旅游市场的影响因子及不同出境旅游者细分市场的总体差异，统计如果发现有意义，可采用 t 检验、F 检验或多维对比修正，以检验多元方差分析的显著性差异。

第六，相关分析方法。采用双变量相关分析，进行推力因子和拉力因子之间关系的相关分析，也可用于进行出境旅游市场定位特征属性与影响因子之间的相关分析。

第七，决策系统模型。通过分析和构建决策系统模型，分析中国各出境旅游目的地国家对旅游者吸引力的大小，以估计和比较各出境旅游市场份额，并辅以GIS等技术手段，构建出境旅游市场定位的感知特征和影响因子的决策模型，为相关部门提供量化科学依据。

（五）市场调研

第一，调研问卷设计。首先，问卷设计结合国内外文献的相关内容，进行调研问卷设计。其次，在第一手数据的收集中，对上海和北京的政府旅游机构、上海市旅游事业管理委员会、北京市政府旅游机构的政府官员、上海和北京经营出境业务的旅行社总经理和高级管理者进行深入访谈。再次，根据反馈意见对调研问卷进行修正和调整。同时，访谈内容也为之后的上海和北京出境旅游市场供需特征的分析提供了重要的参考。最后，调研问卷的初稿在上海浦东国际机场进行检验，问卷随机分布给候机区域由60名出境旅游者组成的便利样本，他们在近两年内进行过出境旅游。基于这次检验性调研的反馈和分析，对问卷草案作局部的反复修改，以消除问卷中表达含混的地方，最终形成问卷定稿。

第二，市场数据采样。本年度的市场调研数据来源主要有以下两方面，第一手数据来源于两年内具有出境旅游经历的上海、北京、广州等6个典型城市旅游者的抽样调查，上海和北京政府旅游机构，上海、北京和广州中外旅游企业中高层管理者的深度访谈。特别应该注意的是，抽样调查的数据样本应该是16周岁以上并在最近两年内至少有过一次出境旅游经历的上海和北京出境旅游者，以进行合理的市场抽样调查。对被访者出境旅游时间段的限定可以使得旅游者的记忆较为清晰；对被访者年龄的限定，可以使被访者有能力对自己的旅游行为和经历作出正确的判断。以上界定旨在选出合适的样本并尽可能确保所收集数据的有效性；其他数据来源于国内旅游研究文献和国内外相关旅游统计资料。在此基础上，本研究采用理论和实证并重、定性与定量相结合的方法，从中国出境旅游者本身出发，将其社会人口统计学特征确定为中国出境旅游市场需求特征分析的起点，然后纵向承接剖析中国出境旅游市场定位与旅游者的出游活动特征，横向扩展探究出境旅游市场需求、中国出境旅游购物行为的推力影响因素——旅游者动机、拉力影响因素——目的地影响因素。最后，紧扣旅游者、旅游活动两个环节，并在推拉力影响因素作用下，得到中国出境旅游市场定位和影响因素的实证研究结果。

第三，市场调研时间。本课题在2005～2006年的研究中，已于2005年的1月和7月、2006年的5月和10月，对上海、北京、深圳等具有出境经历的1 000名旅游者进行了市场抽样调查。为了保证研究结果的可靠性，本课题对西安、广州、桂林，以及上海、北京、深圳全部6个典型城市进行市场抽样调查。本研究的数据采样时间为2007年的1月、5月和12月，2008年的1月和7～8月，2009年的1月、7～8月和10月，先后对上海、北京、广州等6个典型城市的国际机场、主要旅游景区、主要商业闹市区的已有出境旅游经历的旅游者分别进行了2 500份的出境旅游目的地市场调研、1 000份的出境购物的市场调研。共计对3 500个旅游者进行了市场问卷调查，并建立数据库。

第四，追踪典型案例。本课题在2007～2009年的研究中，对上海、北京、深圳等具有经营出境业务的60家旅行社及其管理者进行了深度访谈。为了保证研究结果的可靠性，本课题准备对西安、广州、桂林、上海、北京、深圳全部6个典型城市继续进行典型案例追踪调查。对这6个典型城市各进行10家从事出境旅游业务的旅行社，进行共计20家典型案例追踪，并向这60家出境业务的旅行社总经理或部门经理进行咨询。本课题研究在2007～2009年对上述6个典型城市继续进行了典型案例的深入追踪研究，以使研究结论具有时间上的延续性和结果上的可靠性。

第五，收集二手数据。通过世界旅游组织、世界银行、国家旅游局、地方旅游局公布的历年出境旅游统计数据等，与国内相关成果进行比较分析，揭示出我国出境旅游市场定位普遍的共性规律问题，通过对中国与国外的对比，以及北京、上海、深圳典型案例等跟踪研究方法，剖析具有中国特色的出境旅游市场定位的典型案例模式，并将市场抽样调查问卷与典型案例结合起来研究，确保获得有价值的实证性研究结论。

（六）研究方案

本课题的技术路线如图1－4所示。本课题通过深度访谈与市场抽样调查，综合运用推拉因子机理的相关理论研究方法，验证国外已有的理论模型，并完善之，以填补国内相关研究空白，为基于推拉因子机理的中国出境旅游市场定位及其影响因子的实证研究的理论模型建立奠定一定基础。如果本理论模型得到反复的验证而能上升为具有中国特色的出境旅游市场定位与影响因子理论，将对中国出境旅游市场具有重要的指导意义。

（七）研究特色

本研究在中外相关文献资料的理论基础上，对当前中国出境旅游市场作实证的观察、调研和访谈，采用定量分析方法对实践中广泛收集得来的数据进行有针对性的分析，并结合参考文献和访谈资料进一步思考研究结果，得出中国出境旅游市场定位和影响因素特征，使研究结论具有可靠性。因此，本研究具有以下研究特色。

首先，通过对中国的实证研究，包括市场抽样调查和深度访谈，通过定量分析方法，包括空间分析和图形分析等方法，基于推拉影响因素机理，对中国出境旅游市场定位和影响因素进行深入研究，同时对中国出境旅游市场定位感知特征属性的相互联系进行研究；基于推拉力影响因素机理，对中国出境旅游市场定位的影响因素及其关联模式进行研究，使研究结论具有可靠性和实证性。

其次，借鉴国外的理论与方法，进一步深入研究中国旅游市场定位和影响因素。其特色研究内容包括：第一，研究中国出境旅游者选择出境旅游目的地的显著因子（特征属性）；第二，研究中国旅游者对出境旅游市场定位的相似性与非相似性；第三，探究中国旅游者对出境旅游市场定位感知特征的相互联系；第四，研究中国出境旅游市场定位的影响因素，包括中国出境旅游目的地的拉力影响因素和出游动机的推力影响因素，以及出境旅游市场影响因素之间的相互关联模式等。

最后，采用因子分析和聚类分析的方法，对中国出境旅游市场出游动机推力影响因素、拉力影响因素、推拉力影响因素之间相互关系进行了分析和研究；同时运用市场细分的方法，论述中国出境旅游不同性别、不同年龄、不同教育水平、不同职业、不同家庭收入等细分市场，与出境旅游目的地感知偏好定位和推拉影响因素之间的关系等。

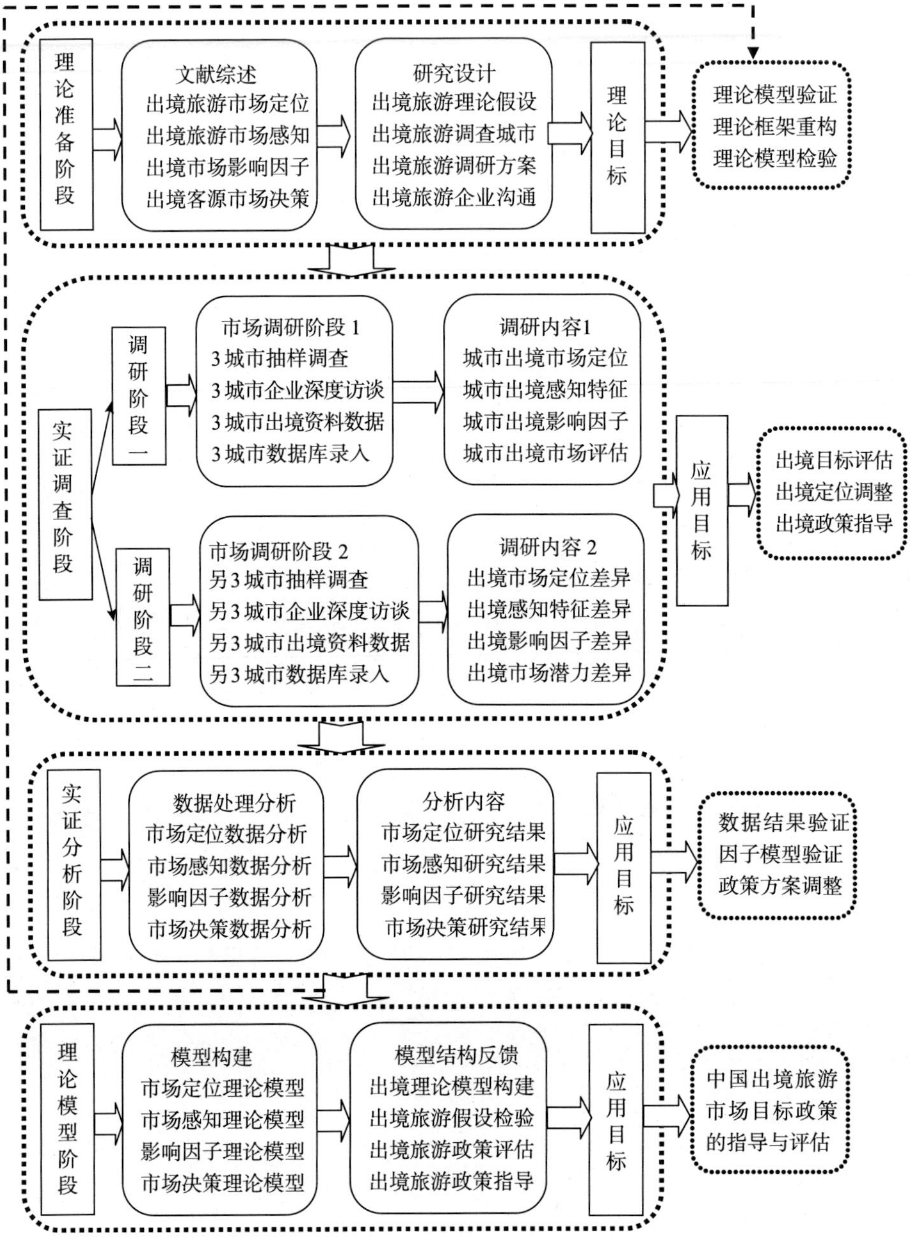

图1-4 本课题研究的技术路线

第二章 中国旅游市场定位与影响因素的研究综述

第一节 国外研究综述

（一）国外出境旅游市场定位的研究综述

国外对旅游市场定位的研究综述主要分为两类。

1. 旅游市场定位概念与方法的研究综述

极有吸引力的旅游目的地不同于竞争激烈的旅游目的地，旅游目的地的市场营销管理者很想了解旅游者对旅游目的地吸引力的形象感知，以及竞争激烈的旅游目的地的发展趋势。为此，可以引入市场定位的概念。市场定位研究首先是由 Trout 和 Ries（1972）在市场营销领域进行研究的，他们在研究消费者对同一产品的品牌观念与其他品牌的市场竞争比较中，提出了市场定位的概念。[14]由此推理，在旅游目的地市场营销中，旅游市场定位可以定义为，在旅游目标市场中，人们对旅游目的地吸引力的形象感知或定位过程（Botha，Crompton & Kim，1999）。[15]旅游目的地的市场定位是，人们尚未认识的具有市场竞争力的旅游目的地，与其他旅游目的地之间的识别过程（Woodside，1982）。[16]在国外旅游相关文献中，关于市场定位的大量研究都着眼于旅游目的地市场竞争力的比较研究（Crompton，Fakeye & Lue，1992[17]；Uysal，Chen & Williams，2000[18]；Andreu，Bigne & Cooper，2000[19]；Chen & Uysal，2002[20]）。在旅游目的地形象研究中，市场定位经常得到分析和研究（Gartner，1989[21]；Gallarza，Gil & Calderon，2002[22]）。市场定位研究既可以包括形象研究，也可包括形象以外的研究，如竞争激烈的旅游目的地特征属性之间的比较研究（Ahmed，1991[23]；Gallarza，Gil & Calderon，2002[24]）。可以认为旅游目的地是旅游产品的品牌，并与旅游形象等因素有密切联系。因此，市场定位概念与旅游目的地品牌概念有一定联系（Gnoth，1998[25]；Williams & Palmer，1999[26]；Cai，2002[27]；D'Hauteserre，2001[28]）。其中，市场定位研究方法可分为以下几种，多维空间分析、相关分析、逻辑模型、因子分析、t 检验、一元方差分析等。

2. 旅游市场定位的研究综述

综上所述，国外许多学者对市场定位做过相关的研究。例如，Haahti（1986）采用多维空间分析方法，将芬兰与欧洲 10 个国家相比较，结果表明芬兰的市场定位为夏季旅游目的地。[29] Gartner（1989）通过多维空间分析方法，对美国蒙大拿州、怀俄明州、科罗拉多州和犹他州等在旅游和娱乐等特征属性上的市场竞争力进行了比较。[30] Botha，Crompton & Kim（1999）在综合了旅游动机、旅游目的地特征和限制因子等因素的基础上，将南非这一著名的旅游目的地形象，重新定位为阳光/失落的城市。[31] Kozak & Rimmington（1999）研究了英国假日旅游者对土耳其 18 个旅游目的地的感知比较，结果表明，西班牙是英国假日旅游者最喜欢的旅游目的地，其次为土耳其、希腊、法国、葡萄牙、马耳他、突尼斯、摩洛哥和塞浦路斯。[32] Uysal，Chen & Williams（2000）根据所创建的感知图，对美国 10 个州的 48 个旅游目的地特征属性进行了相似性与非相似性比较，探讨了弗吉尼亚州作为旅游目的地的市场竞争力。研究结果表明，与弗吉尼亚州相比，在自然风光特征属性方面，最具有市场竞争力的旅游目的地为宾夕法尼亚州、北加利福尼亚州、西弗吉尼亚州；在文化历史特征属性方面，最具有市场竞争力的旅游目的地为宾夕法尼亚州、马里兰州、南卡罗来纳州和佐治亚州。[33]市场定位研究的相关文献表明，旅游目的地具有多种特征属性，与其他竞争性旅游目的地相比较，具有相似性或不相似性。因此，对竞争性旅游目的地进行市场定位研究，有助于市场营销者制定有效的市场营销策略和规划。

（二）国外出境旅游市场影响因素的研究综述

1. 国外出境旅游市场推拉影响因素的研究综述

国外对出境旅游市场推拉因子影响因素的研究综述主要分为 4 类。

（1）出游动机影响因素的研究综述

根据旅游目的地选择模型理论，影响旅游者对旅游目的地选择的决策因素，包括人口、心理（如动机、约束、心理、性格）、旅游目的地吸引力、推荐者、市场营销等影响因素（Woodside & Lysonski，1989[34]；Um & Crompton，1990[35]；Woodside & Dubelaar，2002[36]）。许多旅游者认为，旅游目的地的吸引力越大，旅游者就越有可能选择其作为潜在的旅游目的地。因而，旅游目的地的重要性，可在以下方面得到经验性检验，如旅游目的地的期望值与满意度（Kozak & Rimmington，1999[37]；Chaudhary，2000[38]；Mykletun，Crotts & Mykletun，2001[39]）、再访旅游目的（Crompton，Fakeye & Lue，1992[40]）、旅游动机感知（Woodside，1982[41]；Kim，Crompton & Botha，2000[42]）、主动感知角色（Kozak & Rimmington，1999[43]）、停留时间与旅游消费（Kim，1998[44]）及旅游者对旅游目的地的最终决策选择（Haahti，1986[45]；Hu & Ritchie，1993[46]；Chen，2001[47]；Chen & Uysal，2002[48]）。旅游者出游动机的影响因素指影响旅游者旅游决策的重要因素（比如到惯常环境之外去旅游），可定义为引起旅游者出游动机系统中不安或者紧张的因素或者需求，它是激发或者创造旅游动机的因素（Dann，1977[49]；Klenosky，2001[50]；Crompton，1979[51]；Dann，1977[52]；Dann，1981[53]；Iso - Ahola，1982[54]；Iso Ahola，1989[55]；Pearce & Caltabiano，1983[56]；Pyo，Mihalik & Uysal，1989[57]；Uysal & Jurowski，1994[58]；Ryan，1991[59]）。Iso - Ahola（1982[60]，1989[61]）认为休闲或者旅游者出游动机的两个基本影响因素是摆脱和寻求，这两个因素同时影响人们的旅游和休闲行为。例如，旅游者希望通过旅游来摆脱所处的人际环境（如“摆脱惯常生活”），以及寻求个人或者人际方面的心理回报（如“冒险或者建立友谊”）。因此，这些动机因素解释说明了旅游者为什么出游及他们需要哪种经历、选择哪个目的地及活动类型（Ryan，1991[62]）。针对某一特定旅游目的地的旅游者出游动机的需求影响因素研究已经很多，在这些研究中，旅游者出游动机的影响因素通常包括“摆脱日常环境”、“新奇”、“社会交往”和“声望”等（Yuan & McDonald，1990[63]；Botha，Crompton & Kim，1999[64]；Cha，McCleary & Uysal，1995[65]；Fakeye & Crompton，1991[66]；Oh，Uysal & Weaver，1995[67]；Turnbull & Uysal，1995[68]；Uysal & Jurowski，1994[69]）。总之，旅游者到达异地受到许多因素的影响，包括“接受挑战或者冒险”、“享乐”、“社会交往”（建立友情或者家庭团聚）、“新奇”和“宗教”，而且旅游者的社会人口统计学特征不同，这些影响因素的相对重要性也各不相同。旅游者出游动机的影响因素特征是，在同一时间作出是否出游及到哪里去的两个独立决策（Klenosky，2004）。[70] Dann（1977[71]；1981[72]）指出“某人一旦决定了旅游，到哪儿去、看什么或者做什么（与特定的目的地相关），就很容易决定出游，因而根据通常逻辑，短时间内旅游者自身出游动机的影响因素，要优先于旅游目的地的影响因素”。

（2）旅游市场推力影响因素的研究综述

推拉力影响因素是出境旅游影响因素研究的重要基础（Dann，1977[73]；Klenosky，2001[74]）。推力影响因素指影响旅游者旅游决策的重要推动力（比如到惯常环境之外去旅游），可定义为引起出境旅游者不安或者紧张的因素或者需求，它是激发或者创造旅游动机的因素（Crompton，1979[75]；Dann，1977[76]；Dann，1981[77]；Iso - Ahola，1982[78]；Pearce & Caltabiano，1983[79]；Iso - Ahola，1989[80]；Pyo，Mihalik & Uysal，1989[81]；Yuan & McDonald，1990[82]；Uysal & Jurowski，1994[83]）。Dann（1981）[84]、Iso - Ahola（1982）[85]认为休闲或者旅游行为的两个基本动机因素是摆脱和寻求，这两个因素同时影响人们的旅游和休闲行为。例如，旅游者希望通过旅游来摆脱他/她所处的人际环境（如“摆脱惯常生活”），以及寻求个人或者人际方面的心理回报（如“冒险或者建立友谊”）。因此，这些动机因素解释说明了旅游者为什么出游及他们需要哪种经历、选择哪个目的地及活动类型（Ryan，1991[86]）。针对某一特定旅游目的地的旅游市场需求的推力影响因素研究已经很多，在这些研究中，推力影响因素通常包括“摆脱日常环境”、“新奇”、“社会交往”和“声望”等（Yuan & McDonald[87]；Botha，Crompton & Kim，

1999[88]；Fakeye & Crompton，1991[89]；Uysal & Jurowski，1994[90]；Cha，McCleary & Uysal，1995[91]；Oh，Uysal & Weaver，1995[92]；Turnbull & Uysal，1995[93]）。总之，旅游者到达异地受到许多推力因素的影响，包括“接受挑战或者冒险”、“享乐”、“社会交往”（建立友情或者家庭团聚）、“新奇”和“宗教”，而且，由于旅游客源市场的社会人口特征不同，这些推力影响因素的相对重要性也各不相同。

（3）旅游市场拉力影响因素的研究综述

拉力影响因素是指影响旅游者选择某个具体目的地的推动力。与推力影响因素相比，拉力影响因素被定义为目的地相关的特征、吸引力或者其自身的属性，如“海滩”和“水生/海生资源”、“山岳佳景”、“历史文化资源”。与拉力影响因素相关的文献研究综述如下，Fakeye & Crompton（1991）通过对德克萨斯州知名的冬季目的地的游客的调查，从 32 个特征属性中确定了 6 个拉力影响因素组成的拉力因子域，包括“社会机会和吸引力”、“宜人的自然和文化”、“住宿和交通”、“基础设施、食物和友好的人们”、“适宜的体能和游憩活动”和“酒吧和晚间娱乐活动”，研究发现，感知特征属性的深浅程度在非游客、首次出游者和重游者之间有着差异。[94] Hu & Ritchie（1993）研究发现，在增强旅游目的地的吸引力方面有 16 个目的地特征属性相对比较重要，这些特征属性的相对重要性因旅游者对目的地的熟悉程度不同而有所差异。[95] Turnbull & Uysal（1995）发现了 6 个拉力影响因子，包括“遗产/文化”、“城市旅游”、“舒适放松”、“海滩胜地”、“户外资源”、“乡村和便宜”等，并发现来自不同国家的游客对于拉力影响因素感知的深浅程度存在差异。[96] Kim，Crompton & Botha（2000）探讨了目的地属性的 4 个方面，即“娱乐”、“基础设施”、“自然环境”和“多种娱乐机会”，并揭示出被调查的子群体因其拉力影响因素每项的重要程度不同而不同。[97] 总之，旅游客源市场的拉力影响因素可能因国家或者区域的差异而不同，而且就推力影响因素而言，不同的社会人口统计学特征群体，拉力影响因素的重要程度各有不同。

（4）旅游市场推拉影响因素之间关系的研究综述

推力影响因子和拉力影响因子的特征是，在同一时间做出是否出游及到哪里出游两个独立的决策（Klenosky，2003[98]）。Dann（1977[99]；1981[100]）指出

"某人一旦决定了旅游，到哪儿去、看什么或者做什么（与特定的目的地相关），就很容易决定出游，因而从分析的角度，根据通常逻辑以及短时间内，推力因素要优先于拉力因素"。相对这一观点，一些研究者提出推力因子和拉力因子不应该仅仅视为相互完全独立的因子，它们之间大体上应该是相互关联的。[101]特别值得一提的观点是，当内部动力驱动人们去旅游的同时，目的地自身的外部因素形成一种拉力也在吸引着人们去选择（Uysal & Jurowski，1994[102]；Cha，McCleary & Uysal，1995[103]）。同样，如 Dann（1981）指出，"潜在旅游者在决定'到哪儿去'，可能也考虑了一些足以与其动机驱动力相匹配的拉力影响因子"。[104]在旅游相关文献中，关于推力和拉力影响因子相互关系的研究，主要集中在国际和海外旅游目的地方面，如有学者研究了在作出一般国内旅游决策（如居民决定游览自然风光旅游目的地）时，推力影响因子和拉力影响因子之间的关系，也有学者研究社会人口统计学变量函数的改变，如何影响推力和拉力影响因子之间的关系等（Pyo，Mihalik & Uysal，1989[105]；Uysal & Jurowski，1994[106]；Oh，Uysal & Weaver，1995[107]；Baloglu & Uysal，1996[108]；Klenosky，2003[109]）。

2. 国外出境旅游影响因素相关研究的文献综述

国外对出境旅游影响因素相关研究综述主要分为以下两类。

（1）国外出境旅游影响因素相关研究的文献综述

从国外在出境旅游影响因素的研究内容来看，其涉及的内容较国内相关研究更为广泛，Hailin Qu（1997）[110]采用12年的年度数据，研究究竟是哪些外部因素能够最好地解释中国内地旅游者到香港的旅游需求。Zhang Qiu Hanqin等（1999）[111]研究中国内地前往香港的出境旅游中的推力因子和拉力因子。Bruce Prideaux（2005）[112]就检测了5类因素对于海外游客量的影响。国外的研究也较早地就流行的出境旅行方式的影响因素进行研究，Chak－keung 等（2004）[113]研究了时下流行的被称为"背包客"的出境旅游者这个类别，分析了自助出境旅游者所受的各方面因素的影响。

具体而言，国外对于出境旅游影响因素的研究，可以分为对旅游目的地影响因素研究、出境旅游者自身影响因素及双向影响因素等方面。

第一，出境旅游目的地影响因素研究。旅游目的地作为出境旅游者所选择的出游场所，多方面影响了旅游者的出境行为。Beverley Sparks 等(2009)[114]基于 PTB（Theory of Planned Behavior），测量了中国出境旅游者对旅游目的地各因素的关注程度。国外此类研究以出境旅游目的地为切入点，从以下 4 个方面对旅游目的地对出境旅游者产生的影响进行了研究。

其一，出境旅游目的地的旅游吸引物影响因素。旅游吸引物是出境旅游过程中相当重要的一个环节，其不仅包括出境旅游目的地本身所具备的旅游资源，还包括出境旅游目的地是如何对这些旅游资源进行整合开发，以使得其成为能够刺激出境旅游者产生出游动机的旅游吸引物。S. Miche' le Langlois，John Theodore，Elizabeth，M. Ineson（1999）[115]通过分析波兰对英国出境市场的旅游线路安排和英国出境旅游者对波兰的感知来展开对波兰作为一个出境旅游目的地的评估，研究聚焦于波兰的旅游线路安排是否多样及波兰的形象是否足够积极正面。D. T. Herbert（1996）[116]将法国作为出境旅游目的地，探讨了法国的历史和文化旅游场所对出境旅游者的吸引力。

其二，出境旅游目的地的营销影响因素。出境旅游者对于旅游目的地市场营销影响感知一直以来也都是研究的重点，这就要求出境旅游目的地在面向海外的旅游者时注意市场人群特征从而树立相应的形象并采取不同的营销措施。Choong - Ki Lee，Yong - Ki Lee，Bruce E. Wicks（2004）[117]通过将国外旅游者与国内旅游者相比，分析出国外的旅游市场更容易受好友和旅行社的影响，从而应该采用不同的营销政策。Gordon Wait（1996）[118]研究了面向国际市场，韩国作为出境旅游目的地应该注意的地方和营销上应当进行的努力。

其三，出境旅游目的地的环境影响因素。环境因素对出境旅游者出游动机的影响是不可忽视的。在出境旅游的相关研究中，旅游目的地的环境影响研究都证明旅游者的出游目的地的选择与目的地环境是相联系的。其中环境包括多方面的因素，既有旅游相关政策环境的影响（Akira Soshiroda，2004[119]），也有旅游目的地气候可能引起的旅游者出游情况的变化及其他环境相关影响因素（Jacqueline M. Hamilton，David J. Maddison & Richard S. J. Tol，2005[120]）。

其四，旅游目的地的旅游价格影响因素。旅游作为价格敏感度高的行业，旅游价格的幅度对于消费者的影响程度也比较高。旅游线路价格及其他相关费用的变动都会对旅游者产生相应的影响。Zvi Schwartz, Li Chun Lin (2006)[121]评估了收费对旅游者目的地的影响，揭示了公园门票的上调可能会对游客数量的增长产生不利的影响。

第二，出境旅游者自身影响因素研究。出境旅游者受自身多种因素的影响，这些与出境旅游者自身相关联的因素对出境旅游也起着不同程度的作用，使旅游者在可能的情况下有出游的动机。

其一，从旅游者的个人特征角度出发进行研究。如旅游者性格特征对出境旅游影响因素等方面的研究，这方面的研究主要是站在社会人类学的角度对出境旅游者与其个性特征相联系，寻找性格特征对出境旅游者自身的影响。Andrew Lepp & Heather Gibson (2007)[122]认为感知寻找与出境旅游者行为之间有着新奇感和刺激物的联系，其研究提供了实证来支持个人的性格特征将会对旅行方式和旅游目的地的选择产生影响。在旅游者地域影响因素的实证研究方面，Roger March (1997)[123]为了对现有亚洲出境旅游市场作更深入的了解，对亚洲 5 国的出境旅游进行了研究，探讨了亚洲 5 国出境旅行者出游动机的异同，对出境旅游者动机和影响因素包括对奢侈品和名牌的购物需求等共同动机的影响因素，对美食、语言文化、海外旅行经验、旅行社组织等不同动机的影响因素。

其二，对旅游者所处整体环境的影响出发进行研究。Desmond A. Gillmor (1996)[124]以北爱尔兰的出境旅游为例，揭示了交通环境对于旅游的重要作用。Siew Imm Ng (2007)[125]研究了旅游者所处文化环境对于旅游决策的影响，认为文化是不同国家的人们作不同决定的可能性旅游，研究测度了文化距离在游客目的地选择上的影响。R. Bruce Money 等 (2003)[126]从文化的视角，研究了在风险规避意识强弱不同的族群里的旅游者对于信息渠道、计划和购买的不同决策。

第三，出境旅游的双向影响因素研究。国外对出境旅游的影响因素研究，还将旅游目的地与旅游者自身双方面的影响因素进行了综合考虑，以双向视角对出境旅游和影响因素进行研究。

其一，一般性的双向影响因素研究。此类研究在一般性规律基础上，对有可能影响到出境旅游的双方面因素进行综合分析。尽管选取了相应的案例，但并不特别针对某一旅游目的地或是某一旅游客源国，而是从中提取一般性的共性规律。例如，Asad Mohsin（2005）[127]认为出境旅游目的地的市场营销与购买者态度之间有着紧密联系，从出境旅游目的地形象树立及目标市场针对性营销的角度，对马来西亚和澳大利亚作为旅游目的地进行了评估，同时从旅游者的角度对相应的出境旅游动机进行了划分，并且将旅游目的地形象与旅游者出游动机相互配比进行分析研究。

其二，针对性的双向影响因素研究。此类研究的针对性很强，即将出境旅游目的地和旅游客源地都定位在特定的国家或地区，进行个案分析和研究。例如，Christine Lim（2004）[128]研究了影响澳大利亚和韩国之间国际旅游者流动的影响因素，包括收入、相对价格、外汇利率、季节变化及其他一些影响因素，探讨了本国政府干预和国内经济发展等方面的影响因素，针对性地综合考虑了多种双向影响因素。Teresa Garl'n Munñ oz（2007）[129]研究了作为塞班岛重要旅游客源的德国出境旅游者所受到的影响，研究结果表明研究当时的出境旅游状况受之前情况的影响，并发现德国前往塞班岛的出境旅游受到两地之间的相对价格及旅游成本的影响。Thuy – Huong Truong，David Foster（2006）[130]用 HOLSAT 评估了对于澳大利亚游客而言越南作为旅游目的地的潜力。Tak – Kee Hui（2008）[131]从推拉力两方面对中国到新加坡旅游的游客进行了影响因素的分析。

（2）国外出境旅游影响因素相关的研究方法

国外对出境旅游影响因素研究发起于 20 世纪 60 年代，从研究方法而言，国外对出境旅游影响因素研究具有以下特点。

第一，根据具体案例为典型，研究出境旅游的影响因素。这种研究方法通常先选取某一出境旅游目的地为典型案例，通过对旅游者出游该地的影响因素的分析来得出相关结论。例如，SooCheng（Shaw）Jang，Larry Wu，Thomas E. Pearson（2003）[132]选择了美国为旅游目的地，对中国出境旅游者的商务旅行者和访友探亲的旅游者进行了比较，分析社会人口特征和旅游行为等方面对中国居民出境旅游的影响。Onome Daniel Awaritefe（2004）[133]通过对到尼日利亚旅游的国际旅行者研究来分析旅游环境对出境旅游者出游动机的促动影响。

第二，采用统计分析方法，如因子分析法、聚类分析法等定量方法，研究分析国外出境旅游的影响因素。例如，Satish Chandra & Dannis Menezens (2001)[134]从旅游影响因素的角度为国际旅游组织（NTOS）提供出境旅游市场营销方面的战略对策。Joseph S. Chen（2001）[135]利用关联度分析法（Correspondence Analysis）对韩国去亚太、北美、欧洲不同地区的出境旅游者进行了旅游目的地形象的研究，从 17 个具体的因子项目来分析目的地形象对于出境旅游的影响。Joo Hwan Seo 等（2008）[136]结合多样广义自回归条件差异模型（MGARCH）和矢量纠错模型来研究国外出境旅游的影响因素。

第三，通过建立理论模型，对国外出境旅游的影响因素进行过程和效果等方面的研究。Sarath Divisekera（2003）[137]基于消费者选择理论创建了国际旅游的需求模型，从需求弹性角度来探讨出境旅游者对不同目的地需求所受价格变动的不同影响，使用系统论方法建立出境旅游需求模型。Karen Mayor & Richard S. J Tol（2007）[138]利用英国出境旅游者的访问量模型来评估英国因增加航空乘客费用而带来的相关目前和未来的游客数量变化，通过各种营销方案来检测费用增加对游客出境旅游产生的影响。Sevil F. Sönmez & Alan R. Graefe（1998）[139]建立了休假旅行模型，将恐怖主义等因素列入了考虑范围。

（三）国外出境旅游购物行为的研究综述

1. 出境旅游购物行为的概念界定

（1）旅游购物

在研究旅游购物和旅游者购物行为时，国外研究者使用的有关“旅游购物”的术语有“leisure shopping”（Jansen－Verbeke，1991[140]）、“visitor shopping”（Kent，Shock & Snow，1983[141]；Yeung，Wong & Ko，2004[142]）、“tourist shopping”（Getz，1993[143]；Cohen，1995[144]；Turner & Reisinger，2001[145]；Wong & Law，2003[146]；Chang，Yang & Yu，2005[147]；Yüksel，2005[148]）和“tourism shopping”（Heung & Cheng，2000[149]；Law & Au，2000[150]；Kim & Littrell，2001[151]；Turner & Reisinger，2001[152]；Reisinger & Turner，2002[153]；Yu & Littrell，2003[154]；Coles，2004[155]；Littrell，Paige &

Song，2004[156]；Oh，Cheng，Lehto ，et al，2004[157]），除了“leisure shopping”可直接翻译为“休闲购物”外，后3种都可称为“旅游购物”。绝大部分研究者在使用这些术语时并未对其内涵和外延进行明确界定，但大多是指旅游者在旅游目的地所进行的商品和服务购买活动。

澳大利亚旅游购物执行委员会（Tourism Shopping Implementation Committee）在其研究报告中将“旅游购物”（tourism shopping）定义为：国际旅游者在旅游目的地对其所购买的商品的货币支付行为，这些商品包括在旅游目的地消费掉或携带出境的商品，但不包括购买的食物、饮料或其他日用品（Heung & Qu，1998[158]；Yeung，Wong & Ko，2004[159]）。石美玉（2004）认为“旅游购物是指旅游者为了旅游或在旅游活动中购买各种实物商品的经济文化的行为，它不仅包括专门的购物旅游行为，还应包括旅游中一切与购物相关的行为总和。但不包括任何一类游客出于商业目的而进行的购物活动，即为了转卖而进行的购物行为”。[160]

结合上文有关“旅游购物”的定义和本研究的实际，本研究将“旅游购物”定义为：旅游者在旅游目的地所进行的对实物商品的购买行为，包括在旅游目的地消费掉或携带出境的商品但不包括对餐饮等必需品和服务的购买。

（2）旅游购物品

“旅游购物品”在国外研究中一般泛指“goods”，主要包含一般的商品和旅游纪念品（souvenir）。其中“旅游纪念品”涵盖艺术品（art）和工艺品（craft）两类，旅游纪念品所具有的象征意义是其区别于一般购物品的最大特点。

本研究中使用“旅游购物品”来统称旅游者在旅游目的地所购买的实物商品。

旅游者购物行为研究作为消费者行为研究的一部分，主要侧重于从微观角度对消费者的认知、态度、动机、购买意愿、购买决策、产品使用和处置方式等行为特征进行解释性研究。20世纪40～50年代，消费者行为学将偏好、习惯、使用和经历等非经济变量引入传统的消费函数模型，丰富了消费者作为“理性经济人”的内涵。旅游购物的异地性和休闲娱乐等特点，又使之有别于一般的日常购物活动（如grocery shopping，routine shopping）。早期对消费者空间购物行为的研究，将空间变量和时间变量引入消费者行为模型，探讨了空间距离对消费者购物行为的影响（Hubbard，1978[161]；Miller & O'Kelly，1983[162]；Cairns，1998[163]；Bhat，1998[164]；Limandond，Niemeier & Mokhtarian，2005[165]）；同时，旅游学的发展又深化了人们对购物作为一种复杂的经济文化行为的认知，从而为旅游者购物行为的研究奠定了基础。

旅游者购物行为的研究主要沿着两条不同的发展路径演进，不同的研究路径导致了研究目的的差异。其一，基于旅游购物对旅游业与经济发展的重要意义，对旅游者购物行为进行研究主要是为旅游目的地的商品的市场营销提供依据，侧重旅游者购物行为的经济影响；其二，随着现代旅游业的发展，第三世界国家或不发达地区自觉或不自觉地被卷入以西方文明为代表的现代商业化浪潮中，使得对旅游者购物行为的象征意义和旅游商品化的历程进行考察成为重要的研究课题，其目的是评估旅游行为所产生的社会和文化影响。

国外旅游购物研究始于 20 世纪 70 年代中期，主要包括旅游者购物行为及其影响因素研究、旅游目的地的影响因素研究和对旅游购物的象征意义的考察 3 个方面。国外研究者一开始就以旅游者为主体，从经济学、文化学和心理学角度分析旅游者的购物行为，而旅游商品的生产与经营研究则不是其研究重点；此外，以社会学、人类学的理论和研究方法对旅游消费和购物的象征意义进行考察，拓宽了国外旅游购物理论的研究视角。

2. 旅游者购物行为及其影响因素

（1）社会人口统计特征

在旅游者购物行为的研究中，社会人口统计变量通常是被用于区分旅游者购物行为差异的基础变量。人口统计变量不仅直接影响着旅游者的购物行为，而且还影响着相关中间变量，因此，通常作为旅游者购物行为研究的起点。众多研究者将其研究重点放在对旅游者购物感知、动机、意愿、支出和满意度等方面，认为旅游者的性别、年龄、收入、受教育程度、职业等变量对旅游者的购物动机、购物偏好和购物支出等行为特征具有重要影响（Zhang Qiu & Lam，1998[166]；Mok & Iverson，2000[167]；Littrell，Paige & Song，2004[168]；Moscardo，2004[169]；Lehto，Cai，O'Leary，et al，2004[170]；Oh，Cheng，Lehto，et al，2004[171]；Carmichael & Smith，2004[172]；Donggen

Wang，2004[173]；Yeung，Wong & Ko，2004[174]；Jang，Bai，Hong，et al，2004[175]）。

在影响旅游者购物行为的人口统计变量中，性别对旅游者购物行为的影响最为明显，主要表现为女性旅游者在购物活动中居于主导地位（South & Spitze，1994[176]；Anderson & Littrell，1995[177]；Dholakia，1999[178]；Kim & Littrell，2001[179]）。众多研究表明，与男性旅游者相比，女性旅游者对购物有较强的偏好（Littrell，Baizerman，Kean，et al，1994[180]；Carmichael & Smith，2004[181]；Lehto，Cai，O'Leary，et al，2004[182]；Oh，Cheng，Lehto，et al，2004[183]）。一般而言，女性旅游者在购物支出与频率方面都会高于男性旅游者（Lehto，Cai，O'Leary，et al，2004[184]；Oh，Cheng，Lehto，et al，2004[185]）；在所购买的商品方面，女性旅游者更偏爱服饰、鞋子、手提包、皮革制品、珠宝首饰等商品，而男性旅游者则偏好香烟、白酒等商品（Oh，Cheng，Lehto，et al，2004[186]；Donggen Wang，2004[187]）。一项对台湾出境旅游者的研究显示，购买服饰、香水和化妆品的女性旅游者人数的比重分别达到 69.9% 和 40.9%，相应的男性旅游者人数的比重则只有 38.9% 和 18.2%；而购买香烟、葡萄酒和其他酒类的男性旅游者人数的比重为 51.3%，而相应的女性旅游者人数的比重仅为 35.9%（Lehto，Cai，O'Leary，et al，2004[188]）。

尽管如此，有研究者指出，人口统计变量在特定情况下并不能有效地区分旅游者的购物行为和作为旅游市场细分的依据（Turner & Reisinger，2000[189]），购物也并非是女性专有或具有性别化倾向的旅游活动（Dholakia，1999[190]；Moscardo，2004[191]）。Moscardo（2004）在其研究中，根据购物在旅游者选择旅游目的地的重要性的不同将 1 630 名旅游者分为 4 类，研究显示男性旅游者和女性旅游者在这 4 类旅游者中的分布并无显著差异[192]。在收入方面，Cai，O'Leary & Huan（2004）对台湾出境旅游者购物行为的研究显示，旅游者的购物支出与其月收入呈负相关，低收入旅游者的支出反而高于高收入的旅游者，其原因可能是低收入旅游者更容易受低价和储蓄的影响以便大量购买物超所值的商品，从而导致购物高消费。[193]

（2）旅游动机与旅游购物动机

旅游或购物动机是旅游者自身内部需求和外部环境之间相互作用所导致

的一种紧张感，从而驱使旅游者通过购买产品或服务来满足自身需求以缓解紧张感。众多研究者使用推力和拉力因素来分别描述旅游者内在的需求因素与外在的环境因素，二者的共同作用就促使旅游或购物行为的产生（Crompton，1979[194]；Dann，1977[195]；Pearce，1982[196]；Pearce & Caltabiano，1983[197]；Pyo，Mihalik & Uysal，1989[198]；Yuan & McDonald，1990[199]；Baloglu & Uysal，1996[200]；Kim，Lee & Klenosky，2003[201]；Kim & Prideaux，2005[202]）。散见于旅游动机研究文献中的“逃避”（escape）与“探寻”（seek）两词则形象地描述了旅游者的旅游或购物动机的基本结构。Moscardo（2004）在其提出的旅游购物概念图中认为，购物动机决定着旅游购物行为的结果，而购物动机则是由旅游者的个体特征——文化背景、社会责任、个人价值、旅游类型——所决定的。[203]

购物动机作为旅游者的一个心理因素具有多种维度，在性质上可以分为功能型动机和休闲型动机。功能型动机指旅游者的购物是用以满足实用或物质需求，而休闲型动机则指在购物的实用功能之外，旅游者还追求一种高层次的精神体验，如借助购物了解目的地的历史文化、增进与家庭成员之间的关系及促进社会交往。Sheth（1983）[204]，Eastlick & Feinberg（1999）则提出购物动机包含功能型动机和非功能型动机。功能型动机指旅游者受有形特征的驱使，如购物的便利性、商品的种类和质量及购物设施是否完善；非功能型动机则表明旅游者通过购物可以满足其社会交往的需要。[205] Dholakia（1999）将购物动机分成3类：功利型、家庭和社会交往型与休闲型。[206] Geuens et al.（2004）进一步将购物动机分为功能动机、社会动机和体验享乐动机。[207]购物作为一种旅游活动，其本身就可以满足人们的休闲需求（Donggen Wang，2004[208]；Lithell，Anderson & Brown，1993[209]），当旅游者追求的是商品的低价、选择多样化和高质量，表现出一种较为理性的购物决策时，旅游者购物便是出于功能需要；而旅游者对纪念品的购买则通常具有象征意义，旅游者试图将其旅游经历附加到有形的旅游纪念品上，从而可以保存其旅游经历（Lithell，Anderson & Brown，1993[210]）。因此，商品的实用功能让位于商品的象征意义，商品的存在不是因为其本身的物质实体，而是旅游者所附加的意义。

尽管研究者对于旅游或购物动机的具体表述上略有差异，但基本上归为功能和休闲两种类型。就购物动机所包含的内容而言，功能型动机常常与旅游者或旅游目的地的经济因素相联系，而休闲型动机则更多的与旅游者的心理和旅游目的地的历史和文化因素相联系（Tauber，1972[211]；Bellenger & Korgaonkar，1980[212]；Sheth，1983[213]；Westbrook & Black，1985[214]；Jansen－Verbeke，1991[215]；Shim，Gehrt & Holikova，1998[216]；Dholakia，1999[217]；Geuens，et al.，2002[218]）。在各种不同的旅游或购物情境下，功能型动机和休闲型动机的表现具有不平衡性。尽管跨境购物的研究都表明，跨境购物不仅具有功能属性，而且具有休闲属性（Evans et al.，1992[219]；Timothy & Butler，1995[220]；Livio Di Matteo & Rosanna Di Matteo，1996[221]；Donggen Wang，2004[222]），但是客源地与目的地之间的汇率、商品价格、商品质量的差异或商品的有形特征都是导致跨境购物产生的最重要原因，使得功能型动机在跨境购物中居于主导地位。而在旅游纪念品的购买行为中，功能型动机则让位于休闲型动机或象征型动机（Shenhav－Keller，1993[223]）。

（3）影响旅游者购物行为的其他因素

旅游者的国别和所处文化背景的差异也是影响旅游或购物行为的重要因素（Abraham & Gang－Hoan，1996[224]；Yuan & McDonald，1990[225]；Kim，1999[226]；Kim & Lee，2000[227]；Kozak，2002[228]；Ahmed，1996[229]；Reisinger & Turner，1997[230]；Seddighi，Nuttall & Theocharous，2001[231]；Wong & Law，2003[232]；Lu Wang，2004[233]；Yüksel，2004[234]；Yong Kun Suh & McAvoy，2005[235]；Kim & Prideaux，2005[236]），身处东方文化圈的亚洲旅游者对购物有较强的偏好。Mok & Iverson（2000）对台湾出境旅游者购物行为的研究表明，台湾旅游者在购物方面的高消费可能是受其特殊的文化价值观的影响，即通过赠礼来表达对朋友和亲戚的尊重从而维持良好的人际关系[237]，Jang，Yu & Pearson（2003）对赴美国旅游的中国内地旅游者的研究也印证了这一点。[238]由于“报恩”在日本文化价值观中占有重要的地位，日本旅游者在进行海外旅游之前通常会受到家人或朋友的招待并被赠送礼物（senbetsu），因此日本旅游者出于报恩的需要往往会购买很多礼物（omiyage）回赠给家人或朋友，这在一定程度上导致了日本旅游者购物的高消费（Jang，

Bai, Hong, et al, 2004[239])。

此外，旅游者的购物行为和支出模式还受先前的旅游经历、对购物风险的态度及市场营销诱导因素的影响（Godbey & Graefe, 1991[240]; Josiam & Hobson, 1995[241]; Soyoung & Littrell, 2001[242]; Lehto, O'Leary & Morrison, 2004[243]; Yüksel & Yüksel, 2007[244]）。由于20世纪90年代以来，信息技术的发展和Internet的迅速普及改变着人们的生活方式，网络对旅游者购物行为影响的研究也成为重要的研究课题（Ray, 2001[245]; Srikanth, Alastair & Joseph, 2005[246]）。

3. 旅游者购物行为与目的地影响因素

旅游者的购物决策是旅游者自身内部因素与旅游目的地外部因素共同作用的结果，客源地与目的地的汇率和关税是影响国际旅游者需求与购物行为的重要因素（Timothy & Butler, 1995[247]; Livio Di Matteo & Rosanna Di Matteo, 1996[248]; Donggen Wang, 2004[249]; Yeung, Wong & Ko, 2004[250]; Mak, Tsang & Cheung, 1999[251]; 屈海林，Rittichainuwat, 2006[252]）。此外，旅游目的地的经济因素、文化因素、购物环境及商品特征属性都会对旅游者的购物行为产生影响。

旅游目的地的经济因素通常与旅游者购物的实用功能相联系，旅游目的地商品的价格、可供应的商品种类可以驱使旅游者进行出境旅游购物以获得更大的效用（Wong & Law, 2003[253]; Yüksel, 2004[254]; Kemperman, et al, 2009[255]）。对加拿大边境的跨境购物研究表明，由于受汇率影响，美国同类商品较低的价格是促使加拿大旅游者赴美国购物的重要原因（Timothy & Butler, 1995[256]），在这种特定情况下，生活必需品消费如购买汽油、餐馆就餐等都成为旅游者消费的内容。一项对香港跨境旅游者的研究显示，约有78%香港居民认为深圳较低的商品和服务价格是其到深圳消费重要或最为重要的原因（Donggen Wang, 2004[257]）。在谈到香港作为旅游购物目的地的竞争力时，Yeung, Wong & Ko（2004）认为港币盯着美元的汇率使得香港购物的竞争力弱化，因此可以考虑实施增值退税政策（Value Added Tax refund policy）增强商品的价格竞争力以吸引旅游者。[258]除汇率因素外，旅游目的地通常会实施旅游购物免税计划和在旅游点、机场设立免税店间接降低商品价格（Dimanche，2003[259]；Geuenns，Vantomme & Brengman，2003[260]）。

在文化因素方面，旅游购物可以满足旅游者的休闲消遣的需求。基于此，Littrell（1990）[261]& Yu（2000）认为旅游购物行为可分为产品导向和过程导向两种类型。[262]产品导向的旅游者重视商品的外部特征，如商品的材质、设计、展示、价格等；而过程导向的旅游者则重视购物经历，他们希望通过与当地手工艺人和销售者的交流，认识和了解手工艺品生产的历史和文化背景，以建立自身与旅游目的地的文化联系。旅游者在购物过程中对文化的追求与探寻主要体现在对旅游纪念品的购买方面。纪念品凝聚着旅游目的地的历史和文化信息，旅游者将其购物经历视为旅游目的地文化的真实反映，使得这种经历与其常规的家庭购物形成强烈反差（Littrell，1990[263]）。对新西兰传统服饰购买偏好的研究表明，融合新西兰文化特色的服饰和其他纺织品对旅游者的购买行为有重要影响，尽管调查中只有56%的受访者购买了新西兰当地生产的服饰，但是其中有68%的受访者认为新西兰特色的设计是其作出购买决策的重要因素（Asplet & Cooper，2000[264]）。

在购物环境方面，旅游者在目的地的购物除了所处的文化背景不同之外，还必须面对陌生的购物环境，旅游者对商店环境和氛围的感知会直接影响其购物行为和满意度（Geuenns，Vantomme & Brengman，2003[265]；Yüksel，2004[266]；Chang，Yang & Yu，2005[267]）。在购物环境的研究中，商店所提供的服务及销售人员的知识、服务水平和诚信是研究者考察的重点（Wong & Law，2003[268]；Mak，Tsang & Cheung，1999[269]；Chang，Yang & Yu，2005[270]）。Reisinger & Waryszak（1994）在其研究中将商店服务的指标分为销售人员的服务态度、礼貌、及时提供帮助、提供信息的能力、关注消费者的需求、外语能力、提供包装服务等。[271]Swanson（2004）则将商店环境特征分为地理位置与促销、商店形象与销售、商品价格与选择3类，研究发现旅游者和零售商在对前两个因素的感知水平上存在显著差异[272]。Yüksel（2004）[273]和Chang，Yang & Yu（2005）的研究表明，消费者与销售人员之间的交流和沟通是商品配送的重要组成部分，因而可以影响消费者的消费动机和满意度[274]；Choi等（2008）通过对前往香港旅游的中国内地游客的购物行为进行研究，发现此部分游客在购物时由于与销售人员之间存在语言的交流障碍，因此在消费时多听从亲朋好友的建议。[275]

在商品特征方面，当旅游者在特定的环境下作出购物决策时，选择购买何种商品及其数量则取决于商品本身的特征，包括商品的质量、价格、体积、重量、原材料、生产工艺、外观设计、包装等因素。Turner & Reisinger（2002）的研究表明，旅游者所选择的商品的重要性决定了该商品特征的重要性，而该商品特征的重要性又决定了旅游者对这些特征的满意度。[276]因此，为吸引旅游者并提高其购物满意度，旅游政策制定者应该开发不同的旅游吸引物，包括创造良好的旅游购物环境，零售商则应重视产品本身的特征是否能够满足旅游者的需求（Turner & Reisinger，2002[277]）。对于旅游纪念品的购买而言，旅游纪念品是否采用当地的原材料进行手工制作、是否具有独特性和数量的稀有性则成为旅游者重要的决策因素（Cohen，1988[278]；Littrell，1990[279]；Littrell，Anderson & Brown，1993[280]；Asplet & Cooper，2000[281]）。

4. 旅游购物：在使用价值之外

作为一种特定环境下的消费行为，旅游购物通常是与象征性消费联系在一起，这是旅游购物与日常购物或必需品购买的根本区别。尽管在旅游购物中，尤其是国际旅游背景下，必需品也是旅游者购物的内容，但是这并未削弱旅游购物消费的娱乐与象征意义（Timothy & Butler，1995[282]；Donggen Wang，2004[283]）。Littrell（1990）指出，旅游作为一种“神圣的旅行”，是旅游者对于其日常生活的一种反叛，转而在异文化中寻求一种“真实的生活”[284]。在 Anderson & Littrell（1995）的研究中，受访者认为购买纪念品及纪念品本身之所以特别的原因在于：纪念品可以使旅游者回忆起久远的传统、第一次旅游经历及第一次国际旅游的经历，通过使用纪念品可以表现旅游者的个人志趣，纪念品还可以作为礼物赠送他人。[285]因此，旅游购物尤其是对于纪念品的购买行为，并不表明商品实用功能对于旅游者的重要性，而是在于商品使用价值之外的意义。

在西方语境中，旅游纪念品表现出与现代社会的标准化生产所不同的特征，即旅游纪念品必须采用当地的原材料和工艺进行手工制作，注重每一个产品的独特性而不是进行批量复制性生产，因而纪念品本身可以成为当地传统文化的一种“象征单元”或“媒介”，被赋予特殊的意义（Shenhav -

Keller，1993[286]）。旅游纪念品的意义不仅来自其本身，而且来自旅游者与工匠之间的交流及旅游者获取或购买旅游纪念品的过程（Littrell，1990[287]）。通过对旅游者购买纺织工艺品行为的研究，Littrell（1990）认为工艺品对于旅游者的意义，在于工艺品及其与之相联系的记忆可以使得旅游者体验一种独特的经历、尝试当地的原生态的生活方式、扩大世界观、彰显自我差异和寻求认同、提高信心、表现创造力及获得审美愉悦。[288] Shenhav - Keller（1993）借用格尔兹对“文本”一语的用法来描述以色列的“Maskit”及其所销售的旅游纪念品，“Maskit”及其所销售的纪念品可以作为一种社会和政治文本被阅读，它不仅是意识形态强有力的隐喻，而且反映了现实的社会和政治关系。[289]因此，纪念品之所以重要，不仅在于它是一种文化物件，而且可以作为一种分析工具以认识复杂的社会进程（Shenhav - Keller，1993[290]）。

商品的购买和使用方式还可以使其原有的意义得以增加，而且还能表现不同的社会关系。旅游者的购物经历及旅游者与工匠的交流可以赋予商品以意义，而这种意义会随着旅游者对商品的占有及使用而增加（Littrell，1990[291]）。对于旅游者个人而言，拥有旅游纪念品不仅能使旅游者回忆曾经所去过的地方，而且能证明旅游者曾到该地进行过旅游活动（Gordon，1986[292]），以获得“炫耀”的资本。旅游者不仅自己购买旅游纪念品，而且还喜欢将纪念品作为礼物赠送他人（Rucker，Kaiser，Barry，et al，1986[293]），尤其是在受东方文化影响的亚洲国家，赠礼被视为维持社会关系和承担个人义务的一种手段（Keown，1989[294]；Mok & Lam，1997[295]；Wong & Law，2003[296]）。

在对旅游购物象征性消费的考察中，商品的使用价值或实用功能不再是旅游者追求的唯一目标，因此旅游购物不再是一种单一的经济理性的消费决策。作为一种非日常的消费行为，旅游购物不仅是旅游者在不同文化背景下的一种自我决策行为，而且还受到旅游者自身所处的文化背景、社会关系和价值观的影响。Brown（1992）在谈到旅游与象征性消费时认为，旅游虽然是消费行为的一种基本形式，但是以传统经济学或消费者行为理论模型来研究作为象征性消费的旅游并不恰当。[297]

(四) 国外出境旅游市场的其他研究综述

国外对于出境旅游的研究，起步较早，研究的方面也较为全面具体，涉及出境旅游的各个方面。国际学术界对于出境旅游的地位早有定论，Juan L.(2005)[298]认为在游客的选择进程中，存在3个最根本的决定，其中之一便是选择出境旅游还是国内旅游。目前国外已有的出境旅游相关的研究文献，主要包括以下3个方面的研究。

1. 出境旅游目的地的研究综述

出境旅游目的地作为游客旅游的选择对象，在出境旅游研究中占据了重要部分。

其一，对于出境游客对于旅游目的地选择偏好的研究。Hanqin Q. 等(2004)[299]对香港居民出境休闲旅游目的地的偏好进行调研，采用因子分析法对目的地选择因素进行定位，并分析不同组别的游客之间的差异；Tzu - Kuang Hsu 等 (2009)[300]鉴定了影响游客目的地选择的各项因素，并对游客的目的地选择偏好进行了评估。Tzu - Kuang Hsu (2009)[301]以台湾作为旅游目的地来进行研究，运用4层APH模型对影响出境旅游者旅游目的地的因素进行测量。

其二，对于出境旅游目的地形象的研究。Choong - Ki Lee 等 (2002)[302]研究了韩国通过2002年世界杯所塑造的世界旅游目的地的形象。Enrique Bigné Alcanéiz 等 (2008)[303]对于目的地的形象因素进行了分析，发现旅游目的地形象对于游客的潜在行为有着持久的影响。Joseph S. Chen (2001)[304]调查了韩国的出境旅游者对于不同的旅游目的地的形象感知。Svetlana Stepchenkova (2008)[305]测量了美国的出境旅游者对于俄罗斯的感知印象，结果显示俄罗斯作为旅游目的地的形象在美国游客的感知中并不成功，还需要改进。Gyehee Lee 等 (2009)[306]以韩国和日本的出境休闲旅游者相比较，采用IPA分析法，从文化的视角研究了关岛在这两国的旅游者中的形象感知差异。

其三，对于出境旅游目的地竞争力的研究。Larry Dwyer 等 (2000)[307]选取了亚洲、欧洲、北美等不同地区具有代表性的总共19个出境旅游目的地，进行旅游服务和产品上的价格比较，指出在出境旅游目的地的竞争中，价格的竞争也是一个重要的方面。Stephen W. Litvin 等（2001）[308]从游客的感知出发，研究了对于民丹岛这样一个旅游目的地，出境旅游者在游览前后的感知对比，揭示了旅游目的地在各因素管理上需要注意的方面，以提高其竞争力。Samuel Seongseop Kim 等（2005）[309]以韩国的出境旅游者为研究对象，调查了 6 个可选的海外蜜月旅游目的地的竞争力。Hanqin Q（2004）[310]根据中国内地出境旅游者的感知，用 IPA 的分析方法调查了香港的导游服务质量。

此外，出境旅游目的地的安全性对于游客选择的影响也被考虑。Bongkosh Ngamsom Rittichainuwat（2009）[311]从旅游业的敏感性出发，以泰国为例，研究了出境旅游者对于旅游目的地的突发性恐怖事件和疾病的敏感度，并发现首次抵达的旅游者和重返的旅游者对于这些灾害性的因素有着不同的感知程度。

2. 国外出境旅游客源地的研究综述

出境旅游客源地也是研究的一大重点。Judy Karwacki 等（1997）[312]将亚洲四小龙作为出境旅游市场，研究亚洲四小龙与加拿大这样一个旅游目的地的关系。John T. Coshall 等（2002）[313]采用随机波动率模型（Univariate Volatility Model）来预测英国的出境旅游需求。Samuel Seongseop Kim 等（2005）[314]研究不同国家的旅客对于出游韩国不同动机的选择。其中，出境旅游的趋势研究逐渐得到了重视，出境旅游由于长期的发展，对其进行趋势的研究和预测已成为必要。Chun－Te Huang 等（1996）[315]预测了台湾出境游的趋势，Haiyan Song 等（2003）[316]则建立了到香港旅游的国际旅游者的预测模型。Teresa Garín Mũoz（2007）[317]用动态的模型来测量德国对于西班牙的出境旅游需求。Joo Hwan Seo 等（2008）[318]采用 MGARCH 模型和 VEC 模型，研究了韩国居民对于济州岛、泰国、新加坡和菲律宾的出境旅游需求，揭示了韩国的出境旅游者对这 4 个旅游目的地的需求为季节性的变动。Christine Lim 等（2008）[319]利用 1984～2004 年的数据拟合出中国前往澳大利亚出境旅游的游客数量的模型。Xiang（Robert）Li 等（2009）[320]将中国视为发展潜力巨大的出境旅游市场，预测了中国出境旅游人口的规模，并就最具出境潜力的几个城市进行了推荐。

出境旅游客源地的背景环境也逐渐被学术界所重视，其中包括对于政治环境、文化环境的研究。Samuel Seongseop Kim 等（2007）[321]研究了朝鲜出境旅游受到的政治影响，指出朝鲜的出境旅游人数相当之低，且其中绝大多数为政府官员对外的政治访问。Abraham Pizam 等（1996）[322]对韩国、日本和美国的旅游者进行对比研究，发现不同的文化背景会对旅游者的行为产生影响。H. R. Seddighi 等（2001）[323]研究了在政治的影响下，文化背景对于旅行社出境旅游目的选择的影响。Siew Imm Ng 等（2007）[324]认为，长期以来，文化是不同国家的人们在选择上有差异的可能原因；基于这样一个观点，他考察了文化距离在出境旅游者目的地选择上的影响，但是这种差异仍然处于推断的阶段。R. Bruce Money 等（2003）[325]对出游美国的德国旅游者和日本旅游者进行研究，揭示了不同的文化背景会对出境旅游者的信息搜集、旅程安排及旅途中消费的选择产生影响。

3. 出境旅游市场营销的研究综述

首先，出境旅游作为一些国家的重要产业，其在市场营销上的努力也被学者们所重视。Asad Mohsin（2005）[326]通过对出境客源地马来西亚游客的需求研究，揭示了马来西亚游客较少游览澳大利亚北部的原因，提出了澳大利亚北部面对出境旅游者应该进行的营销上的努力。Vincent C. S 等（2001）[327]为了帮助制定有效的市场战略，对抵达香港的日本出境旅游者进行调查访问，研究出境旅游者的出游动机和旅游目的地的选择。

其次，供应链的思想被引入了出境旅游在学术上的研究，整个出境旅游供应链流程中的各个环节受到了关注。Leixia Cai（2004）[328]针对从美国出境到中国进行旅游的旅行团，研究了网络在以美国旅行团为市场目标上所起的作用程度。Yan Zhang 等（2009）[329]填补了出境旅游在供应链研究上的空白，以中国为客源地，以维多利亚港（澳大利亚）的采金地为旅游目的地，分析了其中旅行社和目的地供应商的影响作用。Jeou – Shyan Horng 等（2009）[330]提出利用互联网来对东亚地区的美食旅游进行国际推广的途径。

再次，营销策略的运用也受到了学术界的关注。Vladimír Baláz 等（1998）[331]研究了前往欧洲的日本出境旅游者的行为，并分析了之后针对日本游客，欧洲的出境旅游营销重点应放在会议旅游、文化旅游和商务旅游上。Hanqin Qiu Zhang（2009）[332]研究了中国出境旅游者的较为特殊的营销方式——零团费，指出了所谓的零团费旅游在过去的10年间对于出境旅游的促进作用。

最后，出境旅游市场目标客户的选择也是营销中的一个重要方面。Connie Mok（2000）[333]从营销策略制定的角度，提出了以消费水平的高低为依据来进行出境旅游者群体的划分。Regina Scheyvens等（2002）[334]认为相对于高端旅游和奢华游，第三世界国家更应该以自助出境旅游者为市场目标，提供相应的服务和设施。Soo Cheong Jang等（2002）[335]提出了主动选择出境旅游目标群体，以日本出境旅游者为例，采用了聚类分析法聚合出3类旅游者群体。

第二节 国内研究综述

出境旅游近年来已成为人们在出游时考虑的热点旅游类型。随着出境旅游在全球的兴起，学术界对于出境旅游也逐步重视。在对出境旅游的研究中，经历了一个逐步深入的过程，且国内外在出境旅游的研究上也不尽相同。

（一）中国国内出境旅游发展的研究综述

国内的出境游研究，是伴随着改革开放后出境游的逐步开放兴起而发展起来的。国内的出境游研究历时较短，从研究的起步阶段至今也不过10余年的历程，但是在这10余年中，不论是在研究方法还是研究内容上，中国国内对于出境游的研究进度是较快的。根据研究的深度和涉及的范围，国内对于出境游的研究可以分为以下3个阶段——研究的起步阶段、深入阶段及延伸细致化阶段。

1. 第一阶段：国内出境旅游研究的起步期（1994~1996）

这一阶段的研究随着国家对于出境游限制的逐渐放开而开始，据统计，1992年中国公民出境旅游已达293万人次。郭鲁芳（1994）[336]提出面对出境游方兴未艾之势，从理论上对出境旅游的有关问题作一探讨，是很有必要的。但由于仍处于研究的起步期，这一阶段的研究停留在较为浅显和宽泛的阶段，还在围绕着出境游的必要性和国内居民对于出境旅游的需求来进行阐述。

在初期的研究中，出境游所能带来的种种积极作用被学者们一一挖掘出来，其中包括：增进相互了解和友谊，推动科学技术的交流和发展；满足人民需要，增加了解世界的机会；开展客源的双向交流，有利于提高中国在世界上的地位，也有利于加强区域合作，进一步开拓入境旅游市场；可以大量吸收社会结余购买力，减轻商品市场压力（郭鲁芳，1994）[337]。除此之外，侯仁华（1994）[338]提出了出境游是现代旅游的召唤，是我国经济发展的必然结果（按国际旅游界的分析测定标准，人均年收入达到3 000美元的地区，就会有到周边国家出境旅游的愿望和可能，也已达到了“产生出国旅游”的指数）；满足探亲访友的需要；向全世界显示我国改革开放的成果；进一步改革开放的需要；积极回笼货币、减轻压力的需要。学术界之所以在出境旅游的初期将重点放在了出境旅游所能带来的益处上，是因为其时中国对于出境旅游仍存在各类的问题和限制（王卫平，1996[339]）。

中国这样一个出境旅游市场是包含在亚洲这样一个有着巨大潜力的市场之内的，在这一阶段的研究中，对于亚洲出境旅游市场已经有了一个比较明确的界定和分类，将亚洲市场分为发展中市场（中国香港、中国台湾、新加坡、马来西亚）、崛起中的市场（泰国、菲律宾、韩国）、新兴市场（印度尼西亚、印度）（程伟进，1994[340]）。亚洲市场被认为是一个地域广阔、差异迥然的大陆，出境旅游市场和游客流向的发展趋势较难预测，旅游业应把团队旅游作为市场长期发展的重点战略目标（程伟进，1994[341]）。

学者们在这一阶段也开始关注游客的出境游消费特征。20世纪90年代的香港已成为继日本、中国台湾、澳大利亚之后的世界第四大出境游客源市场，匡林（1996）[342]在经过分析后，总结了香港出境游的消费特征：出游季节性不明显；外出旅游方式多样；出游目的地集中，出游距离以中、短程为主。但这一阶段对于出境旅游消费特征的探讨仍局限在较小的范围内。

2. 第二阶段：国内出境旅游研究的逐步深入（1997～2000）

与起步时期相比，这一时期对于出境旅游的研究更为深入。立足于整个的亚洲出境游市场，余青（1997）[343]明确地把中国列入了出境游的“新兴旅游市场”。学术界对出境旅游开始了系统的研究，关注点从“是否有必要进行出境旅游”转移到了“出境旅游的市场前景如何”，较为集中地探讨了我国出境旅游的市场现状和发展趋势。

1996年，中国因私出境旅游人次已接近因公出境旅游人次总数，在这一背景下，国内的学者对我国出境旅游的一些特征进行了分析，认为“主要客源地分布于沿海经济特区、开放城市、内地的大中型城市及与周边国家、地区接壤的部分边境地区；近两年来，出境旅游的线程不断延长；消费水平高，主要是购物消费额比较大；通过旅行社组织、招徕的出境旅游人次在不断上升”（戴斌、张耀军，1997[344]）。丁枢和杨铭德（1998）[345]介绍了我国出境旅游市场概况，分析了其特点及存在的问题，探讨了出境旅游的效应，预测了发展的趋势，并认为出境旅游之所以成为消费热点，主要原因有国家的改革开放政策为出国的形成创造了一个大环境；对外开放的扩大，双边贸易的增长使得以公务、商务、考察、交流、援外等为主要目的的出境人数大增；由于国民经济持续发展，人民生活水平不断提高，人们自然想跨出国门看看外面的世界。

中国出境旅游的市场将非常广阔，有着美好的发展前景（史湘洲，2000[346]）。刘文波（1999）[347]经过研究认为，在今后的5年内，私人出境旅游将大大超过公务出境旅游而成为出境旅游市场的主导力量。陈辉（1999）[348]指出我国出境旅游大致经历了从严格禁止到不鼓励、不提倡再到适当发展出境旅游3个阶段，同时也探讨了我国面对出境旅游的发展应当以市场为导向进行适当的营销（客源市场定位工作、大力启动出境旅游散客市场、围绕目标市场、精心设计出境旅游产品）。

这一时期对于出境旅游现状的探讨与预测的分析，仍将焦点放在了出境游市场限制的放开上及出境游公费与自费的问题上。与此同时，学者们也将目光放在了海外的出境旅游市场上，迟克连（1997）[349]认为当时韩国的出境旅游市场态势持续增长，中国应该根据韩国游客的需求，加强对韩国旅游市场的促销工作。各国居民出境旅游往往因其社会、文化、经济背景的差异而彼此不同，匡林（1997）[350]、宁奉菊（2000）[351]分析了日本出境旅游市场出现的一些新变化及其旅华市场的现状及存在的问题，并对进一步开发日本客源市场提出了建议。

此外，学者们也开始了对于出境旅游相关方面的延伸性的研究。一方面，对于出境游的历史的追寻，马晓京（1998）[352]在研究中考察中国近代旅游活动，认为其参加者主要是文人知识分子、留学生、政府官员3类，其中政府官员的旅游活动主要表现为外交旅游、科技考察旅游和综合考察旅游。近代出境旅游活动的效果分为浅层次的局部直观效果和高层次的综合考察效果，后者已由旅游的表象认识深入考察研究西方的政习商情、文化教育、宗教信仰等方面，并得出出境旅游活动促进了近代中国的国际性开放的结论；一方面，对于出境旅游管理体制的探讨尝试，蔡家成（2000）[353]指出现行的出境旅游经营服务和管理，在保证旅游及其服务质量和旅游者的合法权益、贯彻国家旅游发展方针等方面均存在着明显的不足，并就其根源进行了分析。

3. 第三阶段：国内出境旅游研究的延伸和细致化（2001年至今）

中国出境旅游的发展受各种因素的牵制，也随着时代的发展而出现了不同以往的状况和特点。一方面，伴随新情况和新问题的出现，国内对于出境旅游研究所涉及的方面越来越多，所关注的问题越来越细致具体；另一方面，随着研究思路的拓展和研究方法的改进，出境旅游被更深层和更细致地进行了剖析。

（1）对中国出境旅游市场存在的问题进行了深入的探讨

中国的出境旅游在发展过程中存在着一些问题，需要正视并解决（唐飞等，2005[354]；王磊等，2006[355]；冯玮，2005[356]；王晨，2009[357]）。其中，中国公民出境旅游过程中出现的不文明现象，严重影响了中国的形象（肖卉等，2008[358]），成为关注的重点。芦爱英（2006）[359]从心理学的角度对中国公民出境旅游过程中的不雅举止进行了分析。刘丽莉（2007）[360]从文化的角度对出境游中不文明行为出现的原因进行深入的分析，并阐述了对不文明旅游行为进行管理的基本策略认知。姜先行（2007）[361]从社会互动规则及礼仪的角度分析了出境游过程中不文明现象的原因、后果及提升国民素质的一些策略。陈顺明（2007）[362]由现象到本质探讨了出境游中“不文明”行为可能造成的负面影响，并据此提出了一些对策建议。郭鲁芳等（2008）[363]在中国公民出境旅游文明与提升国家软实力机理分析的基础上，通过构建理论模型，探讨了文明的出境旅游行为与中国软实力提升的相关性。

（2）对中国出境旅游监管及法律的研究

首先是出境旅游政策的变更（王晓丽等，2006[364]）。高跃（2006）[365]通过分析我国出境旅游业的现状及发展过程中出现的问题来说明对出境旅游者开征特定行为消费税的理由。其次是对中国出境旅游中的法律关系的研究。姜坤等(2007)[366]指出出境旅游立法的滞后严重制约了其发展，并在充分分析现阶段出境旅游立法存在问题的基础上构建我国出境旅游法律体系的提议。

在这一时期的研究中，以2005年为节点，国内对于出境旅游的研究在更加深入和具体的情况下，又在内容上呈现了不同的特点。

第一，研究的重点为出境旅游市场状态、市场政策和相关管理的研究(2001～2004)。

(1) 中国出境旅游市场状态的研究

对于出境旅游市场状态的研究，一类是从宏观的层面对中国出境旅游的走势进行分析。杜江等（2002）[367]为了把握中国作为新兴的全球旅游业重要出境客源地的发展前景和变动趋势，从出境旅游市场发展规模、决策类型和价格影响、目的地偏好、旅游方式、消费能力等方面作了详细的分析，并提出了相应建议。龙婷（2003）[368]指出我国的出境旅游市场有以下几个发展趋势：出境游将持续高增长并且出境游的增长速度将会高于国内旅游和入境旅游；出境游的形式将更加多样化，同时私人出境游将大大超过公务出境游而成为市场的主导力量；出境游的目的地逐渐扩大。张辉等（2003）[369]就中国出境旅游市场的发展规模和国别分布进行概述，同时，从中国出境市场发展的产业外因素和产业内因素两个方面对发展趋势进行了分析和判断。郭英之等（2004）[370]探讨了这一时期中国出境旅游目的地的市场竞争及市场定位。

另一类出境旅游市场态势的分析则着眼于微观，了解出境旅游消费者的状态特征。肖建成等（2002）[371]采用市场学中的消费者行为理论对我国出境旅游市场现状进行了分析，揭示出境旅游者在出境旅游中目的地选择、旅游形式、购买渠道、交通方式、住宿购物的消费决策和来自不同客源市场、经济收入、社会阶层、文化层次、年龄性别旅游者消费行为的规律；对出境旅游市场目前存在的问题进行研究分析，提出今后出境旅游市场治理的对策及展望我国出境旅游市场的发展前景。一些学者为使研究相对严谨，将对中国公民出境旅游消费特征分析的调研限定在一定范围内，如选定为特许经营出境旅游业务的旅行社经营管理人员和经由特许旅行社组织的从事出境旅游消费活动的自费旅游者（课题组，2002[372]；2003[373]）。舒伯阳，王红玲（2004）[374]也对中国居民出境旅游的消费行为进行了分析，并给出了相关的政策建议。

（2）中国出境旅游政策管理的研究

2001 年中国加入世界贸易组织（WTO），这被认为将对中国的旅游业产生重要的影响。就出境旅游而言，在入世谈判中，出境旅游市场的开放被列为国民待遇的限制条款，即“合资和独资旅行社和旅游经营者不允许从事中国公民出境及赴中国香港、中国澳门和中国台湾的旅游业务，除此之外没有限制”。高舜礼（2004）[375]指出加入 WTO 将会对中国出境旅游市场中的市场监管、旅行社管理等有所影响。

这一时期，学者关注了 WTO 对于相关出境游政策方面的影响。依绍华（2001）[376]指出，出境旅游是我国旅游业的重要组成部分，长期以来采取特许经营的管理方式。随着我国加入 WTO 及服务贸易的进一步开放，出境旅游的政策将会发生较大变化（特许经营转变为直接经营，直接管理转变为间接管理）。面临这种情况，即 WTO 被判断为必然会对中国出境旅游产生影响（依绍华，2001）[377]，有学者提出相对应的政策和管理方面的改变。高舜礼（2002）[378]认为这一阶段出境游发展需要重新认识形势、重新定位市场、重新思考发展策略，在此基础上，对出国游组团社提出了 5 个建议：珍惜特许经营权；加强自律，规范经营，网络化、品牌化发展；三大旅游市场全面推进；努力争取进行跨国经营，并认为，出境游组团社之间实行互为代理，有利于促进旅行社在营销层次的网络化，推动形成批发与零售的专业化分工体系。

鉴于中国的出境旅游市场仍处于发展的起步期，仍存在着一些市场问题，对出境旅游市场如何进行监管仍是学者们关心的热点问题。许振晓（2002）[379]就指出了出境旅游市场上存在的一些问题——供求矛盾突出、产品高价垄断、违规操作严重、市场竞争无序、外汇结存较低。张莉（2003）[380]提出将计算机引入出境旅游市场管理，设计一个出境旅游市场信息处理系统，实现管理手段现代化，能够遏制回扣、提高旅行社的收入，使其在有序竞争、合理竞争的状态下捕获更多的市场份额，控制成本，提高旅行社的利润，使其在经营管理方面上档次、上水平、上质量，调整旅行社之间的利害关系，使之在自觉地完善管理、规范经营的同时，可获得丰厚的利润。孙玉琴等（2003）[381]结合出境旅游的特点和其经营者的心态，指出现有的出境旅游市场上违规操作行为屡禁不止，严重损害消费者利益的现象时有出现。李嬛(2004)[382]总结了出境市场上存在的服务质量问题和市场秩序问题。舒伯阳(2004)[383]结合对出境旅游市场发展趋势的预测，进一步从引导出境旅游健康发展的角度，探讨了今后中国出境旅游市场的行业管理政策。

外汇的管理也是影响出境旅游的一大方面，因而也颇受关注。徐光润(2002)[384]以陕西省居民的出境旅游为研究对象，分析了居民的因私出境旅游导致银行售汇减少的原因。王伟宁（2004）[385]提出，在对出境旅游的相关政策日渐开放的前提下，由于旅游业多年来一直是非贸易创汇的主力，如何在保持现有创汇规模的基础上不断满足出境旅游的用汇需求，缩小将来可能出现的旅游收支逆差，将是有待于深度挖掘的问题。

还有一些学者将研究的关注点具体到了出境旅游市场的价格管理问题上。陶卓等（2001）[386]首次谈论了我国出境游的价格管理，认为在我国的出境游市场上为解决价格问题，应该从以下几个方面着手：旅行社自主定价、建立市场机制、反对价格同盟、增加旅行社价格的透明度、完善监督管理机构、加强游客的自我保护意识。林璧属和姜辉（2004）[387]通过英国旅行社出境旅游报价，分析英国的旅游消费与报价特点，剖析其多样性、个性化、自主性和散客旅游为主的旅游市场需求特性，提出适应英国乃至欧洲客源市场需求的开拓策略。

第二，研究的重点在于细分市场的研究，并开始借鉴其他领域的理论来分析出境旅游的特点（2005 年至今）。

出境旅游市场的研究在这一时期更加的细致化，已经开始对各类细分市场进行分析。唐代剑和隋丽娜（2006）[388]在实证研究的基础上从出游认知、消费构成、消费评价和消费趋势进行分析，探讨了长三角地区居民赴韩旅游消费模式。研究表明，长三角地区居民赴韩旅游出游认知和消费构成也处于初级阶段，对消费评价和消费倾向大体上持肯定态度和乐观态度。欧玉婷等(2007)[389]在问卷调查的基础上，采用 Excel 软件进行统计，探讨了杭州市居民在目的地空间分布、出游频率、旅游目的、信息获取途径、出境口岸、出游时间、旅游消费等方面的行为特征。张善芹（2007）[390]通过对济南市出境旅游者的调查，运用定性与定量相结合的模糊综合评判方法，得出济南市出境旅游者出境旅游满意度的综合结论，认为济南市出境旅游者对港澳游的评价较“满意”，在出国游方面，对韩国和日本的满意度较好，对东南亚地区和较远的欧洲、澳洲地区满意度不高。王承云等（2007）[391]对上海市700名市民进行了抽样调查，在此基础上，结合上海市旅委提供的出境资料，对上海市居民的出境经历、出境特征、出游目的、出游方式和旅游地选择等行为进行了分析，探讨了上海市居民出境旅游行为特征，并根据调查数据对今后的旅游行为进行了预测并提出建议。欧玉婷等（2008）[392]从生活水平、经济发展外向性、社会支持力的角度选取具有代表性的指标，并构建评价指标体系，运用模糊综合评判方法对影响浙江省居民潜在出境旅游能力的因素进行分析。李书山（2006）[393]针对黑河市出境旅游人数锐减、边境旅游业发展受到打击的情况提出了相应的对策。朱蕴波（2006）[394]从旅游需求的角度出发，对北京市出境旅游者的消费特征进行了调查研究和分析。

其他领域的理论被借鉴性地用在了出境旅游的研究上。王素洁等（2005）[395]依据社会学的消费理论，尤其是消费主义理论，对中国公民出境旅游的高消费行为进行了剖析。朱易兰（2005）[396]根据“木桶原理”比较分析了出境游市场消费者的人文统计特征、消费决策制定阶段特征、实际消费阶段特征和消费评价与消费意向4个方面。王晓欢（2006）[397]依据社会学中的消费理论，对中日两国公民出境旅游消费能力、消费状况和消费特征等方面进行了对比研究。

（二）中国出境旅游市场类型的国内研究综述

随着我国出境旅游市场迅猛增长，对我国出境旅游市场的学术性文章（包括港、澳、台）也越来越多，主要包括以下5类。

1. 中国出境旅游市场的现状特征与发展趋势研究综述

第一类是对我国出境旅游市场的现状特征与发展趋势等方面的概述性分析研究。这类研究主要对我国出境旅游市场进行了一般性的概述（程伟进，1994[398]；戴斌等，1997[399]；丁枢和杨铭德，1998[400]；杜江等，2002[401]；郭鲁芳，1994[402]；刘文波，1999[403]；孙玉琴，2003[404]；张辉等，2003[405]；冯玮，2005；[406]张善芹等，2005[407]；常芮，2006[408]；郑淑婧等，2006[409]；

厉新建，2006[410]）。

2. 中国出境旅游者心理和行为特征研究综述

第二类是对出境旅游者心理和行为特征研究。这类研究主要采用了消费者行为及市场细分理论，揭示了出境旅游者对出境旅游目的地选择、旅游形式、购买渠道、交通方式、住宿购物等消费决策和出境旅游客源市场的经济收入、社会阶层、文化层次、年龄、性别等旅游者消费行为的规律（Janga, et al，1999[411]；北京第二外国语学院课题组，2003[412]；郭英之等，2004[413]；舒伯阳等，2004[414]；Donggen Wang，2004[415]；Chak Keung Simon Wonga 等，2004[416]；Ah Keng Kau & Pei Shan Lim，2005[417]）。

3. 中国特定地区出境旅游市场需求相关问题研究综述

第三类研究关注特定地区的出境旅游市场需求相关问题，通过定量分析和数理模型的建立，进行有针对性的个案研究（Zhang Qiu Hanqin 等，2004[418]；丁健等，2004[419]；汪德根，2004[420]；林璧属，2005[421]；李书山，2006[422]；朱蕴波，2006[423]；Brian King，2006[424]）。

4. 中国出境旅游市场发展中的经济与政策问题研究综述

第四类是我国出境旅游市场快速发展过程中，相关的经济与政策、存在问题，包括出境旅游市场发展中的体制等方面对出境旅游市场的影响，以及 WTO 对我国出境旅游市场的影响等（肖曲，1997[425]；蔡家成，2000[426]；依绍华，2001[427]；钟海生和郭英之，2001[428]；高舜礼，2002[429]；张广瑞，2002[430]；孙玉琴等，2003[431]；李嬛，2004[432]；王伟宁，2004[433]；刘菲，2004[434]）。

5. 中国出境旅游市场营销策略等研究综述

第五类研究主要是对我国出境旅游市场市场体制、调整策略、网络管理等营销策略方面的研究（陈辉，1999[435]；龙婷，2003[436]；舒伯阳，2004[437]；肖德贵等，2003[438]；肖建成等，2003[439]；张莉，2003[440]）。

（三）出境旅游影响因素相关研究的文献综述

1. 国内出境旅游影响因素相关研究的文献综述

国内的出境旅游影响因素相关研究与国外相比，起步要晚。同时，与旅游研究领域内的其他方面相比，所出研究成果也比较少，且借鉴国外研究经验的痕迹比较明显，多为借鉴国外理论与中国的本土出境旅游实际结合，进行影响因素的分析。但是，虽然国内在该方面研究开始进行得比较晚，但发展却很迅速，仅10多年的时间，国内对出境旅游研究已有了较大的发展。依据其研究成绩及研究内容，下面对10多年来国内对出境旅游影响因素的研究做一个阶段性评述。

第一阶段（1994～1998）。这一阶段国内对出境旅游影响因素的研究集中于宏观层面，影响因素的分类选取较为粗略，且研究多停留在表面层次，研究所涉及的内容不是很广泛。这一阶段对于出境旅游影响因素的研究成果很少且零散。这一阶段的主要研究成果认为，旅游动机、可自由支配收入和闲暇时间是影响出境旅游的三大基本因素，出境旅游的动机形成是影响出境旅游的基础因素，国民经济高速发展与居民结余购买力高速增长是影响出境旅游的经济基础，闲暇时间是影响出境旅游的必要条件（郭鲁芳，1994）[441]。

第二阶段（1998～2000）。这一阶段国内对出境旅游的影响因素研究已不再停留于表面，而是逐渐由粗至细，研究关注点多集中于影响出境旅游的出游动机方面，且在研究方法上开始注意数据的收集和统计分析的应用，定量分析和定性分析开始被结合运用，开始利用抽样调查资料和统计的思想对旅游动机进行定量分析与评价（张卫红，1998）[442]。

第三阶段（2001年至今）。这一阶段国内对出境旅游影响因素的研究已经开始朝系统化的方向发展，研究在深度上和广度上都有所拓展。在这一阶段，研究的特点主要如下。①研究多样化：对出境旅游的影响因素研究从宏观和微观两个角度来进行剖析，注意从旅游所涉及的多学科方向来对出境旅游的影响因素进行分析；②研究深入化：这一时期对出境旅游的影响因素研究选取较为细致的角度后进行深入研究和分析；③研究综合化：从各学科、各专业方面、多角度的研究经汇总整理，形成了对出境旅游影响因素的综合分析与表述。

2. 国内出境旅游影响因素相关研究的文献综述

因旅游学科的交叉性和边缘性等学科性质，旅游领域所涉及的学科众多。到目前为止，从研究内容所选取的角度来看，国内对出境旅游影响因素的研究主要从不同学科角度来划分。

其一，出境旅游的经济影响因素研究。出境旅游的经济因素分析一直是研究的重点，对这一方面的研究，国内多从宏观层面选取数据进行分析，学者多选取 GDP 为经济因素的指标。吴忠才、朱金林和徐迎（2007）[443]通过对旅游消费的主要影响因素进行回归分析，从经济意义检验上得出结论为国内旅游消费支出与国内生产总值呈正相关；吴璇（2007）[444]以国内旅游消费和居民收入的实际数据为依据，得出国内旅游与居民收入具有极强的相关性。另外，从中国比较特殊的城乡二元经济结构出发，城乡消费结构对旅游消费的影响也得到关注（宋娜等，2006）[445]。

其二，出境旅游的社会影响因素分析。在国内对旅游需求的影响因素中，社会因素是不可忽视的。社会因素对于出境旅游的影响研究，关注点集中在出境旅游者所处生活环境状况。宁士敏（2000）[446]指出生活方式的变化和国际城市化水平都是影响旅游者出游的重要社会因素。王晓峰（2006）[447]则从社会学的角度，包括综合考虑休闲时间等社会因素对出境旅游的影响，从而分析研究中国出境旅游的影响因素。

其三，出境旅游的文化影响因素研究。文化因素对旅游有着内在和潜移默化的影响，尤其在出境旅游影响因素的研究领域里，境内外的文化差异是影响出境旅游的重要因素。如文岚（2002）[448]通过对中西方文化差异的分析，来阐述文化因素对中国出境旅游的影响。同时，也有研究认为旅游是文化交流的重要表现形式（沈祖祥，2003[449]）。

其四，出境旅游的心理行为影响因素研究。在中国出境旅游为期不长的研究历程中，出境旅游者的心理动机等影响因素的分析得到了比较多的关注。林增学（1999）[450]依据对一般消费者行为模式的研究方法，采用静态和动态的方式对旅游者的心理和环境这两个相关影响因素进行了分析，提出了旅游消费行为的简单模式。杨丽萍（2005）[451]从旅游者的出游时间、人员构成、旅行方式、旅游范围、旅游品位等多个角度对我国旅游消费行为的影响因素进行了实证分析。

其五，出境旅游的地理影响因素研究。中国所处地理位置也成为出境旅游的重要影响因素之一。地理因素的影响表现在旅游者目的地的选择上，卞显红（2003）[452]介绍了旅游者目的地选择模式的理论构建，通过建立旅游者目的地选择无差异曲线图来分析旅游者目的地选择过程中的主要影响因素。郑淑婧、李经龙和张淑萍（2005）[453]利用国内居民出游率和人均GDP等方面影响因素的数据，对中国出境旅游的影响因素进行了空间分布方面的分析。

其六，出境旅游影响因素的综合研究。除去以上从各个学科角度出发分别对出境旅游影响因素的研究，许多的研究还将各种因素结合起来，进行综合分析。刘富刚（2004）[454]将旅游需求的影响因素分为两大类，即内部因素（包括人口特征等）和外部因素（包括经济因素、社会文化因素、交通运输因素等）。张善芹和何桂梅（2005）[455]则从中国的经济水平、中国经济的国际地位、国家宏观政策调整、境外对我国出境市场的期待、民航交通业和旅游信息等方面，分析和研究中国出境旅游的发展与影响因素。舒伯阳、王红玲（2004）[456]对中国公民出境旅游消费的影响因素和行为特征等进行了较为全面的分析研究。

（四）中国出境旅游市场购物的国内研究综述

1. 中国出境旅游购物行为的国内研究综述

与国外研究相比，国内旅游购物研究主要侧重旅游购物所产生的经济效应，因此研究重点是旅游商品的生产与经营（李明德、谭良方，1997[457]；徐飞雄，1997[458]；肖玲，1999[459]；叶苏平、单艺斌，2000[460]；李媛媛，2003[461]；袁国宏，2004[462]；朱孔山，2004[463]；曾兰君，2004[464]），而对旅游者购物行为的研究则相对滞后。

随着我国旅游业向纵深方向发展及旅游者消费主体意识的增强，单纯从生产和经营角度对旅游购物进行经济学分析的研究范式必然面临实践和理论发展的双重困境：其一，1997年中国自费出境旅游市场的开放标志着中国出境旅游市场全面展开，中国自费出境旅游具有消费驱动型的特征，因此以生产者为核心的传统旅游购物理论对此将不具有解释力；其二，以单一的经济视角对旅游购物进行研究，将旅游购物品等同于一般商品使之外延无限扩大，消解了旅游购物所应具有的文化内涵和象征意义，不能揭示旅游购物行为的本质。因此，有学者开始从文化和心理角度对旅游购物进行研究（刘爱玲，2000[465]；石美玉，2005[466]）。

文化学、社会学和心理学的理论与研究方法的引入使得国内学者开始对传统旅游购物理论进行反思（王德利，2002）[467]。唐文跃（2002）对霍华德和谢斯的消费者购买行为模型（Howard – Sheth Model）进行修正，建立了游客购买行为模型，用以分析旅游者购物的心理成本。[468]杨雅琳（2005）对传统的旅游购物说提出异议，认为旅游购物应强调经济效益与社会效益的协调平衡，突出旅游者的主体地位，给予旅游者更多的人文关怀。[469]石美玉（2004）则将旅游商品、购物设施和人员视为完整旅游购物活动的三大要素，构建旅游购物研究的理论框架，对旅游购物行为进行文化分析和解释。[470]

尽管国内研究者开始意识到旅游者购物行为研究的重要性，但是以消费者行为学的视角考察旅游者购物行为并未成为研究主流；尤其是对出境旅游者购物行为的研究方面，尽管出境旅游购物在出境旅游消费结构中具有举足轻重的地位，但是中国出境旅游者购物行为研究只是作为出境旅游消费研究的一个方面，因此该研究领域无论在广度上还是深度上都与国外同类研究存在着较大的差距。

2. 中国出境旅游消费行为的研究综述

在1997年中国自费出境旅游开展之前，国内学者对出境旅游的研究还停留在对出境旅游市场现状和趋势分析的层面（程伟进，1994[471]；郭鲁芳，1994[472]；中国社科院财贸所“边境旅游研究”课题组，1994[473]；张国华、高东云，1994[474]；余青，1997[475]），直至1997年，随着中国自费出境旅游的正式开放，国内研究者才开始关注中国出境旅游消费和购物问题。

2003年北京第二外国语学院“中国出境旅游者消费行为模式研究”课题组首次采用抽样调查的方式对中国出境旅游者消费行为进行了较为全面的调查和研究，此后，北京第二外国语学院又成立“中国出境旅游发展年度报告课题组”，对中国出境旅游进行连续性跟踪研究，并先后发表《中国出境旅游发展年度报告2004》和《中国出境旅游发展年度报告2005》。在《中国出境旅游发展年度报告2005》中，中国出境旅游市场环境和消费行为特征是主要内容之一，此外课题组还对北京、上海、广州和重庆4个城市的出境旅游发展和消费进行了专题研究。[476]课题组的系列研究主要包括对中国出境旅游者的人口统计特征、出境旅游消费行为及其影响因素的研究。在课题组的研究报告中，虽然出境旅游购物尚未成为一个单独的研究课题，但是一系列研究表明，购物在中国出境旅游消费结构中占有重要的地位。

在课题组相关研究成果的基础上，出境旅游消费的经济、政策和行为动因成为考察中国出境旅游者的消费行为的出发点（舒伯阳、王红玲，2004[477]；郭英之等，2004[478]），对 1985 ~ 1999 年间中国出境旅游支出的时间序列数据的分析表明，中国出境旅游消费与经济发展水平有较强的正相关关系（李冰州、杨剑、陈旭，2004）[479]，此外，高收入群体的炫耀性消费也成为解释中国出境旅游高消费的重要原因（王素洁、齐善鸿，2005）。[480]由于中国出境旅游发展的区域不均衡性，除了对中国出境旅游消费进行全国范围的研究之外，部分研究者还对不同地区旅游者的出境旅游消费行为进行了研究（唐代剑、隋丽娜，2006[481]；朱蕴波，2006[482]），使得国内出境旅游消费研究进一步深入。

尽管如此，囿于中国出境旅游发展的实际及相关统计数据的缺乏，与入境旅游消费和国内旅游消费研究相比，中国出境旅游消费研究还相当薄弱，主要表现在以下几个方面：在研究内容上，购物作为出境旅游消费的主要内容之一，还没有得到研究者应有的重视，就国外研究现状而言，旅游者购物行为研究的主要对象仍是西方旅游者和亚洲经济发达地区（如日本、韩国、中国香港和中国台湾）的旅游者（Mok & Iverson，2000[483]；Reisinger & Turner，2002[484]；Jang，Bai，Hong，et al，2004[485]），中国出境旅游者的购物消费虽然引起了境内外新闻媒体、旅游目的地零售商及国外研究者的极大关注（Arlt & Kelemen，2006[486]），但是国内相关的理论研究并未及时跟进；在研究方法上，利用二手数据和文献对中国出境旅游消费行为进行定性分析仍然是主要的研究手段，而缺乏对出境旅游消费行为的定量研究；在研究视角上，出境旅游消费研究过多地纠缠于对中国出境旅游支出和购物支出是否过高的争论上，而缺乏对中国出境旅游者消费行为和购物行为的整体把握。基于此，本研究以上海、北京、广州等发达城市的出境旅游者购物行为为选题，力图通过对出境旅游者购物行为的相关特征、旅游目的地的影响因素及出境旅游购物消费特征的分析，为中国出境旅游消费研究提供新的视角。

第三节　国内外研究综述比较

（一）国外同类研究评述

第一，从研究内容而言，将拉力影响因素与出境旅游目的地相结合，运用市场竞争理论、品牌竞争理论，对出境旅游目的地感知特征及其影响因素进行了研究；将推力影响因素与出境旅游客源市场特征相结合，对出境旅游者行为特征及其影响因素进行了研究；将多维空间分析等有效的定量方法与出境旅游目的地特征属性相结合，对出境旅游目的地市场定位的空间特征进行了研究。

第二，从研究方法而言，不但有定性研究，而且有定量研究；从研究范围而言，不但有出境旅游市场特征的单一因子研究，而且有出境旅游市场的多目的地国家、旅游者感知特征的多元感知行为特征与影响因子研究。

第三，从研究结果而言，研究结果依赖于市场抽样调查数据，并运用统计学分析方法，结果分析具有客观性，主要为出境旅游目的地的市场营销管理者提供各种目标细分市场的定位发展战略。

（二）国内同类研究评述

第一，从研究内容而言，国内绝大多数研究内容为定性研究，并且做了大量的前期综合工作，但由于主观性较强，并没有上升到基于推拉因子机理和市场定位层面进行深入研究。从研究理论而言，主要运用消费行为理论，对我国出境旅游者行为感知特征进行了研究。

第二，从研究方法而言，国内研究方法的学术性，与国外有相当大的差异，绝大多数是对我国出境旅游市场的定性研究，主要运用思辨性研究方法，具有主观性。虽然少数研究进行了客观性市场抽样调查，但并无真正运用数理统计等定量研究方法，对定量研究处于起始阶段。

第三，从研究结果而言，主要为我国出境旅游市场提出宏观发展战略及对策。

（三）国内外研究综述比较

1. 国内外相关研究的共同点

就国内外出境旅游的相关研究而言，随着各自的发展及国际间学术的交流，在各有所侧重和不同的情况下，国内外的研究出现了一些共同的特点。

（1）案例研究方法的采用

案例研究法是国内外出境旅游的相关研究中普遍采用的一种方法。通过相关的案例研究，选取特定地区为出境旅游的研究对象，对有一定代表性的研究对象进行分析，从中获得有借鉴意义的规律性的结论。同时，也基于出境旅游涉及因素的复杂性，在具体案例上进行研究，也能够最大限度地考虑到多方面的因素，增加研究的合理性和有效性。

（2）普遍关注的研究方向

在出境旅游的研究中，有些方面是在国内外都受到了普遍关注的。比如，出境旅游者的行为的分析，出境旅游者作为出境旅游活动的主体，其在旅游过程中的行为特点引起了国内外大多数学者的兴趣。同时，出境旅游者的文化背景及旅游感知等也是国内外研究的重点。

2. 国内外研究的不同点

基于国内外研究的起步不同，其发展的程度也有所差别。在对于出境旅游的研究中，国内外的学术界在研究内容和研究方法上都有所差别。

（1）研究内容的差别

第一，国内外对于出境旅游的研究所处的实践环境有所不同。中国的出境旅游为政府主导型产业，在这样一种背景下，相比于国外，国内学术界的部分学者侧重于研究政策因素对于出境旅游的影响。而从国外学术界的研究情况来看，对于出境旅游的研究则更多地侧重于市场化的方向，也更加系统化，考虑到了出境旅游市场营销的各个阶段，甚至包括旅游前的市场感知及旅游之后的市场反馈情况。

第二，在出境旅游影响因素和旅游购物等问题的研究和探讨上，与国内研究相比较，国际上的研究在因素的选择上要显得更为具体和全面。在对旅游者自身因素的考量上，国内研究能考虑到年龄、教育背景、性别、家庭收入等普遍因素带来的影响。国际上的研究则显得更为细致，Hanqin Q. Zhang 等（2004）[487]考虑了家庭状况的影响（单身但与父母同住、独居、单身父母、已婚但无子女、已婚且仍在抚养孩子、已婚有子女但子女已独立、其他）。Jacqueline M. Hamilton，David J. Maddison & Richard S. J. Tol（2005）[488]采用虚拟模型对影响出境旅游的因素——气候变化进行了研究，推断出气候的变化在一定程度上将会引起出境旅游的变化，但是这种影响程度比起人口变动、收入变动对于出境旅游的影响程度要小得多。

（2）*研究方法的差别*

第一，国内对于出境旅游的研究，定量和定性方法所采用的比例差不多，定性方面的研究包括对于政策的研究及宏观环境的论述等，定量的研究则多为研究游客的出境旅游行为特征。国外学术界的研究则侧重于采用定性的研究方法，将相关研究对象具体地进行量化，以便清晰地进行展示。

第二，国外的出境旅游在研究方法上，也比国内的研究更有创新性，选取了独特的视角来对出境旅游进行探讨。旅行公司作为游客出境旅游的中介，在出境旅游的过程中起着重要的作用，Tamami Imanishi（2007）[489]从旅行公司的角度考虑，考虑了不同的旅游公司在选择旅游产品上考虑的因素，以不同的旅行公司为例分析了其在出境旅游产品管理选择上的特点，并建立了理论模型予以说明。由于中国出境旅游市场的重要性和其存在的潜力，对于中国出境旅游影响因素，不仅是国内的学者，在国际上也有很多学者对其进行研究。Christine Lim（2008）[490]对于中国的出境旅游给予了关注，使用回归模型对中国旅游进行了研究。

第三，对相关理论方法的灵活运用。国外的出境旅游研究，较为灵活地借鉴了其他相关领域的理论作为支撑。其他相关的研究理论的引入，使得国际化的出境旅游影响因素研究在理论上有着更为稳定的定位。Beverley Sparks，Grace Wen Pan（2008）[491]利用预期行为理论（Theory of Planned Behavior，TPB）调查上海的中国出境旅游者对于旅游目的地因素的考虑，以及出境旅游者对于出境旅游的态度因素，认为旅游目的地和出境旅游者本身的态度对于出境旅游有着重要的影响。

第三章 中国出境旅游市场定位的实证研究

第一节 基于推力因子的中国出境旅游市场的社会人口统计学特征

在本项目所调查的2 274名中国出境旅游者中，被访者在年龄、受教育程度与职业方面的人数分布差异较大，而在收入方面的人数分布差异则较小。在性别方面，女性被访者的比例高于男性，所占比重分别为53.6%和44.8%；在年龄结构方面，年轻被访者居于主导地位，21～30岁和31～40岁两个年龄段的被访者分别占55.2%和15.0%，而41岁以上的被访者只占15.2%；收入方面，被访者的人数分布差异不是特别大，个人月平均收入在2 000～3 999元的被访者比重为24.2%，略高于其他收入水平的被访者，其次是个人月平均收入为4 000～5 999元的旅游者，占到了总人数的17.4%；在教育特征方面，接近3/4（72.3%）的旅游者拥有大专/本科学历，其中大学教育以上的旅游者占14.5%；在职业分布方面，企事业职员（19.6%）、学生（42.9%）和技术人员（10.9%）均占较大比重（见表3－1）。

表3－1 中国出境旅游市场需求的旅游者社会人口统计学特征（*N*=2 290）

人口统计学特征	*N*	%	人口统计学特征	*N*	%
性别	2 238	100	收入（元）	2 227	100
男	1 019	44.8	2 000以下	408	18.3
女	1 219	53.6	2 000～3 999	538	24.2
年龄（岁）	2 233	100	4 000～5 999	387	17.4
16～20	328	14.7	6 000～7 999	300	13.5

续表

人口统计学特征	N	%	人口统计学特征	N	%
21~30	1 232	55.2	8 000~9 999	277	12.4
31~40	335	15.0	10 000 及以上	317	14.2
41~55	285	12.8	职业	2 110	100
56~65	34	1.5	政府职员	167	7.9
66 及以上	19	0.9	企事业职员	414	19.6
受教育程度	2 241	100	学生	905	42.9
小学	24	1.1	技术人员	230	10.9
初中	50	2.2	离退休人员	69	3.3
高中	220	9.8	教师	113	5.4
大学	1 623	72.3	商务人员	163	7.7
研究生及以上	324	14.5	其他	49	2.3

（一）基于推力因子的中国出境旅游市场的出游频率特征

从中国出境旅游市场需求的出游频率特征来看，大多数旅游者（25.20%）是第一次出境旅游。值得注意的是，拥有11次或以上出境旅游经历的游客达到了1.49%（见图3-1）。

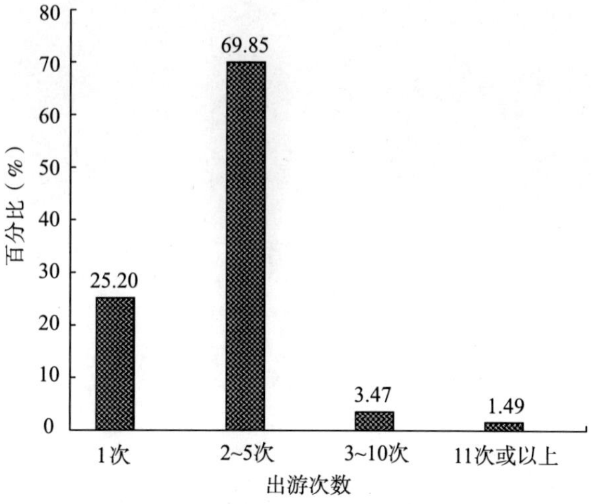

图3-1　中国出境旅游市场需求的出游频率特征

根据北京、上海、广州等经济发达城市的经济发展和居民可支配收入的增长趋势，不难看出，中国出境旅游市场需求的出游频率具有以下发展特征：第一，随着人民币与国际主要货币汇率的浮动，人民币币值的大幅度上扬，国际范围内人民币流通的渠道逐渐增多，将刺激上海和北京居民出游频率的增加，影响居民出境旅游的频率（张广瑞，2006[492]）；第二，上海和北京居民申请办理护照的手续更方便、更迅速，客观上促进了北京、上海、广州等经济发达城市的出境旅游频率和机会的增加；第三，北京、上海、广州等经济发达城市的外资公司向员工提供参加境外会议和教育培训的机会越来越多，北京、上海、广州等经济发达城市的企事业单位的奖励旅游也作为一项激励员工的福利政策而被普遍推广，这使北京、上海、广州等经济发达城市的居民的出境旅游频率更高。

（二）基于推力因子的中国出境旅游市场的出游停留时间特征

从中国出境旅游市场心理需求的出游停留时间特征来看，在调查中，希望在境外旅游的时间低于一周的只有11.93%，希望在境外停留时间等于或者超过一个月的旅游者占到了3.43%，84.64%的中国旅游者希望在境外停留的时间等于或者超过一周（见图3－2）。

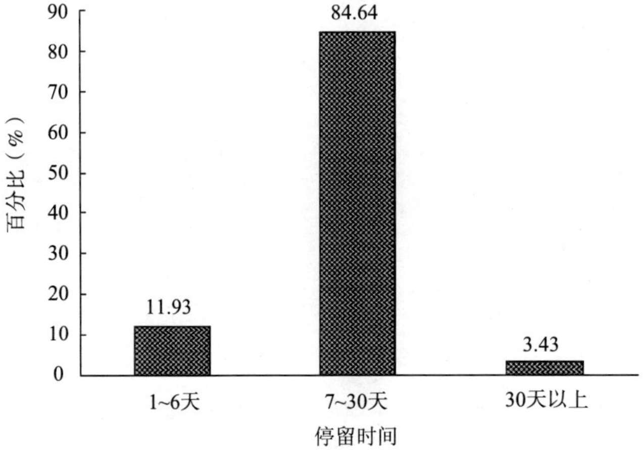

图3－2　中国出境旅游市场需求的出游停留时间特征

出境旅游者希望在境外停留时间较长的原因主要有以下3点：第一，我国政府陆续出台了带薪休假及法定节假日等相关政策，如1997年后实行周五工作制，加之3个“黄金周”长假的实行，使得上海和北京居民全年休假时间达到114天左右，客观上为出境长线旅游提供了可能（徐丛春，2003）[493]；第二，国家旅游局统计数据显示，2006年以来我国外汇储备余额突破万亿美元大关，达到10 663亿美元；第三，个人外汇储备也大幅度上升，使国家对发展旅游的外汇需求转移，从而淡化对出境旅游的限制，放松了对旅游者的供汇政策。中国出境旅游市场目前已有了相对宽松的外汇制度和换汇环境，这为上海和北京出境旅游者境外滞留时间的增加提供了极大的方便。

（三）基于推力因子的中国出境旅游市场的出游形式特征

从中国出境旅游市场需求的出游形式特征来看，在调查中，出境自助散客最多，占40.11%，参加半包价旅游的人数达到23.17%，参加全包价团队旅游的中国出境旅游人数也达到仅次于散客旅游人数的较大比例（32.79%）（见图3－3）。

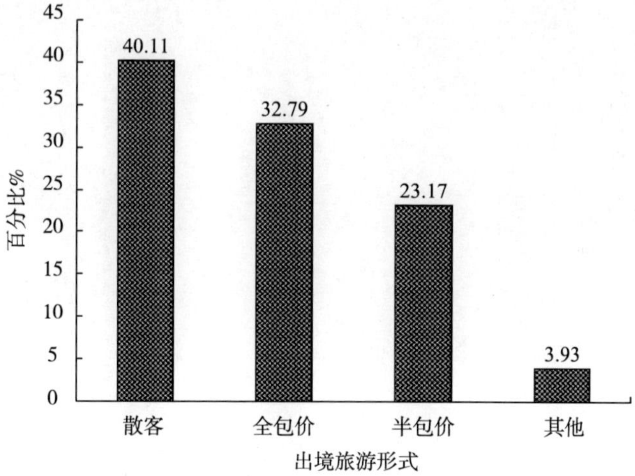

图3－3　中国出境旅游市场需求的出游形式特征

在中国居民选择出境旅游的方式时，考虑参加全包价的出境旅游团的旅游者占绝对优势。这是由于以下两点原因。第一，通过旅行社出游方便、省事。出游之前的大部分准备工作及掌握信息、编排和选择旅游路线、制订旅行计划，预订酒店，安排机、车、船票等全部变成旅行社及其员工的工作；出游过程中，行、游、住、食、购、娱等所有活动都由旅行社安排和组织，旅游者只需根据旅行社及其领队、导游人员的安排并在其带领下参加旅游活动，省却了大量的时间、精力和劳动（佚名，2007[494]）。第二，旅游者是最终消费者，旅行社是组织者和批发商。旅行社成批量地从航空公司、火车站、饭店、餐馆和旅游景点购入商品，组合后零售给旅游者，相比旅游者自己向这些行业购买的价格低了很多，这也是出境旅游者选择参团出游的重要原因。

(四) 基于推力因子的中国出境旅游市场的出游信息特征

从中国出境旅游市场需求的出游信息特征来看，在调查中，中国出境旅游者获得旅游信息的主要渠道是互联网（32.3%），其次是旅行社（21.7%）和亲朋好友（17.0%）。电视/广播的传播渠道也占到了12.9%。但是，通过一些平面媒体，如报纸/杂志（10.7%）和旅游宣传册（4.2%）了解目的地信息的比例并不高（见图3－4）。

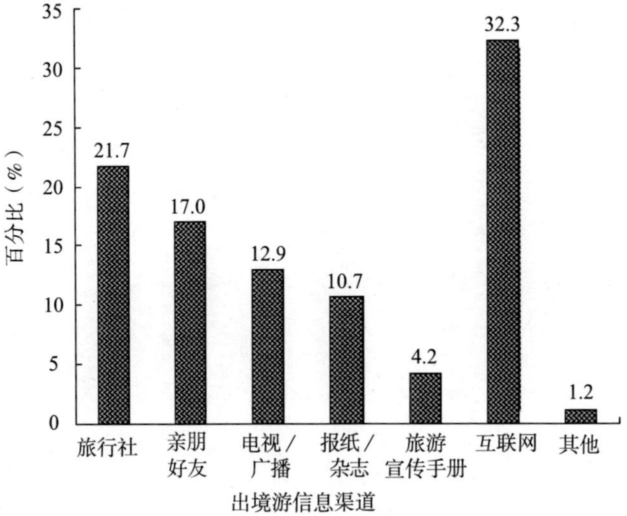

图3－4　中国出境旅游市场需求的出游信息特征

这是由于随着网络技术的发展和普及，中国出境旅游者可以很方便地通过网络自动查询功能更具体、更直接、更及时地查询到自己所需的旅游目的地信息，互联网越来越多地具备了出境旅游咨询服务功能，在网络上几乎可以查询到任何一个旅游胜地的信息，从而帮助出境旅游者做出对目的地的选择（佚名，2005[495]）。同时，旅行社旅游产品的推销模式和手段将被网上营销方式所替代，从而使上海出境旅游市场需求的网络信息和渠道更加广泛，上海出境旅游的信息传播更加便捷。

（五）基于推力因子的中国出境旅游市场的出游决策特征

从中国出境旅游市场需求的出游决策特征来看，在调查中，当中国居民进行出境旅游的决策时，决策因素中最重要的是旅游者自己的决定（39.1%），其次是家庭成员或亲戚（32.0%）的意见。朋友的意见也占了较大比重（19.1%），且旅行社的影响（7.1%）也占了相当比重（见图3－5）。

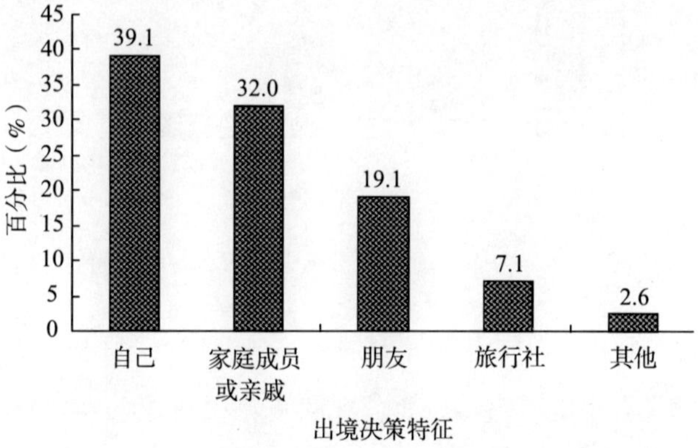

图3－5 中国出境旅游市场需求的出游决策特征

由此可见，受访者除了受自己的影响较大外，家庭成员或亲戚的影响与自己的决策影响也相差无几。这是因为家庭是一个最基本、最重要的所属群体，它对人们的旅游行为产生直接和长远的影响（郭英之，2006[496]）。源于我国强烈的家庭观念及“整体出游”现象，决策因素中家庭成员的意见最为重要；而亲戚朋友是旅游决策行为的重要参考群体，参考群体将影响个体旅游者的态度和自我观念，产生一种趋于一致的压力，进而影响个人的选择（李吉，2005[497]）。

（六）基于推力因子的中国出境旅游市场的出游动机特征

从中国出境旅游市场需求的出游动机特征来看，在调查中，观光娱乐成为绝大多数旅游者的出境旅游目的（64.1%），其次为学习与考察目的，占18.1%，公务目的占9.7%，探亲访友和其他目的所占的比例不足9%（见图3－6）。

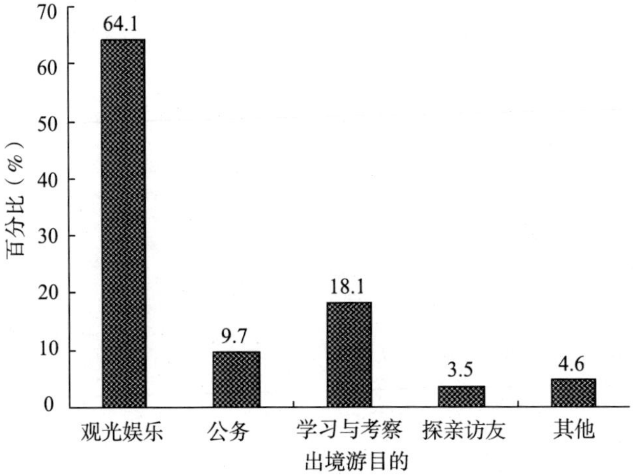

图3－6　中国出境旅游市场需求的出游动机特征

这表明以消遣休闲为特征的出境旅游已经成为中国出境旅游者的首选。这可能是因为1997年中国出境旅游产业政策调整所致，即允许中国公民进行自费出境旅游。与之前的公务旅游、学习考察和探亲访友不同，自费出境旅游具有消费驱动的特征，旅游者出境旅游的主要目的是消遣和娱乐（陈勇，2007[498]）。

与之相应的是，来自供应方上海锦江国旅出境部的数据表明，在2007年春节黄金周期间最受欢迎、预订率最高的是一地深度游、精品游、自由行、海岛游等休闲度假类产品。如推出的“皇牌埃及迪拜10日休闲游”线路，尽管价格高达18 800多元，但刚一出炉就被预订一空。以前由于费用与时间的因素，上海出境旅游者在选择出境旅游的目的地时，路线安排总是将几个国家组合在一起，目的是用最少费用，旅游最多的国家。出境旅游市场产品结构从发展初期的以速度比拼目的地数量型的走马观花式的观光旅游，向如今深入细化的休闲度假转变。游览的内容减少了，品质自然就上去了（佚名，2007[499]）。我国出境旅游市场的休闲动机越来越显著。

（七）基于推力因子的中国出境旅游市场的出游年龄特征

出境旅游市场的老年旅游者比例偏低。相对其他发达国家，我国出境旅游市场中 55 岁以上年龄段的旅游者出游率比其他年龄段要小（郭鲁芳，1994[500]）。其原因主要是：第一，此年龄段为新中国成立（1949）前后生长的一代人，新中国成立前后的经济困难时期，以及此后 20 世纪 50 ~ 70 年代我国经济发展水平偏低甚至困难，使他们养成了节俭的生活习惯（余颖等，2003[501]）；第二，此年龄段相当一部分为离退休人员，其收入来源主要是离、退休金，月薪主要集中在 200 ~ 2000 元人民币，离、退休金偏低，决定其消费态度以节俭型和保守型为主（徐栖玲、陈宏巨，2003[502]）；第三，由于我国老年年龄段的旅游市场相对其他年龄段的旅游市场成本高、收费低、利润少，我国旅行社缺乏针对此年龄段的心理和生理特征开发出的适销对路的出境旅游产品，致使 55 岁以上，特别是 60 岁以上年龄段的团体旅游者不足 4%（张再生，2003[503]）；第四，该年龄段旅游者的体力因素，也是制约因素之一（王云龙，2001[504]）。

（八）基于推力因子的中国出境旅游市场的出游购物特征

出境旅游市场的密集性购物现象突出。我国公民出境旅游购物的高消费现象基本可以分解为：高收入群体的高消费；集群消费/“影子消费”；“（团费）公费 +（购物）自费”形式下的高消费 3 部分。旅游者在境外的旅游行为并不仅仅是个人行为，出境旅游者往往是家庭甚至是家族的代表，其购物特点表现为密集式、积累式、家族式，在境外的消费行为突出地表现为突击性地购物（杜江等，2003[505]）。主要原因是：第一，我国公民一般出国机会少，一个人出国代表的往往是一个家族甚至是一个朋友圈子的购买能力；第二，由于我国关税较高，我国公民出境旅游购物时，主要是购买在我国价格比较高而在出境目的地却比较廉价的商品，主要以价值较高的数码产品和名牌奢侈品为主；第三，我国公民相互之间往往愿意以时尚、名牌、保健品等礼品相互馈赠，而完全不同于外国旅游喜欢采购价廉物美的物品的购物习惯；第四，我国公民出国旅游、尤其是首次出国回来，礼品馈赠的对象，不只是家庭和亲友圈子，而且还包括同事圈子等。这些都极大增强了我国公民出境购物的能力。

第二节 基于拉力因子的中国出境旅游目的地的市场定位

（一）中国出境旅游目的地的市场定位

通过咨询上海、北京、广州等60家从事出境旅游业务的旅行社总经理或部门经理，从中国现有的出境旅游目的地国家中选择出7个最具有市场竞争力的旅游目的地国家。咨询结果表明，日本、韩国、法国、德国、澳大利亚、新加坡、泰国和埃及是目前较受中国旅游者欢迎的旅游目的地。中国旅游者喜爱选择这几个出境旅游目的地的原因是，日本和韩国距中国区位较近，旅行计划便于安排；新加坡和泰国距中国的区位也较近，也是中国开放最早的自费出境旅游目的地国家之一；德国是目前对中国公民开放的134个出境旅游目的地中，最早开放的欧洲国家；法国是中国公民最喜爱的出境旅游目的地；澳大利亚与中国建交已有10多年历史，其独具特色的异国风情、文化历史和自然环境吸引着中国出境旅游者；埃及作为四大文明古国之一，以其历史遗迹闻名于世，也是中国目前开放的两个非洲旅游目的地国家之一。因而，中国旅游者在出境旅游决策中，愿意选择这些出境旅游目的地国家。

对旅游目的地的特征属性研究采用两种方法进行，第一，对中国从事出境旅游的20家旅行社的管理者和北京、上海、广州等政府旅游机构的20名政府职员进行访谈；第二，对国际旅游文献进行研究综述。本研究对60个有出境旅游经历的中国旅游者进行面谈和测试后，采用了12项特征属性。其中两项在出境旅游目的地特征属性具有唯一性，因而被剔除。最后，只采用了10 项特征属性，即“旅游成本不高”、“经济发达程度”、“优美的景色”、“安全性”、“购物的好去处”、“不同于中国的历史与文化旅游资源”、“适宜的气候”、“优良的休闲与娱乐设备”、“旅行计划易于安排”、“良好的旅游设施”。调研问卷的初稿在上海浦东国际机场进行检验，问卷随机分布给候机区域由 30 名上海出境旅游者组成的便利样本，他们在近两年内进行过出境旅游。基于这次检验性调研的反馈和分析，对问卷草案做了局部的反复修改，以消除问卷中表达含混的地方，最终形成问卷定稿。

研究的正式调研于 2007 年 1 月至 2009 年 10 月在上海、北京、广州等经济发达城市的主要旅游景点和景区、虹桥机杨和浦东国际机场、主要商业闹市区展开，对 16 周岁以上并在最近两年内至少有过一次出境旅游经历的中国出境旅游者进行了合理的市场抽样调查。对被访者出境旅游时间段的限定可以使得旅游者的记忆较为清晰；对被访者年龄的限定，可以使被访者有能力对自己的旅游行为和经历作出正确的判断。以上界定旨在选出合适的样本并尽可能地确保所收集的数据的有效性。通过拦截访问的方式，调研共分发 2 500份问卷，收回问卷 2 290 份。但其中 16 份问卷存在较多未填写的项目，最后的样本由 2 274 份有效问卷组成。问卷的收回率和有效率分别为 91.6% 和 91.0%，符合进行数据统计分析的条件。

采用的研究方法是多维空间分析方法（MDS），MDS 是采用空间图形分析旅游目的地市场定位的一种有效方法，可用于感知刺激物（旅游目的地）之间的联系，以及多个旅游目的地特征属性的关系。MDS 又分为几种研究方法，本论文所采用的 MDS 研究方法是 KYST 与 ALSCAL。

KYST 是 MDS 常采用的一种方法，可用于识别两点之间的距离，或者说可识别两两旅游目的地之间的相似性与非相似性。使用 KYST 方法时，可采用市场抽样调查问卷形式，请旅游者回答：“请您根据每个问题的陈述，在中国出境旅游者喜欢的日本、韩国、德国、澳大利亚、新加坡、泰国、埃及 7 个出境旅游目的地中，比较每两两旅游目的地之间的相似性或非相似性的程度，并在相应的数字上画圈”。例如，对两两旅游目的地“日本和泰国”，采用里克特的七分量表，请旅游者回答，1 为“非常不相似”，4 为“中等相似”，7

为“非常相似”。

MDS 最常用的另一种方法是 ALSCAL，可用于探讨刺激点（旅游目的地）与矢量（旅游目的地特征属性）之间的关系。使用 ALSCAL 方法时，也可对旅游者进行市场问卷调查，如“对于 7 个出境旅游目的地的 10 项特征属性，请您根据对这些特征属性的同意程度，在相应的数字上画圈”。例如，对“适宜的气候”这一特征属性，根据里克特七分量表，请旅游者对 7 个出境旅游目的地的 10 项特征属性进行量度回答，1 为“非常不同意”，4 为“中等同意”，7 为“非常同意”。ALSCAL 矩阵包括刺激物（7 个旅游目的地）和 10 项特征属性，根据旅游者对每一旅游目的地的量度回答，将数据结果输入 ALSCAL 程序中。

（二）中国出境旅游目的地市场定位的感知特征属性

从表 3－2 可以看出，出境旅游者认为中国出境旅游目的地特征属性的重要程度依次为，“安全性”（均值 =5.73）、“优美的景色”（均值 =5.69）、“良好的旅游设施”（均值 =5.15）、“不同于中国的历史与文化旅游资源”（均值 =5.10）、“适宜的气候”（均值 =5.03）、“旅游计划易于安排”（均值 =4.98）、“优良的休闲与娱乐设备”（均值 =4.93）、“旅游成本不高”（均值 =4.91）、“购物的好去处”（均值 =4.38）及“经济发达程度”（均值 =4.01）。据此可看出，中国旅游者认为“安全性”与“优美的景色”是最重要的特征属性，而“经济发达程度”与“购物的好去处”是最不重要的特征属性，表明中国旅游者更喜爱环境安全和景色优美的旅游目的地，而认为“经济发达程度”或者“购物的好去处”等特征属性对旅游目的地并不重要。

表 3－2　出境旅游目的地感知特征属性定位的重要程度（N =2 274）

旅游目的地特征属性	均值	标准差	排序
安全性	5.73	1.37	1
优美的景色	5.69	1.30	2
良好的旅游设施	5.15	1.42	3

续表

旅游目的地特征属性	均值	标准差	排序
不同于中国的历史与文化旅游资源	5.10	1.52	4
适宜的气候	5.03	1.42	5
旅行计划易于安排	4.98	1.40	6
优良的休闲与娱乐设备	4.93	1.51	7
旅游成本不高	4.91	1.40	8
购物的好去处	4.38	1.73	9
经济发达程度	4.01	1.51	10

（三）中国出境旅游市场的目的地感知偏好定位

在实际出境目的地中，周边地区和国家的短途出境旅游仍是目前上海出境旅游市场的主导产品。在洲际出境旅游目的地中，旅游者（28.6%）首选西欧各国为出境旅游目的地。

同时，在调查中发现，希望到欧洲旅游的中国出境旅游者占到45.59%，其次是东北亚地区（16.9%）、美洲地区（15.5%）、澳洲地区（10.1%）、东南亚地区（6.04%）、中东/非洲地区（4.99%）、港澳台及其他地区（0.5%）。虽然2004年年底中国政府才正式向公民开放欧洲旅游，但欧洲旅游对中国出境旅游者的吸引力相比其他目的地而言占绝对优势；美洲旅游作为一个新兴的消费点，虽然目前价格较高，消费者接受还需要有一段时间，但是中国出境旅游者已经表现出极大的兴趣，未来美洲游，特别是美国游（13.2%）将具有更大的增长潜力；东北亚地区和澳洲地区都是自1997年中国自费出境旅游开展以来居于主导地位的出境旅游目的地，对中国出境旅游者而言已经较为熟悉，旅游者对该地区的选择比重适中；而作为价格较为便宜、地理位置适中的东南亚地区，中国出境旅游者选择的比重仅为6.04%，这可能是由于近年来出境旅游目的地之间竞争的加剧削弱了东南亚游的吸引力（见表3-3）。

表3-3　中国出境旅游市场需求的目的地感知偏好结构（$N=2\ 274$）

目的地国家	人数	百分比（%）	目的地国家	人数	百分比（%）
欧洲	971	45.59	**东北亚**	363	16.9
法国	508	23.8	朝鲜	3	0.1
德国	69	3.2	日本	246	11.5
英国	84	4.0	韩国	109	5.1
俄罗斯	3	0.1	东南亚	5	0.2
瑞士	57	2.7	印度	127	6.04
意大利	93	4.4	柬埔寨	1	0.05
希腊	55	2.6	越南	2	0.09
荷兰	20	0.9	泰国	46	2.2
西班牙	17	0.8	新加坡	42	2.0
挪威	11	0.5	马来西亚	9	0.4
丹麦	11	0.5	马尔代夫	27	1.3
瑞典	12	0.6	**澳洲**	226	10.1
奥地利	17	0.8	澳大利亚	205	10.0
芬兰	4	0.2	新西兰	21	0.1
冰岛	8	0.4	**中东/非洲**	104	4.99
葡萄牙	2	0.09	埃及	83	4.0
美洲	331	15.48	非洲	8	0.4
阿根廷	2	0.09	南非	11	0.5
美国	281	13.2	阿拉伯联合酋长国	2	0.09
加拿大	33	1.5	中国港澳台地区及其他	10	0.5
巴西	9	0.4			
墨西哥	4	0.2			
智利	2	0.09			

（四）中国出境旅游市场需求的目的地偏好差异化分析

如图3-7所示，最受旅游者喜爱的10个目的地国家或地区包括：欧洲国家中的法国（23.8%）、意大利（4.4%）、英国（4.0%）、德国（3.2%）、瑞士（2.7%），美洲国家中的美国（13.2%），东北亚国家中的韩国（5.1%）、日本（11.5%），澳洲国家中的澳大利亚（10.0%）及中东/非洲国家中的埃及（4.0%）。

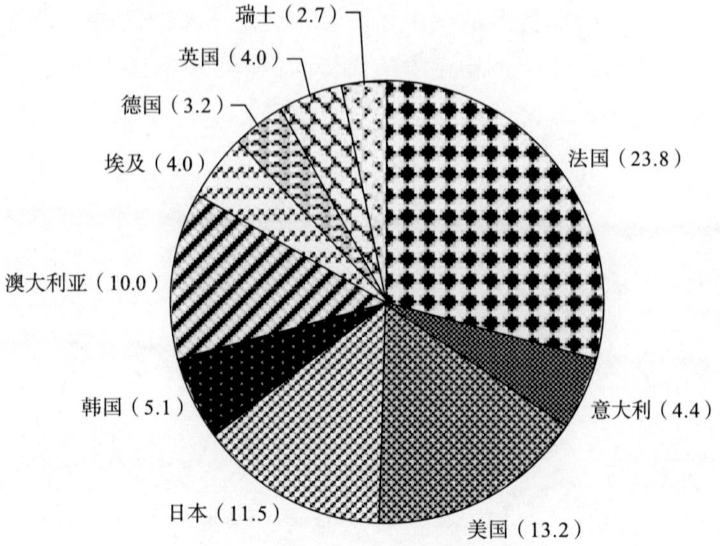

图 3-7　中国出境旅游市场需求的目的地感知差异定位（单位：%）

（五）中国出境旅游目的地市场定位的感知相似程度

KYST 研究方法首先用来比较（7 个出境旅游目的地的全部组合）21 对组合的平均相似程度，使用 KYST 方法的重要结果是检验适宜性度量点，以便决定最适宜的空间维数（Kruskal & Wish，1986[506]）。适宜性度量点在 MDS 研究方法中得到了广泛应用，适宜性度量点即标准方差的平方根。如果度量的点值为零或接近于零，则表示这个适宜性度量点是可以接受的。在本研究中，应用 KYST 方法，最后得到的点值为 0.098。在 Kruskal 标准基础上（Kruskal，1964[507]），点值附近 0.10 范围，表示适宜性为“一般”。

二维空间中，两两旅游目的地之间的距离表示旅游者对每一旅游目的地感知的相似程度。如图 3-8 所示，新加坡与泰国、法国与意大利、日本与韩国 3 对旅游目的地国家中，旅游者对其形象感知的程度很相似，即旅游者很难区分同一对旅游目的地国家之间的差别。

KYST 方法表明，中国出境旅游者认为新加坡与泰国、日本与韩国、法国与意大利 3 对出境旅游目的地之间具有相似性。这意味着，从旅游目的地形象感知而言，这 3 对国家处于市场竞争的地位，且彼此之间成为相互竞争的国家。因此，为了吸引更多的中国旅游者，这些国家的旅游市场营销管理者应将其国家旅游形象置于市场竞争的优势区位上，并努力建立起有别于其他竞争性旅游目的地的旅游形象。

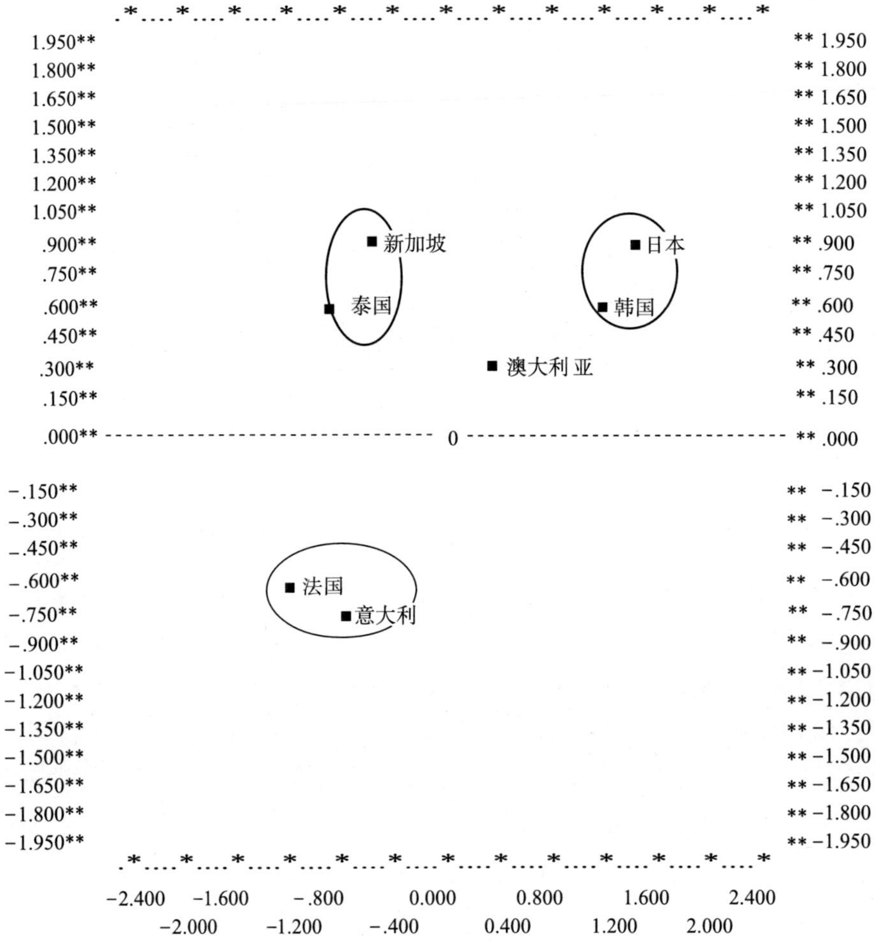

图 3-8　竞争性旅游目的地（国家）二维空间图（KYST）

（六）中国出境旅游目的地市场定位的感知特征联系（ALSCAL方法）

根据刺激点（旅游目的地）和矢量（旅游目的地特征），应用ALSCAL方法可画出最终矢量图，矢量图可帮助理解8个出境旅游目的地在每一特征属性上的区位。旅游目的地特征矢量，即从原点画到每一旅游目的地点的矢量，并垂直于旅游目的地的特征属性。例如，从一个旅游目的地点沿垂直于旅游目的地特征属性的矢量画下来，那么从原点到特征值的距离越远，越能很好地说明旅游目的地的特征属性。通过ALSCAL方法，得到的重心值为0.053。根据Kruskal标准，重心值附近0.05范围内都表示适宜性为“好”。图3－9为刺激点的最终图形，以及8个旅游目的地的特征属性。

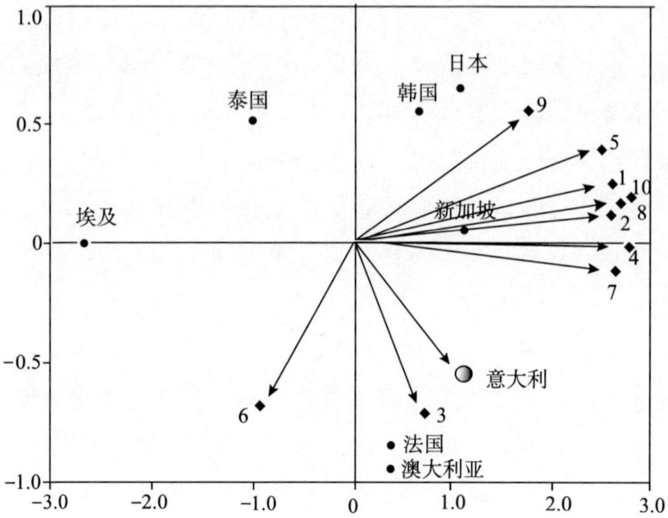

图3－9　刺激点与中国出境旅游目的地特征矢量图（ALSCAL）

注：1＝旅游成本不高；2＝经济发达程度；3＝优美的景色；4＝安全性；5＝购物的好去处；6＝不同于中国的历史与文化旅游资源；7＝适宜的气候；8＝优良的休闲与娱乐设备；9＝旅行计划易于安排；10＝良好的旅游设施。

ALSCAL研究结果，可以提供具有市场竞争力的旅游目的地特征之间相互联系的各种信息。从旅游目的地形象的特征属性“不同于中国的历史与文化旅游资源”来看，出境旅游者认为澳大利亚、法国和埃及的此项特征最为显著，即最具吸引力，这主要是因为这些国家具有不同于我国的文化历史。而日本和韩国的此项特征最弱，即对旅游者的吸引力最弱，其原因之一是日韩两国历史上受我国影响颇深，出境旅游者认为其历史文化与我国具有相似性（Mok & DeFranco，1999[508]）。因此，这些出境旅游目的地国家进行旅游市场营销时，应努力宣传自己国家文化和历史与旅游目的地资源的相异之处或独特性，以吸引更多的中国出境旅游者。

就“优美的景色”特征属性而言，出境旅游者认为澳大利亚、法国和意大利的吸引力最大。调查结果发现，出境旅游者认为“优美的景色”是旅游目的地最重要的特征属性，因此可以预测我国旅游者到澳大利亚和法国的出境旅游需求还会增加。而出境旅游者认为，泰国、日本和韩国“优美的景色”这一特征属性的吸引力最小，说明这 3 个旅游目的地国家的此项特征属性最弱。尽管“优美的景色”这一特征对旅游目的地的属性非常重要，但出境旅游者却认为上述 3 个国家缺乏“优美的景色”，并不是理想的旅游目的地。因此，日本、韩国和泰国并不是我国出境旅游者特别喜爱的旅游目的地。

从“旅行计划易于安排”和“购物的好去处”这两项特征属性而言，日本和韩国最为显著，即对出境旅游者最具积极的感知形象；埃及的这两项特征最弱；新加坡、泰国、法国、意大利和澳大利亚的这两项特征属性则介于两者之间。

从“旅游成本不高”、“良好的旅游设施”、“经济发达程度”、“优良的休闲与娱乐设备”及“安全性”等特征属性来看，日本是出境旅游者最为喜爱的旅游目的地，其次为新加坡和韩国，而埃及的上述 5 项特征属性最弱，是最不适宜的旅游目的地，而澳大利亚和法国则介于两者之间。

从“适宜的气候”和“安全性”等特征属性来看，新加坡是出境旅游者最喜爱的旅游目的地，日本、韩国、法国、意大利和澳大利亚则是出境旅游者相对喜欢的旅游目的地，而埃及与泰国就这两项特征属性而言，是出境旅游最不喜爱的旅游目的地。

KYST 方法对出境旅游目的地喜爱程度的研究结果，与 ALSCAL 方法的研究结果略有差别，主要原因之一是，影响出境旅游者对出境旅游目的地选择的许多重要特征都忽略不计，ALSCAL 方法具有市场竞争力的旅游目的地特征属性仅有10项；其他可能的原因是，当问及最喜爱的旅游目的地这一问题时，出境旅游者对调查中出现的喜爱与偏好等问题的回答含混不清或准备不足；只有问及较详细的问题时，调查者才会仔细考虑旅游目的地与其特征属性之间的关系。因此，ALSCAL对具有市场竞争力的旅游目的地及其特征等方面，能提供更详细的信息。因此，今后的研究应该比较这两种方法的研究结果及其有效性。

（七）中国出境旅游者对出境旅游目的地市场定位形象的PREFMAP方法分析结果

运用PREFMAP方法可以获取感知图中的理想点。研究中，应用PREFMAP方法输入的数据资料可以确认7个出境旅游目的地受喜爱的级别，即潜在的中国出境旅游者对10个旅游特征值的回答。运用PREFMAP分析方法，需要将非线性回归方程的系数转换为调查者相应的理想点（Chang & Carroll，1972[509]），合成理想点后就可放入二维感知空间，本研究将调查者对出境旅游目的地喜爱程度作为平均理想点。图3－10标出了刺激物（这里指7个旅游目的地）及其平均理想点。根据分析结果，美国和澳大利亚是最理想的出境旅游目的地，而韩国和菲律宾是最不理想的旅游目的地。

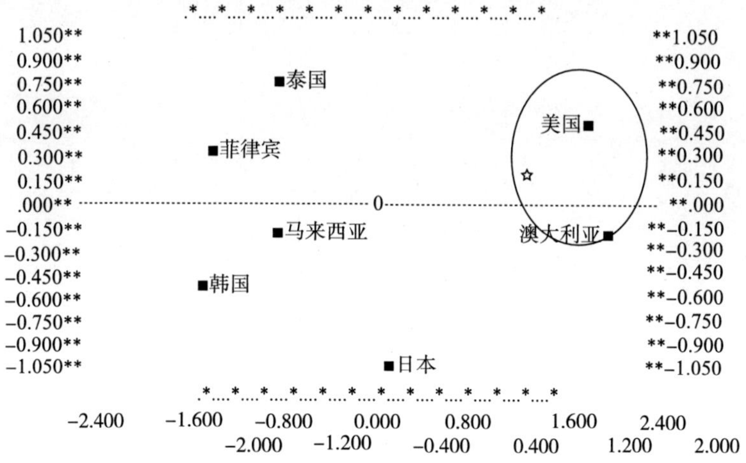

图3－10　中国出境旅游目的地的理想点与感知图（PREFMAP分析方法）

注：☆表示理想点。

(八) 中国出境旅游市场的目的地服务感知评价定位

出境旅游者对于服务质量的综合评价见表3-4，具体来说，出境旅游者对出境旅游目的地住宿评价为很好（36%）、好（31%）、一般（33%），没有人认为住宿差或很差；交通方面与住宿类似，评价结果为很好（24%）、好（42%）、一般（34%）；对出境旅游目的地居民态度评价结果，很好（20%）、好（53%）、一般（27%）；服务质量综合评价为很好（15%）、好（56%）、一般（29%）；餐饮方面有所不同，评价结果为很好（12%）、好（24%）、一般（61%）、差（3%）；对娱乐方面的评价与餐饮类似，评价结果为很好（15%）、好（33%）、一般（45%）、差（7%）；对购物的综合评价为很好（12%）、好（34%）、一般（52%）、差（2%）。对景点（区）综合评价为很好（27%）、好（44%）、一般（29%），没有最差；99%旅游者愿意再次出境旅游，只有1%的人不愿意再次出境旅游。

表3-4 中国出境旅游者对出境旅游目的地评价（单位:%）

项　　目	很好	好	一般	差	很差
住宿	36	31	33	0	0
交通	24	42	34	0	0
餐饮	12	24	61	3	0
娱乐	15	33	45	7	0
目的地居民态度	20	53	27	0	0
服务质量综合评价	15	56	29	0	0
购物的综合评价	12	34	52	2	0
景区（点）综合评价	27	44	29	0	0
导游综合评价	39	37	24	0	0

第三节　基于拉力因子的中国出境旅游目的地的市场定位供需分析

（一）中国出境旅游目的地市场定位之欧洲市场

在深度访谈中，国旅出境部副总经理林康表示，2006 年中国股市活络，投资市场表现好，间接带动了居民出境旅游风气。欧洲目的地可组合性大，是传统上好卖的产品线。现在欧洲常规团竞争激烈，业者都在同中求异，找市场切入点，发展自己的特色产品，像 2006 年推出以德奥古堡做包装的久久同心的蜜月产品，一到两国游的舒适休闲产品如法意、西葡以及海岛度假游产品等均有不错的出售率（林秀敏，2007[513]）。

（二）中国出境旅游目的地市场定位之亚洲市场

就东北亚出境旅游市场而言，国旅出境部副总经理林康在深度访谈中表示，2006 年日本出境旅游有近 4 倍的增长，主要与以下两个因素有关。第一，2005 年受政治因素影响，日本出境市场出现较大幅度的滑落，2006 年市场回归正常。第二，日本观光振兴机构联合日本的州旅游局及与业者合力推广，以高品质豪华团作为宣传重点，减少自费、非旅游项目的产品，获得中国出境旅游市场认可。

由于价格优势，东南亚旅游目前在中国的出境旅游市场中仍占据了较大份额。中国青年旅行社出境总部总经理孙常伟在访谈中表示，在东南亚市场，中国青年旅行社大概只有 15% 是在做像新、马、泰这样的观光行程，其他重点都转向海岛度假的产品，如斯里兰卡、马尔代夫、菲律宾的宿雾、长滩岛以及印度尼西亚的巴厘岛、泰国的普吉岛等。华远国际旅游有限公司副总贾艺苑提到，海岛游是亚洲出境旅游市场的主流，一方面产品丰富、价格适中；另一方面由于国内游海南等地价格暴涨的“比较优势”因素的支持，东南亚出境旅游市场获得良好的收客率。但与整体市场需求相比，机位、当地酒店等条件仍有限制，东南亚海岛游整体供小于求。

华远国际旅游有限公司副总贾艺苑在访谈中还提到，港澳游与往年热度相当，但“自由行”明显成为主要需求，代表了未来发展的趋势。

（三）中国出境旅游目的地市场定位之大洋洲市场

华远国际旅游有限公司副总贾艺苑在深度访谈中提到，因为大洋洲属于南半球，与北方市场有反季节差异的优势，每年的年底都是旺季。澳大利亚旅游局努力求新求变，制造市场话题。中国青年旅行社出境部总经理孙常伟在访谈中认为澳大利亚的品牌推广对于客源增长有重要关系。此外，他认为中国旅客的消费能力增强，对于目的地的选择有所提升，使得2006年虽然国际上受到燃油费、酒店房价增长的因素影响，但中国消费者，赴澳长线出境旅游市场持续走强。

因为承办“张健横渡队横渡库克海峡”活动，中国赴新西兰出境旅游市场有明显提高，除了新西兰有效的推广效应外，更有赖于2006年10月起新西兰航空开通了中国至奥克兰航线等大交通条件的支持，尤其是使馆、旅游局及相关部门的支持，还有“三个工作日快速签证”的优势，使得收客期大大缩短，组团效率明显。

（四）中国出境旅游目的地市场定位之非洲市场

非洲旅游2006年呈现大幅度的提升，除了反映季节性因素使得这些目的外地在2007年春节期间大受欢迎外，常年的销售也保持增长，特别是邮轮产品也在中国出境旅游消费市场上升温。非洲旅游还由于中非论坛活动、中埃建交50周年等活动而获得市场关注。中旅总社出境部总经理万一伟在深度访谈中指出，会选择去非洲的中国旅游者，已经不是在讲求享受、购物的观光旅游层次，而是在猎奇或寻求自然净土，这些旅游者大多是去过很多出境目的地，因此更高端、深度的特别产品才能吸引他们的眼球。随着中国居民消费水平的提高，出境旅游产品有待进一步深化。

中国出境旅游需求市场对异国文化抱着探寻和亲近的态度，文化差异成为中国出境旅游重要的推动因素。中国青年旅行社出境总部总经理孙常伟在访谈中表示，文化旅游的线路被中国青年旅行社当做强打产品，像埃及这样的世界文明悠久的古国成为中国青年旅行社的重点产品，中国青年旅行社几乎配合埃及旅游局的每一场促销推广活动。

（五）中国出境旅游目的地市场定位之美洲市场

尽管目前美国、加拿大尚未正式开放为中国出境旅游目的地，但中国旅游者对其喜爱的程度仍然很高，将成为中国未来最具市场发展潜力的出境旅游目的地。中国青年旅行社出境总部总经理孙常伟在访谈中表示，中国出境旅游者的北美需求很强，虽然未开放，但业者已经有灵活度可以操作，并协助签证申请。商家看好美洲线，除美加之外，对美国结合南美的市场也会有兴趣。中国锦江的网站显示，阿根廷、巴西、秘鲁单国都有成团，计划推后两三年后，才能形成气候。

第四节　基于推拉因子的中国出境旅游目的地市场定位的研究结论

（一）中国出境旅游目的地市场定位的旅游需求研究结论

中国出境旅游者的社会人口统计学特征差异主要体现在年龄、受教育程度和职业3个方面。26～35岁和36～45岁两个年龄段的旅游者成为中国出境旅游的主力，高学历的旅游者成为中国出境旅游的主导消费群体，其中企事业职员、政府职员、学生和技术人员占到了较大比重。虽然中国出境旅游者的人数分布在性别和收入两个方面的差异不大，但是性别和收入对目的地偏好有显著影响。

尽管1997年中国政府就正式开放自费出境旅游，但是对大多数的中国旅游者而言，出境旅游仍然是一种较为稀缺的旅游消费品。多数旅游者出境游次数是2～5次，在境外停留的时间普遍希望大于7天。选择散客出游的旅游者占多数，旅游相关信息的获得主要来自互联网。在出境旅游决策时，旅游者自身和家庭成员的意见起到主导作用，中国出境旅游者的旅游动机以观光休闲为主导。与之相应，从市场供需情况来看，中国出境旅游市场需求动机的休闲化特征尤其明显。

（二）中国出境旅游目的地市场定位偏好的研究结论

就中国出境旅游市场中的目的地偏好结构而言，2004 年年底才开放的欧洲国家已经普遍成为中国出境旅游的热门地区；美洲旅游虽然还是一个新兴的消费点，但是已经展示出巨大的发展潜力；随着出境旅游政策的不断调整和出境旅游目的地范围的不断扩大，中国出境旅游者的目光已经不仅仅局限于较早开放的东北亚地区、东南亚地区和港澳台地区，希望到这些地区旅游的比例并不高。但是，中国出境旅游者对澳洲地区和中东/非洲地区的偏爱程度并不是特别高，这些地区应该加强对中国出境旅游市场的关注。

（三）中国出境旅游目的地定位供需市场的研究结论

就中国出境旅游市场需求的目的地市场供需分析而言，结合深度访谈，本研究得到了各大洲出境旅游目的地市场的实际供需特征和前景分析。旅游企事业单位的负责人和经营者普遍表示各个出境旅游目的地市场的潜力都还有可挖掘之处。欧洲市场目的地国家集群性较好、可组合性大，同时一国深度游、一地休闲游也大有开发的空间；亚洲市场的成本优势和地缘优势本来已经较大，同时海岛游、自由行产品也渐成规模；大洋洲的澳大利亚和新西兰注重旅游相关部门的通力协作，在产品推广、事件效应、签证发放、交通成本等方面做了较多吸引中国出境旅游者的努力；非洲市场的邮轮产品、高端游、深度游都有深入的发展空间，悠久的历史文化和奇异的自然景观将是吸引旅游者眼球的看点；中国旅游者对美洲市场的需求很强，但是政策的放宽和手续的便捷还有待加强。

第四章　基于推拉因子的中国出境旅游不同客源细分市场定位研究

第一节　基于推拉因子的中国出境旅游不同客源细分市场对出境目的地偏好定位

为了进一步考察不同的旅游者在目的地偏好方面是否存在差异，本研究采用联列表和卡方检验的方法对被访者的社会人口统计学特征和出境旅游目的地偏好进行交叉分析，研究结果表明，中国出境旅游者的目的地偏好因其性别、年龄、教育程度、职业和收入等不同而存在显著差异。

（一）不同性别的细分市场对出境目的地偏好定位

由表 4－1 可知，中国出境旅游者的性别与目的地国家偏好存在较为明显的交互关系。女性旅游者在目的地的选择上比较偏好韩国（65%）、日本（58%）、澳大利亚（58%）、埃及（58%）、法国（59%）和英国（55%），但在其他目的地国家的选择中，男性优势高于女性。

表 4－1　中国出境旅游不同性别的细分市场对出境目的地偏好定位（$N=2\ 244$）

出境目的地 / 性别	法国	意大利	德国	英国	瑞士	美国	韩国	日本	澳大利亚	埃及	卡方检验
男	209 41%	47 51%	39 57%	37 45%	30 53%	143 51%	38 35%	101 42%	87 42%	35 42%	$\chi^2=716.375$ $df=130$ $p=0.000$
女	298 59%	46 49%	30 43%	46 55%	27 47%	136 49%	70 65%	141 58%	117 58%	48 58%	
总和	507 100%	93 100%	69 100%	83 100%	57 100%	279 100%	108 100%	242 100%	204 100%	83 100%	

(二) 中国出境旅游不同年龄的细分市场对出境目的地偏好定位

由表4－2可知，中国出境旅游者的年龄与目的地偏好之间并不存在着显著的交互关系。但基本上各国旅游的消费群体主要集中在21～40岁中青年旅游者中，这与各国普遍的目标消费群十分接近。值得注意的是，英国、美国及澳大利亚旅游的消费群体中41～55岁的中年旅游者比例较大。

表4－2 中国出境旅游不同年龄的细分市场对出境目的地偏好定位（$N=2\ 244$）

出境目的地 / 年龄段	法国	意大利	德国	英国	瑞士	美国	韩国	日本	澳大利亚	埃及	卡方检验
16～20岁	86 17%	9 10%	4 6%	11 13%	5 9%	37 13%	17 16%	57 24%	22 11%	7 8%	$\chi^2=4\ 262.529$ $df=4\ 290$ $p=0.614$
21～30岁	289 57%	65 70%	45 65%	42 51%	33 58%	126 45%	62 57%	135 56%	94 46%	58 70%	
31～40岁	66 13%	7 8%	8 12%	12 14%	13 23%	52 19%	15 14%	21 9%	38 19%	11 13%	
41～55岁	50 10%	8 9%	8 12%	17 20%	6 11%	58 21%	12 11%	23 10%	42 21%	7 8%	
56～65岁	11 2%	3 3%	4 6%	1 1%	0 0%	3 1%	1 0.9%	5 2%	2 1%	1 1%	
66岁及以上	3 0.6%	0 0%	0 0%	0 0%	0 0%	3 1%	1 0.9%	1 0.4%	0 0%	0 0%	
总和	507 100%	93 100%	69 100%	83 100%	57 100%	279 100%	108 100%	242 100%	204 100%	83 100%	

(三) 中国出境旅游不同教育程度的细分市场对出境目的地偏好定位

由表4－3可知，低学历的中国旅游者对各个国家旅游的兴趣不大；除德国（50.1%）外，拥有大学教育水平的中国旅游者在其他目的地国家的选择上皆占到了超过60%的较高比例；研究生及以上教育水平的高学历旅游者则比较青睐德国旅游（36.2%）。

表 4－3 中国出境旅游不同教育程度的细分市场对出境目的地偏好定位（$N=2\ 244$）

出境目的地 / 教育程度	法国	意大利	德国	英国	瑞士	美国	韩国	日本	澳大利亚	埃及	卡方检验
小学及以下	4 0.8%	0 0%	1 1.4%	0 0%	0 0%	4 1.4%	5 4.6%	0 0%	0 0%	1 1.2%	
初中	9 1.8%	0 0%	2 2.9%	1 1.2%	0 0%	10 3.6%	2 1.9%	8 3.3%	0 0%	0 0%	
高中	38 7.5%	3 3.2%	6 8.7%	7 8.4%	3 5.3%	36 12.9%	19 17.6%	36 14.9%	19 0.5%	5 6.0%	$\chi^2=3\ 746.586$ $df=585$ $p=0.000$
大学	392 77.3%	81 87.1%	35 50.1%	62 74.7%	44 77.2%	175 62.7%	72 66.7%	173 71.5%	155 76.0%	59 71.1%	
研究生及以上	62 12.2%	9 9.7%	25 36.2%	13 15.7%	10 17.5%	53 19.0%	9 8.3%	25 10.3%	25 12.3%	17 20.5%	
总和	507 100%	93 100%	69 100%	83 100%	57 100%	279 100%	108 100%	242 100%	204 100%	83 100%	

（四）基于推拉因子的中国出境旅游不同职业的细分市场对出境目的地偏好定位

表 4－4 中国出境旅游不同职业的细分市场对出境目的地偏好定位（$N=2\ 244$）

出境目的地 / 职业	法国	意大利	德国	英国	瑞士	美国	韩国	日本	澳大利亚	埃及	卡方检验
政府职员	31 6.1%	7 1.4%	10 14.5%	11 13.3%	2 3.5%	24 8.6%	4 3.7%	68 28.1%	13 6.4%	6 7.2%	
企事业单位职员	127 25.0%	32 34.4%	12 17.4%	3 3.6%	8 14.0%	56 20.1%	15 5.4%	32 13.2%	40 19.6%	14 16.9%	
教师	21 4.1%	3 3.2%	3 4.3%	4 4.8%	3 5.3%	15 5.4%	10 9.3%	10 4.1%	15 7.4%	3 3.6%	$\chi^2=7\ 200.028$ $df=2\ 405$ $p=0.000$
离退休人员	9 1.8%	7 7.5%	2 2.9%	8 9.6%	0 0%	11 3.9%	4 3.7%	14 5.8%	5 2.5%	1 1.2%	
技术人员	46 9.1%	18 19.4%	4 5.8%	6 7.2%	4 7.0%	64 15.8%	15 13.9%	18 7.4%	23 11.3%	14 16.9%	

续表

出境目的地 职业	法国	意大利	德国	英国	瑞士	美国	韩国	日本	澳大利亚	埃及	卡方检验
学生	227 44.8%	24 25.8%	29 42.0%	31 37.3%	26 45.6%	100 35.8%	44 40.7%	127 52.5%	67 32.8%	37 44.6%	$\chi^2=7\ 200.028$ $df=2\ 405$ $p=0.000$
其他	20 4.0%	1 1.1%	6 8.7%	18 21.7%	3 5.3%	9 2.2%	16 14.8%	3 1.2%	6 2.9%	3 3.6%	
总和	507 100%	93 100%	69 100%	83 100%	57 100%	279 100%	108 100%	242 100%	204 100%	83 100%	

由表4－4可知，职业类别与目的地偏好选择有着显著的交互关系。其中，法国旅游以学生为主（44.8%），其次则较为分散在企事业单位职员（25.0%）、技术人员（9.1%）及政府职员（6.1%）等多类职业人群之间；意大利相比其他目的地国家，吸引了比例最多的企事业单位职员（34.4%）；英国旅游人群以政府职员（13.3%），其他（如医生、司机等职业）（21.7%）和学生（37.3%）最为集中；美国旅游主要受企事业单位职员（20.1%）、技术人员（15.8%）和学生（35.8%）的喜爱；日本旅游吸引着较高比例的政府职员（28.1%）和学生（52.5%）；选择其余国家出境旅游的人群中均以学生的比例最高（德国42.0%、瑞士45.6%、澳大利亚32.8%、埃及44.6%），这可能与本次受调查者中学生比例较高有关。

（五）中国出境旅游不同收入的细分市场对出境目的地偏好定位

由表4－5可知，希望选择韩国（39.8%）、澳大利亚（22.7%）、日本（26.9%）和法国（23.9%）旅游的消费层趋同，都集中在月收入2 000～3 999元的人群；意大利旅游对各个收入阶层的受访者均比较有吸引力；收入为4 000元以上的消费群较为偏爱德国和英国；大部分月收入为2 000元以下的中国旅游者希望能到韩国（24.1%）、日本（23.6%）和埃及（22.9%）进行出境旅游。值得注意的是，选择埃及作为出境旅游目的地的人群月收入在6 000～7 999元和8 000～10 000元两个层次取得了几乎同样的比例（15.7%）。

表 4－5　中国出境旅游不同收入的细分市场对出境目的地偏好定位（$N=2\ 244$）

出境目的地 / 月收入	法国	意大利	德国	英国	瑞士	美国	韩国	日本	澳大利亚	埃及	卡方检验
2000 元以下	87 17.2%	17 18.3%	10 14.5%	15 21.7%	6 10.5%	35 12.5%	26 24.1%	57 23.6%	41 16.9%	19 22.9%	$\chi^2=824.096$ $df=585$ $p=0.000$
2000～3999 元	121 23.9%	19 20.4%	16 23.2%	14 20.2%	12 21.1%	58 20.8%	43 39.8%	65 26.9%	55 22.7%	17 20.5%	
4000～5999 元	89 17.6%	16 17.2%	10 14.5%	20 24.1%	10 17.5%	47 16.8%	11 10.2%	37 15.3%	33 16.2%	14 16.9%	
6000～79999 元	54 10.7%	18 19.4%	15 21.7%	10 12.0%	9 15.8%	41 14.7%	10 9.3%	30 12.4%	33 16.2%	13 15.7%	
8000～10000 元	72 14.2%	10 10.8%	12 17.4%	8 9.6%	9 15.8%	45 16.1%	9 8.3%	25 10.3%	15 7.4%	13 15.7%	
10000 元以上	78 15.4%	13 14.0%	6 8.7%	13 15.7%	10 17.5%	53 19.0%	10 9.3%	30 12.4%	21 10.3%	5 6.0%	
总和	507 100%	93 100%	69 100%	83 100%	57 100%	279 100%	108 100%	242 100%	204 100%	83 100%	

第二节　基于推拉因子的不同客源对出境旅游目的地市场定位形象的相关分析结果

相关分析结果可以采用两维方法，用图表示出境旅游目的地（列变量）与调查者相关的社会人口统计变量和出境旅游之间的关系（行变量）。每对列变量与行变量的点值之间越接近，则其联系潜力越大。如位置越接近，表示联系越大。

（一）中国出境客源不同年龄细分市场对出境旅游目的地市场定位形象的相关分析结果

在出境旅游目的地与年龄的相关分析中，两元主成分共同解释了90.9%变量，其中第一维解释了57.6%的变量，第二维解释了33.3%的变量。相关分析结果可以解释在空间联系中，7个旅游目的地与5个年龄组之间的可接近性。此结果表明，30岁年龄组较喜爱澳大利亚和马来西亚，而50岁和60岁年龄组较喜爱夏威夷和日本（见图4-1）。

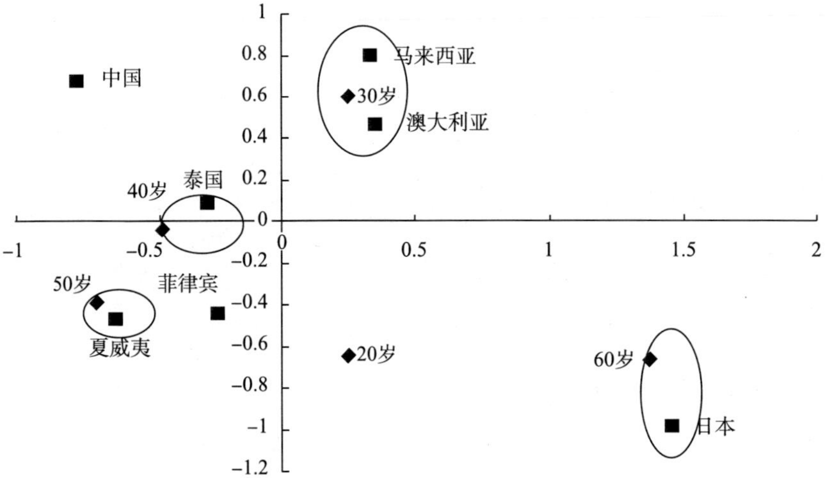

图4-1　中国出境旅游目的地与年龄之间的相关分析

（二）中国出境客源不同教育水平细分市场对出境旅游目的地市场定位形象相关分析结果

出境旅游目的地与受教育水平之间相关分析的惯性特征为，两元主成分解释了93.6%的变量，其中第一维解释了62.8%的变量，第二维解释了30.8%的变量。调查者中的大学生与研究生，较喜爱的旅游目的地为澳大利亚和泰国（见图4-2）。

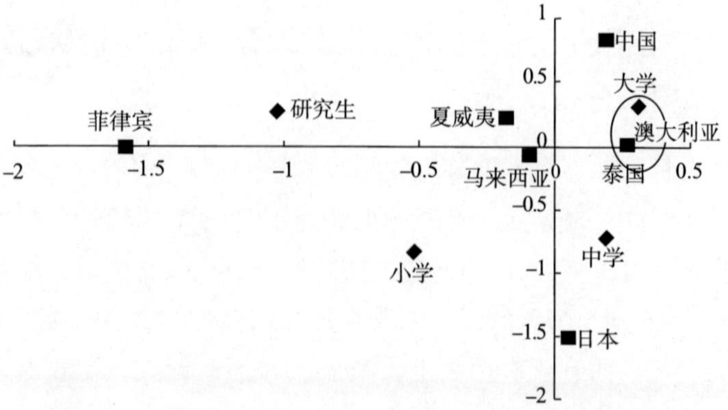

图 4－2　中国出境旅游目的地与受教育水平的相关分析

（三）中国出境客源不同收入细分市场对出境旅游目的地市场定位形象的相关分析结果

7 个出境旅游目的地与家庭年收入之间的相关分析的惯性特征为，两元主成分解释了 84.7% 的变量，其中第一维解释了 53.9% 的变量，第二维解释了 30.8% 的变量。根据图 4－3 的相关分析结果可看出，家庭年收入在 3 500～4 900元的调查者比较喜爱的出境旅游目的地为泰国与澳大利亚，家庭年收入在 5 000～6 900 元的调查者比较喜爱的出境旅游目的地为马来西亚，而家庭年收入在 7 000～10 000 元的调查者比较喜爱的出境旅游目的地为夏威夷。

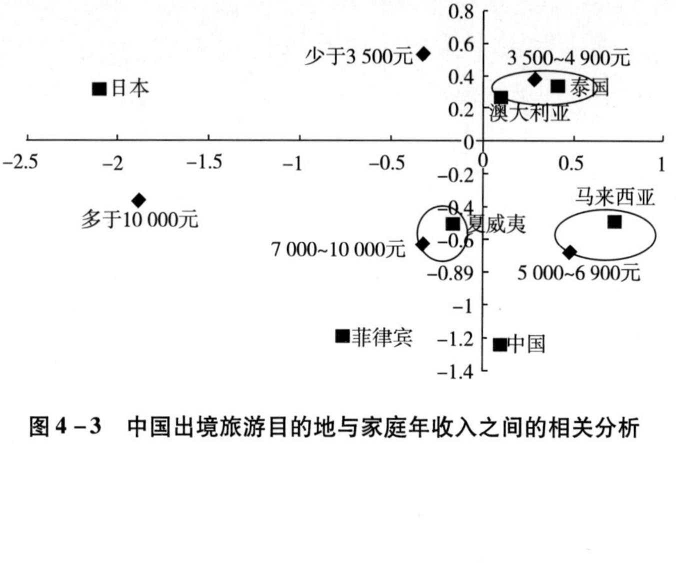

图 4－3　中国出境旅游目的地与家庭年收入之间的相关分析

（四）中国出境客源不同旅游次数细分市场对出境旅游目的地市场定位形象相关分析结果

根据7个目的地与出境旅游次数的相关分析（见图4-4），结果表明两元主成分解释了100%的变量，而第一维解释了71.4%的变量，第二维解释了28.6%的变量。有1~3次出境旅游经历的调查者比较喜爱的出境旅游目的地为日本，有4~6次出境旅游经历的调查者比较喜爱的出境旅游目的地为马来西亚和澳大利亚，而有7次及以上出境旅游经历的调查者比较喜爱的出境旅游目的地为泰国。

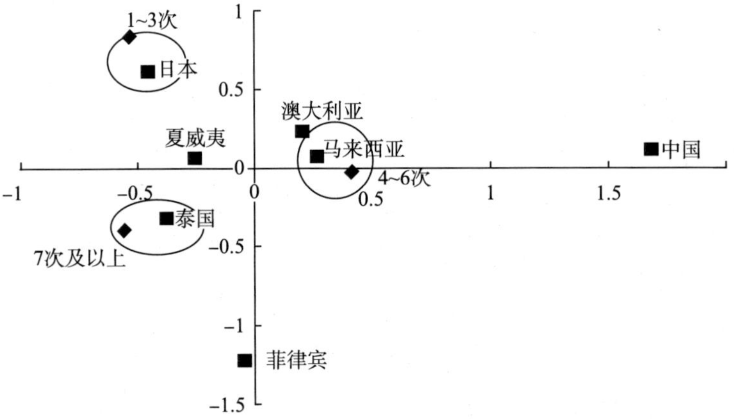

图4-4 中国出境旅游目的地与旅游者出境次数的相关分析

（五）中国出境客源不同出境年数细分市场对出境旅游目的地市场定位形象相关分析结果

7个旅游目的地与出境旅游年数的相关分析结果如图4-5所示，两元主成分解释了89.1%的变量，其中第一维解释了47.7%的变量，第二维解释了41.4%的变量。相关分析结果表示，7年以来一直有过出境旅游经历的旅游者比较喜爱泰国，有1~3年出境旅游球经历的调查者比较喜爱马来西亚，有4~6年出境旅游经历的调查者比较喜爱菲律宾。

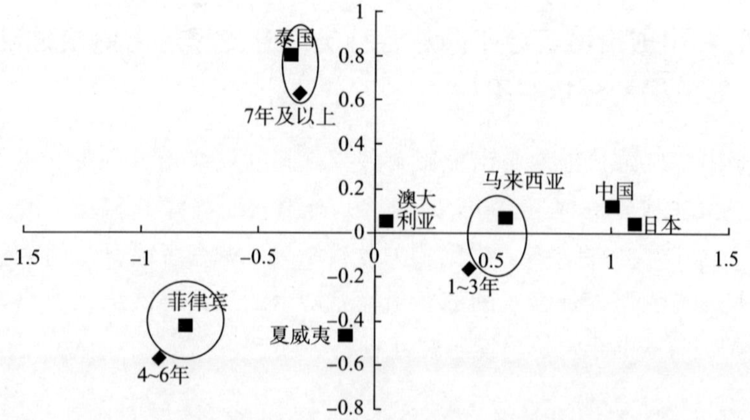

图 4－5　中国出境旅游目的地与旅游者出境年数的相关分析

（六）中国出境客源不同逗留时间细分市场对出境旅游目的地市场定位形象相关分析结果

7 个出境旅游目的地与出境旅游逗留时间的相关分析表明，两元主成分解释了 85. 7% 的变量，而第一维解释了 60. 7% 的变量，第二维解释了 25. 0% 的变量。结果表明，调查者比较喜爱少于 6 天逗留时间的出境旅游目的地为日本和马来西亚（见图 4－6）。

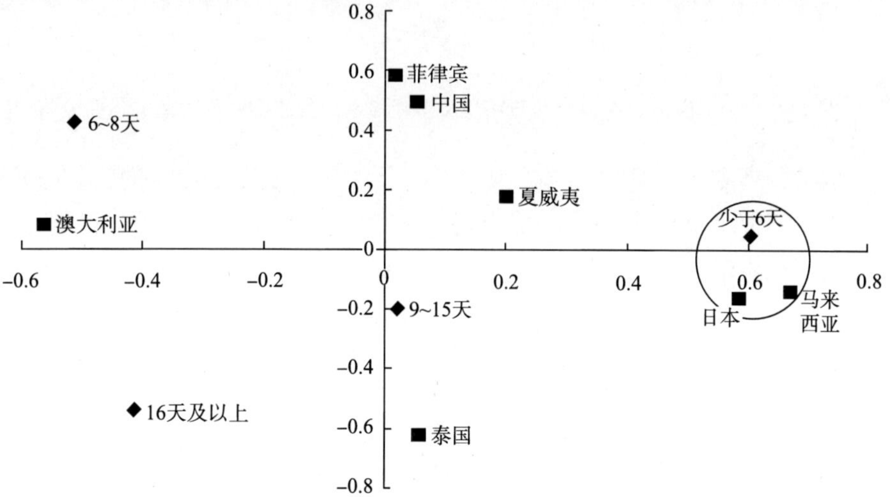

图 4－6　中国出境旅游目的地与出境旅游者最愿意逗留时间的相关分析

（七）中国出境客源不同旅游种类细分市场对出境旅游目的地市场定位形象相关分析结果

7个出境旅游目的地与出境旅游种类之间的最终相关分析（见图4-7）表明，两元主成分解释了100%的变量，而第一维解释了81.8%的变量，第二维解释了18.2%的变量。根据相关分析结果，调查者最喜欢的全包价出境旅游目的地是泰国，最喜欢的散客出境旅游目的地是夏威夷，而澳大利亚则被认为是最喜欢的半包价出境旅游目的地。

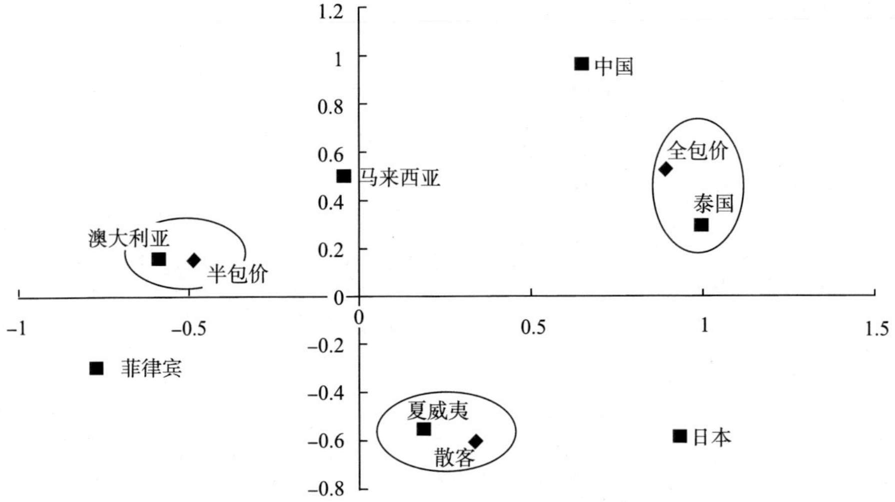

图4-7　中国出境旅游目的地与出境旅游者最喜欢的旅游种类之间的相关分析

以上分析方法，对具有竞争力的旅游目的地市场定位形象的识别过程极为有效，不但可以用于拓展目标市场，在中国出境旅游目的地市场定位中，更好地利用旅游资源，而且可以为中国出境旅游目标客源市场了解每一出境旅游目的地及其竞争者，提供有价值的信息。因此，中国出境旅游目的地的管理者和旅行社在市场营销矩阵中，应尽量发挥市场竞争优势，避免市场竞争劣势。

总之，随着可自由支配收入的提高，中国出境旅游者的数量将会进一步增长，更多的中国旅游者将会出国旅游。中国政府目前已批准的中国公民可成行的出境旅游目的地国家已达到111个，中国出境旅游市场需求的发展潜力巨大。与此同时，对中国出境旅游目的地的市场定位与影响因子的研究却相当少，定量研究更为缺乏，本研究将有助于中国出境旅游目的地的管理者了解中国出境旅游目的地的市场定位与影响因子，从而为中国出境旅游目的地管理者提供具有重要参考价值的出境旅游者市场需求信息，有助于为中国政府旅游机构及旅游企业，在出境旅游目的地国家激烈的市场竞争中，用定性与定量相结合的旅游市场分析方法，制定相应的旅游市场营销策略，以吸引更多的中国旅游者出境旅游。

第三节 基于推力因子的中国出境旅游客源不同市场细分的聚类分析

（一）中国出境旅游不同客源市场细分的聚类分析

在对中国出境旅游需求的动机进行因子分析的基础上，本研究将整个中国出境旅游市场进一步细分为亚市场，以识别不同旅游者的需求，实行差异化旅游营销策略。

本研究采用的是 K-Means 聚类方法（也称快速聚类法），通过计算欧几里得平方距离（即类群中心数至外延的平均距离），组合相似水平的数据得出四聚类的样本分组方法。经过分析（见表4-6），将调查对象分为了4类，人数分别为654人、561人、539人、449人。同时，ANOVA单因素方差分析结果显示，F统计量的相伴概率均小于显著性水平0.01，说明各聚类间存在着显著的差异。因此，将样本分为4类基本上是成功的，聚类效果比较理想。

表4-6 中国居民对出境旅游影响感知的聚类分析

项目	第一类	第二类	第三类	第四类	F值	显著值
表现动机	-0.8031573	1.0736596	0.0092310	-0.1831109	710.540	0.000
求知动机	0.6778427	0.4684068	-0.3213682	-1.1894374	749.583	0.000
求异动机	0.3455095	0.1765078	-1.2535786	0.7828008	906.305	0.000
所占人数	654	561	539	449		

通过比较上表中每类3个因子的绝对值，可以看到每类的突出特征，于是根据这些突出特征对这4类群体命名如下。

第一类：大众型出境旅游者。此类旅游者对3种动机的重视程度均较高，具体的，表现动机（-0.803 157 3）、求知动机（0.677 842 7）、求异动机（0.345 509 5），即选择出国旅游时的动机比较复杂，希望同时满足自己的好奇心、获得放松、学习到知识、回国后还可以向亲朋好友炫耀，是目前国内大部分游客所持有的心态，故命名为大众型游客。

第二类：炫耀型出境旅游者。此类旅游者的表现动机强烈（1.073 659 6），而其他两个动机均不显著，表明此部分人群进行出境游的目的主要是为了向别人炫耀，以提高自己的社会地位，目的地国家的经济越发达，环境和旅游资源越优美，此细分市场的需求会表现得更为高涨。

第三类：新奇型出境旅游者。此类旅游者的求异动机较为突出（-1.253 578 6），而其他两个动机则较弱，表明此部分人群对国外旅游目的抱有强烈好奇心和摆脱日常枯燥生活的迫切愿望，故目的地与旅游者常住地的环境和风土人情等差异越大，则越能吸引这类游客的注意，激发其出游的行为。

第四类：学习型出境旅游者。此类旅游者的学习动机强烈，特别是通过考察国外目的地的社会、经济和文化历史面貌来获取知识，故命名为学习型，此部分人群占所有的受访者的比例最小，反映出大部分游客还是以休闲游玩为主要目的，学习知识充实自身的游客并不是主流，但是此部分人群也不可忽视，因为随着旅游者的出游日益理智化和成熟化，相信此部分人群将会日益壮大，故此细分市场潜力巨大，应推出文化旅游线路供此部分人群选择。

（二）中国出境旅游客源市场细分及其聚类特征

在这一部分，本研究将上一部分的聚类分析结果与人口统计学联系起来，综合分析不同群体及市场细分的人口统计学特征（见表4-7）。

表 4－7　中国出境客源旅游市场细分的不同影响感知类型的人口统计特征

人口特征及赋值		大众型出境旅游者			炫耀型出境旅游者			新奇型出境旅游者			学习型出境旅游者		
		N	%	均值	*N*	%	均值	*N*	%	均值	*N*	%	均值
性别	男＝1	288	44.1	1.56	277	49.9	1.50	252	47.5	1.71	175	39.5	1.82
	女＝2	365	55.9		278	50.1		277	52.3		267	60.3	
职业	政府职员	60	9.3		43	7.8		38	7.1		22	5.0	
	企事业单位职员	103	15.9		109	19.7		96	18.0		96	21.7	
	其他	5	1.0		3	0.6		4	0.8		7	1.4	
	教师	30	4.6	—	33	6.0	—	28	5.3	—	17	3.8	
	离退休人员	13	2.0		19	3.4		20	3.8		16	3.6	
	技术人员	65	10.0		48	8.7		67	12.6		44	10.0	—
	学生	294	45.4		207	37.4		206	38.7		175	39.6	
	服务人员	18	2.8		20	3.6		15	2.8		11	2.5	
	工人	3	0.5	—	7	1.3	—	12	2.3	—	8	1.8	
	农民	1	0.2		8	1.4		3	0.6		0	0.0	
	商务人员	52	8.0		47	8.5		27	5.1		32	7.2	
月平均收入	2 000 元以下＝1	122	18.8	3.65	97	17.5	3.18	106	20.1	3.30	65	14.8	3.65
	2 000～4 000 元＝2	156	24.1		142	25.7		137	26.0		89	20.3	
	4 000～6 000 元＝3	112	17.3		95	17.2		83	15.7		89	20.3	
	6 000～8 000 元＝4	77	11.9		76	13.7		86	16.3		55	12.6	
	8 000～10 000 元＝5	82	12.7		72	13.0		47	8.9		67	15.3	
	10 000 元以上＝6	95	14.7		71	12.8		64	12.1		70	16.0	
受教育程度	小学＝1	4	0.5	4.09	5	0.9	4.16	8	1.5	4.11	4	0.2	4.16
	初中＝2	5	0.8		13	2.3		18	3.4		7	1.6	
	高中/职高＝3	50	7.7		68	12.3		45	8.5		48	10.9	
	大学＝4	500	76.6		377	67.9		381	71.6		332	75.1	
	研究生及以上＝5	92	14.1		89	16.0		77	14.5		50	11.3	
年龄	16～20 岁＝1	116	17.7	28.53	69	12.3	28.91	59	10.9	30.39	65	14.5	28.39
	21～30 岁＝2	360	55.0		306	54.5		204	37.8		227	50.6	
	31～40 岁＝3	64	9.8		68	12.1		57	10.6		44	9.8	
	41～55 岁＝4	99	15.1		114	20.3		200	37.1		104	23.2	
	56～65 岁＝5	11	1.7		4	0.7		14	2.6		4	0.9	
	66 岁及以上＝6	4	0.6		0	0		5	0.9		5	1.1	

1. 中国出境旅游客源市场细分的大众型出境旅游者

该类型游客占总有效调查人数的29.7%（见表4-7）。女性（55.9%）显著多于男性（44.1%）；企事业单位职员（15.9%）、学生（45.4%）为该人群主要职业；收入方面，主要集中于2 000~6 000元（41.4%），收入超过10 000元的人也占较大比例（14.7%）；受教育程度主要是大专及本科学历（76.6%）；年龄上在30岁之下最多，占了多半的人数。与其他3个类型的居民分类相比，此类居民的显著特点有：①月平均收入最大，平均值3.65（类型1）=3.65（类型4）>3.30（类型3）>3.18（类型2）；②男女比例相对来说较低，1.82（类型4）>1.71（类型3）>1.56（类型1）>1.50（类型2）。

此类型的旅游者年龄层偏低，企事业单位职员或学生的比例大，收入较高，可以推测出这一群体的旅游者是学生或刚工作的人群。年龄较小也倾向于尝试出境旅游，同时在经济收入和时间上比较充裕，并且这一群体的旅游者占所有旅游者的比例最大，是重点营销对象。

2. 中国出境旅游客源市场细分的炫耀型出境旅游者

此类型群体占总有效调查人数的25.5%（见表4-7）。男女比例较均衡；职业方面，学生（37.4%）及企事业单位职员（19.7%）所占人数较多；收入主要集中于4 000元内；受教育程度较高，大部分达到专/本科学历；年龄层主要分布在21~30岁，占到了超过一半的比例。此群体也有其自身显著的特征：首先，月平均收入最低，平均值3.65（类型1）=3.65（类型4）>3.3（类型3）>3.18（类型2）；其次，此群体的受教育程度最高，其估计值4.16（类型2）=4.16（类型4）>4.11（类型3）>4.09（类型1）。

从以上特征可以总结出，此类型的群体男女比例都较均衡，收入最低，年龄层居于中间程度，教育水平最高。由此推测，此群体的旅游者的社会地位不高，希望通过出境游来增强自信心，丰富自己的人生阅历。

3. 中国出境旅游客源市场细分的新奇型出境旅游者

此类型群体占总有效调查对象的24.5%（见表4-7）。男性人数少于女性，但是差异不大；企事业单位职员（18.0%）、技术人员（12.6%），学生（38.7%）为主要职业；收入水平居中，在2 000~8 000元较多；受教育程度偏高（均值=4.11），学历水平同样集中在大专、本科和硕士及以上学历

(86.1%)。此类型群体的特征显示为：年龄层相对来说最高。平均年龄估计值30.39（类型3）>28.91（类型2）>28.53（类型1）>28.39（类型4)。

总的来看，此类型旅游者主要是代表受教育程度较高的中青年人，收入水平不高，职业分布也较广泛，可能因为收入水平不高，所以出境旅游经历不多，对境外目的地抱有好奇的心态，迫切希望通过出境游来了解国外情况，而且年龄层偏高意味着此类型游客并非为单身游客，在营销时可设计更多适合家庭出游且经济实惠的线路，或将经典新颖的景区进行整合推介。

4. 中国出境旅游客源市场细分的学习型出境旅游者

此类型群体占总有效问卷人数的20.4%，在4个群体中所占人数相对来说最少（见表4-7)。从职业来看，仍以企事业单位职员（21.7%)、技术人员(10.0%）和学生（39.6%）占较大比重，此类型特征中值得关注的有：①男女比例相差最大，1.82（类型4）>1.71（类型3）>1.56（类型1)>1.50（类型2)；②受教育水平最高，4.16（类型4）=4.16（类型2)>4.11（类型3)>4.09(类型1)；③年龄层最低。平均年龄估计值30.39（类型3)>28.91（类型2)>28.53（类型1)>28.39（类型4)。

由以上可以总结，此类型旅游者同样主要包括年纪较轻的学生群体或刚工作的人群。由于此群体的经济条件良好，教育水平高，出境旅游时较为理智，因此学习动机强烈，特别是考察异地发达的社会经济及文化发展成为出境游的主要目的，更加偏爱文化历史型和经济发达型目的地。

第四节　基于推拉因子的中国出境旅游客源市场细分与目的地定位的研究结论

（一）中国出境旅游客源市场细分与目的地定位的研究结论

第一，在对旅游者的出游推力因子进行分析的基础上进行了市场细分，识别出4种类型的旅游者：大众型、炫耀型、新奇型、学习型。并结合人口统计学特征，可明显区分出4种不同类型的旅游者特征：大众型出境旅游者倾向于尝试出境旅游，同时在经济收入和时间上比较充裕，是重点营销对象；炫耀型出境旅游者的社会地位不高，希望通过出境游来增强自信心，丰富自己的人生阅历，在对炫耀型游客进行营销时可设计更多适合家庭出游且经济实惠的线路，或将经典新颖的景区进行整合推介；学习型出境旅游者经济条件良好，出境旅游时较为理智，因此学习动机强烈。因此，国外旅游目的地应针对各自的客源市场制定对应的营销策略。

第二，就中国出境旅游市场需求的目的地偏好差异化分析而言，中国出境旅游者因其性别、受教育程度、收入和职业等不同而在目的地选择上存在着显著差异，而不同年龄的出境旅游者对目的地的选择上并不存在差异。东北亚的“韩流”、“日风”席卷了大多数中国女性出境旅游者，使得她们对这两个目的地青睐有加；法国吸引了最为广泛的职业背景的中国旅游者，其中以学生居多；而大多数政府职员对日本旅游十分偏爱；英国和美国由于经济和教育的发达，商务游和修学游吸引了较多的企事业单位职员和学生；中国出境旅游者的年轻化十分明显，但在为数不多的中年旅游者和老年旅游者中，美国和澳大利亚的偏好程度却普遍较高；而且在研究生以上的高学历中国出境旅游者中，美国和德国的支持率也普遍较高；美国因为旅游经济成本的原因，只是在月平均收入 10 000 元以上的中国出境旅游者中偏好比例较大；而较低收入的中国出境旅游者普遍都希望到韩国旅游；值得注意的是，英国旅游能被各个收入水平的旅游者较好地接受，在高、中、低收入水平的旅游者中都取得了较为均匀的比例。

（二）中国出境旅游客源市场细分与目的地定位的研究局限性

从本研究的局限性来看，随着中国居民可自由支配收入的提高，中国出境旅游者的数量将会进一步增长，中国出境旅游市场需求将呈现出越来越强大的发展趋势，出现更多新的待探索的特征。首先，未来的研究需要进行数据的更新与信息的进一步调查，更多的样本和不同时间段的调查将有助于研究适应不断变化的中国出境旅游市场需求。其次，中国出境旅游市场的需求特征研究还对应供给特征研究，进一步研究中国出境旅游市场供给特征，探究需求与供给间的对接程度和磨合关系，才能从买卖双方的角度综合全面地考察中国出境旅游市场特征。再次，研究中应更多地利用数理统计的方法和工具，对调研中收集的第一手数据进行深入和全面的分析，才能为中国出境旅游目的地的营销者提供更丰富的信息，为中国政府旅游机构制定相应的市场发展策略提供更有价值的参考，为中国出境旅游行业的蓬勃发展提供更有针对性的市场营销策略。归根结底，是为更好地满足不断增长的中国居民的出境旅游需求。

（三）中国出境旅游客源市场细分与目的地定位的发展建议

第一，中国出境旅游客源市场的细分策略。基于中国出境旅游市场消费者的不同社会人口统计学特征，细分市场营造新的增长点将越来越重要，如针对白领市场积极开发自由行产品，充分发挥资源整合及网路技术优势为旅游者提供个性化的选择；针对老年市场开发专项的全包价产品，依靠细致入微、体贴周到的行程设计和配套服务为老年市场提供专业服务；针对家庭旅游开发休闲度假及亲子游类型的小包价产品，在组团旅游与 FIT 个人单项服务之间找到旅行社的优势接合点和市场空间；针对高尔夫、邮轮等专项市场与专业设施、专业管道等强强联合、共同开拓市场，依靠对专项客户资源的开发、积累及长期维护来扩充市场，获得利润等。

第二，中国出境旅游市场产品的合理定位。虽然中国出境旅游市场中新出现的如“一地深度游”、“高尔夫休闲度假游”等相对高端的旅游产品发展势头良好，但是中国出境旅游市场仍然以普遍性、经济型的组团为主要需求，中国 2008 年的出境人数是 4 584 万人次，仍然有庞大的、未开发市场逐渐从低端市场起步，这是连续几年“新马泰”等老套路线仍然长盛不衰的原因。中国自费出境旅游在飞速发展，但是个体旅游者自身收入水平和消费支配并不完全同步，自费的个体旅游者每每会非常在意价格，因此低价团是市场基础，应该牢牢抓住。

第三，中国出境旅游市场服务的质量提升。国际旅行社将未来发展目标落实到现在点滴的服务提升中，在改善住宿条件，强化旅游标志，提高语言服务技能等方面增加投资，将整个行程透明化，保持车辆一定程度的空位率，景点活动增加实际体验而不是只有走马观花的参观，提供更多接触当地居民日常生活和民俗民风的机会，以及缩小购物行程等。为更多的出境旅游者提供优质服务和高品质行程体验。

第四，中国出境旅游市场供给的品牌创新。在路线设计和产品推广中注重同中求异，寻找市场切入点，发展自己的特色产品。强调产品的创新性，将重点放在维护品牌和创造口碑。与时俱进地以中国出境旅游者不断变化的多样性消费需求为导向，以优质行程为前提的市场推广策略，开发新线路，丰富产品内涵，不断树立市场威信，以满足中国旅游者不断提高的品位和需求。出境旅游的目的地国家应该与中国出境旅游市场形成积极有效的互动机制，通过供需对接、联手合作的方式推进目的地国家的市场发展。

第五章　基于推拉因子的中国出境旅游目的地市场定位的影响因素

第一节　宏观影响因素

（一）基于拉力因子的中国出境旅游目的地市场定位影响因素

1. 政策因素

中国政府对中国出境旅游市场采取“有组织、有计划、有控制地适度发展”的指导方针，即一是对方是中国的客源国；二是政治上对中国友好；三是其旅游资源有吸引力，具备适合中国旅游者的接待服务设施；四是对中国旅游者在法律、行政等方面没有歧视性、限制性政策，使中国旅游者有安全保障；五是具有良好的可进入性等原则和程序；六是切实搞好中国出境旅游的宏观调控，防止出现旅游贸易逆差，不能因扩张过猛而影响中国外汇储备增长；七是充分利用中国越来越明显的客源输出国地位，最终实现“以出境带旺入境”的目标。

从 1990 年起中国政府陆续开放新加坡、马来西亚、泰国、菲律宾为探亲旅游的目的地国家，1997 年起，根据新的原则与程序，陆续批准开放了一些中国公民自费出国旅游的目的地国家。到 2009 年年底，中国政府已经开放了 135 个出境旅游目的地国家和地区。今后，还会有越来越多的国家与中国签订出境合同，中国出境旅游目的地会越来越多。

2. 法律因素

中国已加入 WTO，这使得中国出境旅游发展空间更加广阔，发展条件更加便利。WTO 规定，不迟于 2005 年 12 月 31 日，中国应取消外资旅行社设立分支机构的限制，且对合资旅行社注册资金逐步减少，实行国民待遇。目前中国正在逐步取消组团旅行社组织公民出境旅游配额的限制，经营出境旅游业务的组团社已由76家扩大到528家。同时，采取了“取消因私出国境申请提交境外邀请函的要求，取消首次出国护照附发出境登记卡的做法”的改革措施。与此同时，国家旅游局还对组团社的审批实施动态管理原则，即不搞终身制，对不合格或入境旅游业绩差的旅行社，取消其组团资格。进一步方便了中国公民因私出国旅游，从而使更多的潜在出境旅游需求转化为现实的出境旅游（高舜礼，2002[514]）。

3. 管理因素

中国出境旅游市场目前已有了相对宽松的外汇制度和换汇环境。由于我国是一个发展中国家，为防止旅游漏损的出现，出境旅游一直受到严格的限制。国家旅游局统计数据显示，国家外汇储备由1992年的190亿美元增长到2008年的1.95万亿美元。同时，个人外汇储备也大幅度上升，外汇储备的大幅度增长，使国家对发展旅游的外汇需求转移，从而淡化对出境旅游的限制。其次，为规范组团社及居民个人旅游购汇行为，国家外汇管理局下发了一系列政策，放松了对旅游者的供汇政策。2005年起，中国政府全面开放出境旅游市场，并提高旅游购物免征税，这都为旅游者提供了越来越宽松的政策管理环境，促进了中国出境旅游全面发展（王伟宁，2004[515]）。

4. 环境因素

近几年来，中国出境旅游市场中兴起韩国游、新马泰游、澳洲游等阵阵热潮，这都与政治环境关系分不开。一些国家先后在中国各地进行各种旅游促销活动，如澳大利亚每年在我国广州的旅游促销费约50万元人民币，通过举办旅游产品推介会、开设销售人员培训班来吸引更多的广州游客。韩国各旅行社就以世界杯为契机，全面加强在中国的旅游促销。新加坡长期以来都把中国客源市场作为旅游促销重点，并不断扩大促销规模和范围。一些东南亚国家针对中国市场改善入境手续、强化中文导游信息，并允许直接使用人民币等。随着中国出境旅游市场的发展，一些主要旅游国如德国、法国等都加大了对中国的营销力度（孙玉琴，2003[516]）。

5. 交通因素

由于交通费往往占全部出境价格的50%～70%，所以中国公民出境市场尤其是自费出境旅游市场的经济障碍在很大程度上受制于交通航线的价格。由于航空机票比较昂贵，因此这些费用是出境旅游费用中重要的组成部分。近几年来，我国的航空公司与国际间合作加大，国际航线的增多，外国航空公司进入我国市场，为争取更多乘客，导致价格下降，使得出境旅游费用出现不同程度的下降，更多的人可以接受出境旅游的价格（舒伯阳，2004[517]）。

（二）基于推力因子的中国出境旅游目的地市场定位影响因素

1. 经济因素

中国城镇居民是中国消费市场的主流群体，也是出境市场的主流群体。由于中国出境旅游与人均 GDP、可支配收入、娱乐支出等方面存在密切相关性，城乡居民人均可支配收入显著增加，用于娱乐、教育、文化的支出比重不断加大。中国城镇居民家庭平均可支配收入从 1991 年的 1 700. 6元，增加到 2008 年的 15 780. 7 元。与此同时，恩格尔系数也从 1991 年的 0. 543 3，降低到 2008 年的 0. 379 0；用于娱乐教育文化服务的支出从 1992 年的 147. 45 元，增加到 2008 年的 1 358. 26 元。恩格尔系数的明显走低，以及马斯洛需求结构的进一步改善，是中国出境旅游迅速增长的直接原因之一（见表 5 - 2）。

2. 休闲因素

第一，中国还陆续出台了带薪休假及法定节假日等相关政策，如 1997 年后，中国政府实行每周五天工作制，加之 3 个“黄金周”长假的实行，使中国公民全年休假时间达到 114 天左右，客观上为出境长线旅游提供了可能；第二，部分效益较好的企事业单位为自己的职工和客户安排出境奖励旅游，使中国公民出境滞留的时间也更长。

3. 心理因素

第一，从出境旅游动机而言。首先，随着我国对外开放的扩大，居民欲出境旅游的愿望更加强烈，旅游的动机再也不是原来那么单一。出境旅游从观光、度假、探亲访友为主要形式发展到修学、文化交流、访古觅胜等多种形式并存。第二，中国出境旅游市场对异国文化还是抱着探寻和亲近的态度，文化差异成为中国出境旅游重要的推动因素。

表 5－1 中国城镇居民家庭平均可支配收入和人均年生活支出（单位：元）

年份	1991	1992	1993	1994	1995	1996	1997	1998	1999	2000	2001	2002	2003	2004	2005	2006	2007	2008
可支配收入（人均）	1 700. 6	2 026. 6	2 577. 4	3 496. 24	4 282. 95	4 838. 9	5 160. 32	5 425. 05	5 854. 02	6 279. 98	6 859. 58	7 702. 8	8 472. 2	9 421. 6	10 493. 0	11 759	13 786	15 780. 7
生活消费支出	1 453. 81	1 671. 73	2 110. 81	2 851. 34	3 537. 57	3 919. 47	4 185. 64	4 331. 61	4 615. 91	4 998. 0	5 309. 01	6 029. 88	6 510. 94	7 182. 1	7 942. 88	8 696. 55	9 997. 47	11 242. 8
食品	782. 5	883. 65	1 058. 2	1 422. 49	1 766. 02	1 904. 71	1 942. 59	1 926. 89	1 932. 1	1 958. 31	2 014. 02	2 271. 84	2 416. 92	2 709. 6	2 914. 39	3 111. 92	3 628. 03	4 259. 8
恩格尔系数	0. 543 3	0. 530 7	0. 503 5	0. 502 7	0. 542 7	0. 485 7	0. 468 3	0. 449 5	0. 418 6	0. 391 8	0. 379 4	0. 376 8	0. 371 2	0. 377 3	0. 371 2	0. 358 0	0. 377 3	0. 379 0
娱乐教育文化服务	＊＊	147. 45	194. 01	250. 75	312. 71	374. 95	448. 38	499. 39	567. 05	627. 82	690. 00	902. 28	934. 38	1 032. 8	1 097. 46	1 203. 03	1 329. 16	1 358. 26
文化娱乐	＊＊	33. 17	42. 01	55. 06	69. 14	81. 15	98. 26	125. 99	135. 33	146. 92	139. 35	245. 16	264. 47	256. 7	264. 47	309. 49	357. 70	418. 31

资料来源：《中国统计年鉴》（1996～2009）。

注：＊＊没有统计数据。

第二节　宏观发展特征

（一）基于推力因子的中国出境旅游客源市场定位的宏观发展特征

1. 中国出境旅游市场的发展速度较快

中国出境旅游市场发展速度具有以下特点，一是其发展速度大大高于国民经济发展速度；二是其发展速度高于同期我国入境旅游和国内旅游发展速度，但市场份额不到国内旅游市场的3%，只有入境旅游市场的26%（见表5－2）；三是相对而言，其发展速度大大超过同期发达国家，如德国、美国、英国等（见表5－3）；四是中国出境旅游的发展速度较快，但市场份额不大。

表5－2　中国出境旅游市场发展速度比较

指标 年份	出境旅游人次（万人次）	增长率（%）	GDP总值（单位：亿元）	增长率（%）	人均GDP（单位：元）	增长率（%）	国内旅游人次（亿人次）	增长率（%）	入境旅游人次（万人）	增长率（%）
1993	374.00	27.7	34 634.4	30.02	2 939	28.51	—	—	4 153	8.97
1994	373.36	－0.17	46 759.4	35.02	3 923	33.48	—	—	4 368	5.18
1995	452.05	21.08	58 478.1	25.067	4 854	23.73	6.29	20.0	4 639	6.20
1996	506.07	11.95	67 884.6	16.09	5 576	14.87	6.39	1.6	5 113	10.22
1997	532.39	5.20	74 462.6	9.69	6 054	8.57	6.44	0.8	5 759	12.63
1998	842.56	58.26	78 345.2	5.21	6 308	4.20	6.94	7.8	6 348	10.23
1999	923.16	9.57	82 067.5	4.75	6 551	3.85	7.19	3.5	7 280	14.68
2000	1 046.86	13.40	89 468.1	9.02	7 086	8.17	7.44	3.5	8 344	14.66
2001	1 213.31	15.90	97 314.8	8.77	7 651	7.97	7.84	5.3	8 901	6.68
2002	1 660.23	36.83	105 172.3	8.07	8 214	7.36	8.78	12.0	9 791	9.99
2003	2 022.00	21.80	117 251.9	11.49	9 101	10.80	8.70	－0.9	9 166	－6.38
2004	2 885.29	42.90	136 515.0	16.43	10 561	16.04	11.02	26.7	10 904	18.96

续表

指标 年份	出境旅游人次（万人次）	增长率（%）	GDP总值（单位：亿元）	增长率（%）	人均GDP（单位：元）	增长率（%）	国内旅游人次（亿人次）	增长率（%）	入境旅游人次（万人）	增长率（%）
2005	3 102.63	7.50	183 867.9	10.4	14 103	14.3	12.12	10.0	12 029	10.32
2006	3 452	10.00	210 871.0	11.1	16 165	14.6	13.94	15.0	12 494	3.90
2007	4 095	18.60	249 529.9	17.7	18 934	17.1	16.10	15.5	13 187	5.55
2008	4 584.44	12.0	300 670.0	20.5	22 698	19.9	17.12	6.4	13 002.74	-1.40

资料来源：国家旅游局、中国统计局（1993～2009）。

表5-3　世界主要国家出境旅游人数与发展速度比较

	国家 年份	德国	美国	英国	中国	加拿大	法国	意大利	日本
人数（万人次）	1993	7 200	4 440	3 570	374	2 060	1 640	1 700	1 190
	1994	7 310	4 750	3 990	373	1 830	1 770	1 650	1 360
	1995	7 490	5 000	4 170	452	1 750	1 650	1 600	1 500
	1996	6 840	5 210	4 260	506	1 790	1 680	1 630	1 670
	1997	6 800	5 409	4 710	532	1 850	1 770	1 720	1 680
	1998	8 297	5 273	5 087	843	1 764	1 807	1 432	1 580
	1999	7 340	5 732	5 388	923	1 837	1 671	1 896	1 636
	2000	7 440	6 133	5 684	1 047	1 918	1 989	2 199	1 782
	2001	7 640	5 943	5 828	1 213	1 836	1 927	2 242	1 622
	2002	7 330	5 805	5 938	1 660	1 771	1 740	2 513	1 652
	2003	7 460	5 618	6 142	2 022	1 774	1 743	2 682	1 330
	2004	4 530	—	6 419	2 885	—	—	—	1 683
	2005	7 460	5 618	6 142	2 022	1 774	1 743	2 682	1 330
	2007	7 530	6 177	6 419	2 885	1 959	2 113	2 334	1 683
发展速度（%）	1993	5.88	1.14	5.62	27.7	-5.07	-2.96	-6.59	0.85
	1994	1.53	6.98	11.76	-0.17	-11.17	7.93	-2.94	14.29
	1995	2.46	5.26	4.51	21.08	-4.37	-6.78	-3.03	10.29
	1996	-8.68	4.20	2.16	11.95	2.29	1.82	1.88	11.33
	1997	-0.58	3.82	10.56	5.20	3.35	5.36	5.52	0.59
	1998	22.01	-2.51	8.00	58.26	-4.65	2.09	-16.74	-5.95
	1999	-11.53	8.70	5.92	9.57	4.14	-7.53	32.40	3.54
	2000	1.36	6.99	5.49	13.40	4.41	19.03	15.98	8.92
	2001	2.69	-3.10	2.53	15.90	-4.28	-3.12	1.955	-8.98

续表

国家 年份		德国	美国	英国	中国	加拿大	法国	意大利	日本
发展速度（%）	2002	-4.06	-2.32	1.88	36.83	-3.54	-9.70	12.09	1.85
	2003	1.77	-3.22	3.44	21.80	0.17	0.17	6.73	-19.49
	2004	-39.2	—	4.51	42.90	—	—	—	26.54
	2005	64.7	—	-4.31	42.7	—	—	—	-20.97
	2007	9.38	5.45	4.49	42.68	10.43	22.38	-12.98	26.47

资料来源：国际统计年鉴（1993～2008）；德国统计网 http：//www.destatis.de/e_ home.h=m-2008-07-22。

2. 中国出境旅游市场以自费出境旅游为主

1993～1997 年，因公出境和因私出境旅游（即中国公民自费出境旅游）数量大体平衡，呈现因公、因私平分秋色的局面。随着 1998 年欧美旅游市场对我国商务旅游者的开放，我国因公出境旅游市场出现爆发性增长，当年因公增长率达到 84.6%。与此同时，因私出境旅游一直呈稳步增长趋势，因私出境旅游人数在 2000 年也首次超过因公出境人数，达到 563.09 万人次。2003 年尽管因公出境旅游受到“非典”影响，但因私出境旅游不但未受到影响，反而有所增加。2004 年因私出境旅游达到 2 297.91 万人次，因私出境是因公出境旅游人数的 3.9 倍，占出境旅游近 80% 的市场份额，从 1993～2004 年因私出境旅游年均增长率达到 29%（见表 5-4），2008 年因私出境旅游人次达到 4 013.12 万人次。中国公民自费出境旅游成为出境旅游市场的主力军。

表 5-4　中国因公和因私出境旅游市场比较

年份	因公出境旅游（万人次）	增长率（%）	因私出境旅游（万人次）	增长率（%）
1992	180.94	—	111.93	—
1993	227.83	25.7	146.62	31.0
1994	209.13	-8.0	164.23	12.0
1995	246.60	17.9	205.39	25.1
1996	264.80	7.3	231.34	17.5
1997	288.43	9.0	243.96	1.1

续表

年份	因公出境旅游（万人次）	增长率（%）	因私出境旅游（万人次）	增长率（%）
1998	532.53	84.6	319.02	30.8
1999	496.63	-5.1	426.61	33.7
2000	484.18	-2.5	563.09	32.0
2001	518.77	7.2	694.54	23.3
2002	654.90	26.1	1 006.14	44.7
2003	541.00	-17.0	1 481.00	47.0
2004	587.38	8.7	2 297.91	55.2
2005	588.63	0.2	2 514.00	9.4
2006	572.44	-2.8	2 879.91	14.60
2007	603.0	5.34	3 493.47	21.28
2008	571.32	-5.25	4 013.12	14.87

资料来源：国家旅游局（1993~2009）。

3. 中国出境旅游市场的主要客源地

中国公民出境旅游客源在空间分布上，大多集中在与周边国家和地区相接壤的省区和北京等大城市，表现出较强的地域性。其主要特征相对稳定，以边境地区和经济发达城市和地区为主要客源。根据近几年来的数据，广东一直是出境旅游的客源大省，占出境旅游总人数的比例在3成左右；其他依次为北京、上海、福建和浙江；在边境旅游方面，以边境省区云南、广西（西南）、黑龙江、辽宁（东北）、内蒙古（北方）等为多（见表5-5）。

表5-5 中国公民自费出境旅游主要客源地（万人次）

1995年		1996年		1999年		2002年		2003年		2007年	
地名	人数	地名	人数	地名	人数	地名	人数	地名	人数	地名	人数
广东	67.71	广东	71.89	广东	58.23	广东	72.75	广东	158.23	广东	172.75
云南	27.52	云南	52.41	云南	29.25	云南	53.28	云南	129.25	云南	153.28
广西	10.54	广西	12.06	广西	18.91	广西	30.25	广西	118.91	广西	130.25

续表

1995 年		1996 年		1999 年		2002 年		2003 年		2007 年	
地名	人数	地名	人数	地名	人数	地名	人数	地名	人数	地名	人数
辽宁	5. 18	黑龙江	4. 57	辽宁	5. 53	上海	20. 48	辽宁	15. 53	上海	120. 48
黑龙江	3. 19	福建	4. 23	黑龙江	5. 4	黑龙江	7. 71	黑龙江	15. 4	黑龙江	17. 71
福建	2. 01	辽宁	2. 8	福建	4. 67	北京	7. 55	福建	4. 67	北京	7. 55
上海	1. 89	上海	2. 75	上海	4. 38	福建	7. 11	上海	4. 38	福建	7. 11
北京	1. 86	北京	2. 71	北京	3. 76	浙江	6. 29	北京	3. 76	浙江	6. 29
内蒙古	1. 62	内蒙古	2. 34	内蒙古	2. 53	湖北	6. 00	内蒙古	2. 53	湖北	6. 00
浙江	1	四川	2. 28	浙江	2. 22	江苏	5. 96	浙江	2. 22	江苏	5. 96

资料来源：中国各地旅游局（1995～2008）。

4. 中国出境旅游市场的老年旅游者结构偏低

相对其他发达国家，中国出境旅游市场中 55 岁以上年龄段的旅游者出游率比其他年龄段要小（郭英之等，2004[518]）。其原因主要是，第一，此年龄段为新中国成立（1949 年）前后生长的一代人，新中国成立前后的经济困难时期，以及此后 20 世纪 50～70 年代中国经济发展水平偏低甚至困难，使其养成了节俭的生活习惯（余颖等，2003）[519]。第二，此年龄段相当一部分为离退休人员，其收入来源主要是离退休金，主要集中在月薪 200～2 000元人民币，离退休金偏低，决定其消费态度以节俭型和保守型为主（徐栖玲、陈宏巨，2003[502]）。第三，由于中国此年龄段的旅游市场相对其他年龄段的旅游市场成本高、收费低、利润少，中国旅行社缺乏针对此年龄段的心理和生理特征开发出的适销对路的出境旅游产品，致使 55 岁以上，特别是 60 岁以上年龄段的团体旅游者不足 4%（张再生，2003）[520]。第四，此年龄段旅游者的体力因素，也是制约因素之一（王云龙，2001[521]）。

5. 中国出境旅游市场的密集性购物现象突出

中国公民中国出境市场购物的高消费现象基本可以分解为：高收入群体的高消费；集群消费/“影子消费”；“（团费）公费＋（购物）自费”形式下的高消 3 部分。旅游者在境外的旅游行为并不仅仅是个人行为，出境旅游者往往是家庭甚至是家族的代表，其购物特点表现为密集式、积累式、家族式，在境外的消费行为突出地表现为突击性地购物（杜江等，2003[522]）。主要原因是：第一，中国公民一般出国机会少，一个人出国代表的往往是一个家族甚至是一个朋友圈子的购买能力；第二，由于中国关税较高，中国公民出境旅游购物时，主要是喜爱购买在我国价格比较高而在出境目的地却比较廉价的商品，主要以价值较高的数码产品和名牌奢侈品为主；第三，中国公民相互之间往往愿意以时尚、名牌、保健等礼品相互馈赠，而完全不同于外国旅游喜欢采购价廉物美物品的购物习惯；第四，中国公民出国旅游、尤其是首次出国回来，礼品馈赠的对象，不只是家庭和亲友圈子，而且还包括同事圈子等。这些都极大增强了中国公民出境购物的能力。

6. 中国出境旅游市场的旅行社组织占相当比重

第一，通过旅行社组织出游的人数在我国出境旅游中占相当比重（见表5－6），因而首次出境者对整体出境人数增长的贡献要比多次出境的贡献大，多目的地旅游的比重要比一地游的比重大（杜江等，2002年[523]）。第二，旅行社出境特许经营权放开后，竞争的加剧将促使旅行社在保持质量的前提下进一步降低价格，从而推动旅行社与航空公司之间的联合，通过包机、联合包机、包航线等创新方式，使出境旅游价格下降，从而带动远程旅游目的地的出境市场发展。第三，由于费用与时间的因素，中国选择的出境旅游的目的地不是单一的（见表5－7），旅行社近几年的路线安排，总是将几个国家组合在一起，使得中国出境旅游在费用最少时，旅游的国家最多。

表5－6 中国出境旅游市场中旅行社组织的比重

指标 年份	中国出境 旅游人数（万人次）	增长率 （%）	旅行社组织出境人数 （万人次）	占出境总人数 比重（%）	增长率 （%）
1993	374.00	27.7	72.36	19.3	—
1994	373.36	－0.17	109.84	29.4	51.8
1995	452.05	21.08	125.99	27.9	14.7
1996	506.07	11.95	164	32.4	30.2
1997	532.39	5.20	143.07	26.9	－12.8

续表

年份	中国出境旅游人数（万人次）	增长率（%）	旅行社组织出境人数（万人次）	占出境总人数比重（%）	增长率（%）
1998	842.56	58.26	181.09	21.5	26.6
1999	923.16	9.57	249.56	27.0	37.8
2000	1 046.86	13.40	430.25	41.1	72.4
2001	1 213.31	15.90	369.53	30.5	-14.1
2002	1 660.23	36.83	372.16	22.4	0.7
2003	2 022.00	21.80	387.01	19.1	4.0
2004	2 885.29	42.90	558.60	19.4	44.3
2005	3 102.63	7.50	679.63	21.9	21.7
2006	3 452.00	10.42	843.02	24.4	24.0
2007	4 095.00	18.60	987.42	24.11	17.1
2008	4 584.44	11.90	—	—	—

资料来源：国家旅游局（1993～2009）。

表5-7 旅行社组织的中国出境旅游、国内旅游、入境旅游的市场发展比较（2000～2008）

指标 年份	出境旅游人次（万人次）	增长率（%）	国内旅游人次（万人次）	增长率（%）	入境旅游人次（万人次）	增长率（%）
2000	1 046.86	13.4	7.44	3.5	8 344	14.66
2001	1 213.31	15.9	7.84	5.3	8 901	6.68
2002	1 660.23	36.83	8.78	12	9 791	9.99
2003	2 022	21.8	8.7	-0.9	9 166	-6.38
2004	2 885.29	42.9	11.02	26.7	10 904	18.96
2005	3 102.63	7.5	12.12	10	12 029	10.32
2006	3 452	10	13.94	15	12 494	3.9
2007	4 095	18.6	16.1	15.5	13 187	5.55
2008	4 584.44	12	17.12	6.4	13 002.74	-1.4
总计	24 061.76	178.93	103.06	93.5	97 818.74	62.28
年平均值	2 673.529	19.88	11.45	10.39	10 868.75	6.92

资料来源：中国统计年鉴（2001～2009）[524]。

7. 中国出境旅游营销体系逐步完善

第一，实行组团社互为代理制度以后，原来所有的代办点被取消，组团社可以打破地区界限，实行异地组团、异地出团，这就为出境游客自主选择旅游产品和服务提供者创造了可能，为出境旅游市场实现真正意义的市场竞争创造了可能。经过一段时间的发展，500 多家组团社肯定会出现比较稳定的组团与代理的分工，大部分只能做零售，一部分兼做批发和零售，少部分成为专门的批发商（高舜礼，2003[525]），这对于形成旅行社的合理分工体系是非常有益的。

第二，中国遵循 WTO 的规定，不迟于2005 年12 月31 日，取消外资旅行社设立分支机构的限制，且对合资旅行社注册资金逐步减少，实行国民待遇。一方面，根据中国的入世承诺，在过去的几年中，国家旅游局和商务部已经批准丽星游轮旅行社作为中国第一家外商独资旅行社；中国锦江 BTI 旅行社成为中国第一家外商控股的旅行社；日本最大的商务旅行社 JTB 在中国成立独资的佳天美（中国）国际旅行社公司，标志着外资开始较大规模进入国内旅游市场（世界游网，2006[526]）。另一方面，目前中国正在逐步取消组团旅行社组织公民出境旅游配额的限制，经营出境旅游业务的中国组团社已有1 970家（中国旅游统计年鉴，2009[527]），为中国居民出境旅游需求的实现提供了更为广阔的空间。

第三，旅行社出境特许经营权放开后，竞争的加剧将促使旅行社在保持质量的前提下进一步降低价格；同时推动旅行社与航空公司之间的联合，通过包机、联合包机、包航线等创新方式，使出境旅游价格下降，带动中国出境旅游市场需求的发展。

（二）基于拉力因子的中国出境旅游目的地市场的管理问题

1. 中国出境旅游市场发展的旅行社管理

第一，部分旅游团未能派遣专职领队，使得出境旅游的服务质量下降。这是因为出境旅游需要领队不仅要有很高的业务素质，而且还需要熟知出境旅游目的地的人际交往、社会制度、政治信仰、生活方式、生活习俗等；第二，境外驻华旅游机构非法、变相经营出境游；第三，境外某些小旅行社加速地对中国出境游市场进行渗透；第四，以经营商务旅游为主的外资旅行社，通过设立中外合资旅行社的方式，采用网络化、信息化的手段，把中国商务出境游纳入了其经营网络；第五，进入我国旅游市场的外资旅行社，尤其是未来的外商独资和外商控股旅行社，有可能与中资旅行社进行入境和出境客源的交换；第六，个别地方提出的所谓以出境客源换取入境客源的“应对”入世策略，都会对出境游市场形成一定冲击；第七，我国公民护照“按需发放”政策的逐步实行，出国中介服务机构的快速蔓延，都可能使组团社的经营难度加大，营业利润面临多渠道流失，出境游市场面临各种困境。

2. 中国出境旅游市场发展的旅游者合法权益

第一，部分旅行社为了抢夺客源，盲目采用低报价、高回扣等手段进入市场，通过在境外强迫向中国游客兜售所谓的“自费项目”，甚至是有害于健康的项目等手段补贴销售成本，导致“零团费”、“负团费”日渐普遍；第二，“零团费”、“负团费”的结果，导致部分导游故意减少计划中的景点，缩短游览景点时间、擅改行程，将购物和自费项目编排其中。如果游客购物达不到导游的“标准”，或组团社和接团社之间出现矛盾，游客就很容易成为牺牲品；第三，中国出境旅游者和公众过度看重价格，权益自我保护能力仍较弱，当旅游者的权益得不到保护时，不能及时向有关部门投诉。

3. 中国出境旅游市场发展的国家旅游形象

第一，由于一些旅行社提供的低价格出境旅游产品，导致在一些目的地国家形成了一套专门提供给中国出境旅游者消费，在接待水准和服务质量等方面均与提供给发达国家旅游者存在明显差距的旅游产品，这对我国在国际上树立大国形象、提高国际地位和声望显然不利；第二，我国旅游团在境外发生质量、安全等事故时得不到及时解决，对有关资任者追究得不彻底；第三，境外接待社及导游为了弥补“零团费”、“负团费”，擅自增加大量的自费项目，其中大量充斥着色情内容，对中国公民出国旅游的整体形象造成了极为不良的影响；第四，少数旅游者在境外滞留不归，非法从事劳务商贸活动甚至色情活动，不法分子从事非法移民等往往会引起双边纠纷，对双边关系的改善和巩固产生不利影响，进一步对中国在海外的声誉产生消极影响。

4. 中国出境旅游市场发展的经济损失

第一，出境旅游发展可能带来的直接后果就是外汇的流失，据粗略统计，中国目前出境旅游的外汇支出总额已相当于外国人入境旅游的外汇收入，甚至更多一些，在我国经济建设需要大量外汇的情况下，将影响我国经济建设的发展步伐；第二，由于管理体制的漏洞，出境旅游中公费旅游及变相的公费旅游，造成国家财富的巨大经济损失；第三，由于管理措施跟不上，部分出境旅游经营者违规操作，扰乱了正常的经济秩序；第四，入世后，外资旅行社和国外旅行社的分支机构的进入，可能会减少目前我国现有组团社的收入与利润。

（三）基于推拉因子的中国出境旅游市场的营销策略

1. 旅行社管理策略

第一，加强对领队的培训和管理，提高领队人员的业务素质和敬业精神。组团社必须为每个团派遣有领队证的专职领队，负责监督行程计划的执行情况。如因领队造成旅游者损失的，由组团社负责赔偿，并取消其领队资格。第二，加强对组团社服务质量的监管。各地政府旅游机构的旅游质监部门应当发挥作用，对损害旅游者利益的，要严令组团社向旅游者作出最大限度的赔偿，并对其进行处罚；第三，为了赢得出境旅游市场，国内旅游企业可以加强与海外有实力的公司或企业集团合作；第四，运用出国旅游组团社互为代理的市场运作模式，引入科技手段，减少成本，优势互补，强化出境旅游市场竞争的有利地位，促进旅行社网络化在营销层次的建立，即形成批发与零售的关系；第五，组团社必须对与之签约的旅游者负责，严格依照合同履行，境外接待社违约侵害旅游者利益的，组团社要承担后果；第六，旅行社在设计出境旅游产品时，尽量做到不断创新，不断加强其竞争力。

2. 政府管理策略

第一，政府旅游机构应与工商部门、公安部门密切配合，对各出境组团社定期进行全面检查，对非法经营出境旅游、无照经营旅游业务和超范围经营出境旅游业务的单位或个人进行坚决查处和严厉打击；第二，国家旅游局应组成检查小组，不定期地赴相关出境目的国家和地区开展调查，在境外对有明显问题的组团社，进行严肃处理；第三，政府旅游机构还应加强与目的地旅游主管部门的协调和合作，解决有关出境旅游中发生的各种问题；第四，树立中国是世界上最安全的旅游目的地形象，做到入境游、国内游、出境游的全面发展；第五，采取各种手段和措施，维护国家形象和公民形象；第六，制定和完善一套相关的出境旅游的法律、法规，以约束旅游企业的经营行为，建立境外旅游安全的预警系统。

3. 旅游者管理策略

第一，对旅游者开展宣传活动，教育旅游者树立正确的消费观念，增强维护自我权益的意识和进行文明旅游；第二，国家旅游局和省级旅游局应定期公布出境旅游组团社名单、国内投诉电话和境外旅游投诉电话，公布受理投诉的范围；第三，要与新闻媒体合作，介绍出境游的有关注意事项，及时曝光出境旅游中的典型案例，利用新闻媒体加强对旅游服务质量的监督，引导旅游者成为成熟的旅游消费者；第四，及时满足中国公民不断出现的新的出境旅游需求，为中国公民的出境旅游活动提供更充分的决策信息环境和渠道；第五，尽快全面实施公民带薪休假制度，为我国公民出境旅游提供充足的时间保障。

4. 目的地营销策略

第一，从我国政府对入境旅游与出境旅游配额挂钩的原则看，下一步能够被首先列入中国公民出境旅游远程目的地的将仍是那些主要入境客源国；第二，被中国公民熟知的远程目的地国家和地区的城市将首先从中获益，如美国的夏威夷、加利福尼亚、华盛顿、纽约、旧金山、洛杉矶，加拿大的渥太华、多伦多等。这也预示着有关目的地国家和地区进行立足于增进中国潜在出境市场对其认知的“营销运动”的必要性。鉴于中国出境市场仍处于发展初期，所以对于这些中国未来的远程目的地来说，出境旅游目的地的联合促销将是其重要战略选择。

第三节　微观影响因素

根据菲利普·科特勒的理论（科特勒，2006[529]），消费者的行为受到多个层面因素的影响，其中也包括个人层面的因素，这其中就包括年龄、职业、经济状况等。本研究以理论及资料为支撑，提取了旅游者有关性别、年龄、职业、文化背景、家庭收入和旅游动机的个人因素来进行出境旅游影响的研究。基于上述理论，出境旅游作为消费行为的一种，也必然受到旅游者个人因素的影响。这些个人因素来自于出境旅游者有关个人特征的各个方面，包括文化背景、职业、年龄等一系列对于出境旅游行为产生不同影响的微观层面的因素。

在旅游相关文献的基础上，本研究在通过咨询上海20家从事出境旅游业务的旅行社总经理或部门经理和10名政府旅游机构的官员，以及对60个有出境旅游经历的中国旅游者进行面谈，选出了17个动机项目（推力因子）和10个特征属性项目（拉力因子）。数据来源于北京和上海的市场抽样调查问卷，选择北京和上海的原因是：第一，北京是中国政治经济文化中心，上海是中国经贸和金融最发达的城市之一；第二，就旅游者人数而言，北京和上海均位居中国旅游城市的前三，是中国著名的旅游城市；第三，北京和上海也是中国最具有出境旅游客源潜力的城市之一。

推力因子是通过中国出境旅游者描述出境旅游的潜在能力和理由陈述，表明他们同意或者不同意的观点。比如，向旅游者提出与推力因子有关的问题，“您愿意自费出境旅游的动机是什么?”，其中一个推力因子是“好奇或新奇”。然后，用7分制李克特量表，请出境旅游者表示同意的程度，极不同意为1，一般为4，非常同意为7。

拉力因子也采用同样过程进行测量，如请出境旅游者回答“请对中国出境目的地的特征感知从1~7排序。”，其中一个拉力因子是“不同于中国的自然和文化资源”。然后，用7分制李克特量表，同样请旅游者根据同意的程度，用1~7来评价这些拉力因子。

为了描述中国旅游目的地的主要影响因子，对17个推力因子和10个拉力因子进行主成分因子分析法。根据Kaiser标准，只有特征值大于1的因子才予以保留；只有因子载荷和公因子方差比大于0.4，才选入最终的因子结构中；计算每个项目的信度系数大于或接近于0.70，才能确认因子内在的一致性。

为了检验影响因素及不同市场细分的总体差异，本研究采用K均值聚类方法差异多变量分析（MANOVA）过程。统计如果发现有意义，则采用Bonferron 多维对比修正，以进一步进行一元方差分析检验的显著性差异分析（见表5－8）。

表5－8　KMO测度和巴特利球形检验结果

KMO 测度		0.918
巴特利球形检验	χ^2	23 701.258
	df	153
	p	0.000

（一）中国出境旅游目的地市场定位的推力影响因子

在出境旅游的研究中，研究者一般将旅游者的出游动机因素和目的地的影响因素相结合，并将二者分别归为推力和拉力因素（Push－Pull Factors）。为了进一步剖析中国出境旅游市场需求中的动机特征，本研究将出游动机再次细化为18个动机因子在问卷中作进一步考察，以便深入获取中国出境旅游市场需求的出游动机基本结构。

如图5－1所示，横坐标为因子数，纵坐标为特征值。可以看到：第一个因子的特征值很高，对揭示原有变量的贡献最大；到第3个以后的因子特征值都趋于平缓，对解释原有变量的贡献很小，已经成为可被忽略的“高山脚下的碎石”，因此提取3个公因子是比较合理的。

首先采用因子分析法对出游动机进行变量缩减，在因子分析之前，先进行KMO测度和巴特利球形检验，经Bartlett检验表明：Bartlett值＝23 701.258，$p=0.000<0.001$，即相关矩阵不是一个单位矩阵，故考虑进行因子分析。Kaiser－Meyer－Olkin Measure of Sampling Adequacy是用于比较观测相关系数值与偏相关系数值的一个指标，其值越逼近1，表明对这些变量进行因子分析的效果越好（马庆国，2002[530]）。KMO值＝0.918，意味着各因子之间具有明显的相关性，从而确定样本数据适合进行因子分析（郭志刚，1999[531]）。研究采用主成分分析法提取初始因子，然后采用正交旋转中的方差最大法对初始因子进行旋转，保留特征值大于或等于1、因子负荷大于0.4的因子（郭志刚，1999[532]），最后根据因子负荷较高的变量对因子进行命名，因子转换矩阵后得到“求异动机”、“求知动机”、“情感动机”、“表现

动机”4 个主成分动机因子，差异解释度达到 57.916%，3 个动机因子的内在一致性的信度系数（克朗巴赫 α 系数）在 0.647 ~ 0.909，高于 Nunnally 的 0.50 标准，说明研究结果具有较高的可信度（见表 5 – 9）（Nunnally，1987[533]）。

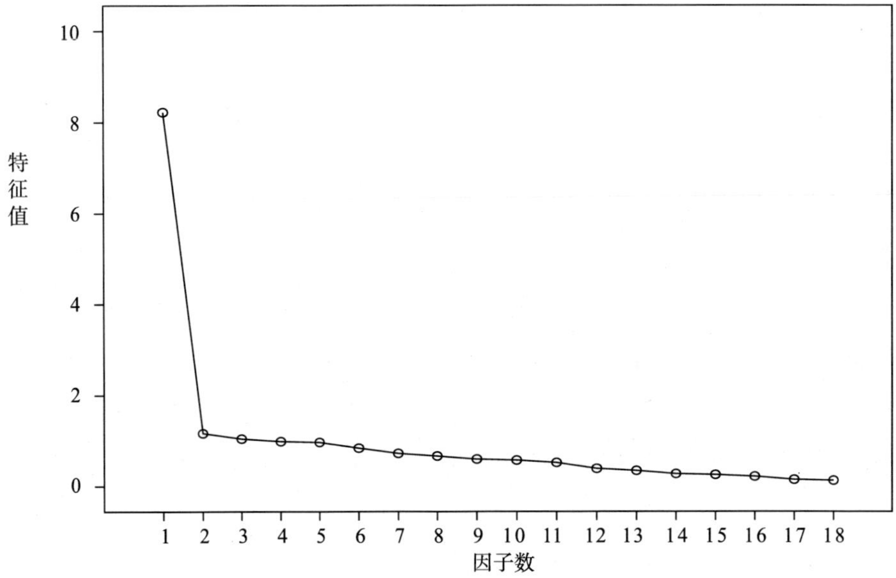

图 5 – 1 中国出境旅游市场需求的推力公因子碎石图（Scree Plot）

随着中国国际交流的频繁与对外开放的扩大，中国居民出境旅游的愿望和动机更加强烈，旅游的动机向多元化方向发展。由表 5 – 9 可以看出，第一个动机因子即表现动机因子包含了 10 个因子，所解释的总差异比例达到 28.795%，信度系数为 0.909，反映了中国出境旅游者试图通过出境旅游的各种活动来表现自身价值和炫耀出境经历，尤其对“享受刺激性的娱乐活动”（均值 = 5.28）和“在生活中获得新能量”（均值 = 5.43）最为看重；第二个动机因子即求知动机包括了 3 个因子，所解释的总差异比例达到了 16.452%，信度系数为 0.717，表明中国出境旅游者的出游主要是受旅游目的地历史、文化等因素的吸引和影响，其中“考察历史与文化资源”（均值 = 4.57）和“获得文化与历史知识”（均值 = 4.61）尤其明显，表明探究异域文化是中国出境旅游者选择出游的主要动力；第三个动机因子即求异动机包括 3 个因子，所解释的总差异是12.669%，信度系数是0.647，该动机表明中国出境旅游者通过出境旅游的活动考察国外的社会和新奇的环境及自然资源，其中尤以到目的地“考察经济发达的社会”（均值=4.37）最为重要。

表5-9　中国出境旅游市场需求的推力因子主成分分析（N=2 274）

出游动机因子项	因子负荷			共量	均值
	1	2	3		
表现动机	0.810	—	—	0.770	—
A_{13}将经历向他人炫耀	0.802	—	—	0.767	3.21
A_{12}提高社会地位	0.689	—	—	0.700	3.29
A_{15}加强家庭/血缘或朋友的关系	0.673	—	—	0.508	4.63
A_{10}享受赌博的乐趣	0.663	—	—	0.479	3.78
A_{11}照相，并向他人展示	0.634	—	—	0.432	3.97
A_{14}享受刺激性的娱乐活动	0.634	—	—	0.693	5.28
A_{17}在生活中获得新能量	0.632	—	—	0.680	5.43
A_{18}减轻日常生活压力	0.610	—	—	0.470	3.97
A_9享受购物的乐趣	0.580	—	—	0.600	4.72
A_7探险	0.442	—	—	0.473	4.25
求知动机					
A_1获得文化与历史知识	—	0.832	—	0.766	4.61
A_2考察发达的行业与领域	—	0.796	—	0.693	3.94
A_4考察历史与文化资源	—	0.543	—	0.419	4.57
求异动机					
A_5考察经济发达的社会	—	—	0.769	0.645	4.37
A_8访问他人没有去过的地方	—	—	0.730	0.695	4.20
A_3考察自然资源	—	—	0.532	0.442	4.29
特征值	5.183	2.961	2.280	—	—
差异解释度（%）	28.795	16.452	12.669	—	—
累计差异解释度（%）	28.795	45.247	57.916	—	—
Cronbach's α 系数	0.909	0.717	0.647	—	—

基于推力因子的中国出境旅游者行为感知特征的影响因子的主成分研究成果，如图5-2所示。

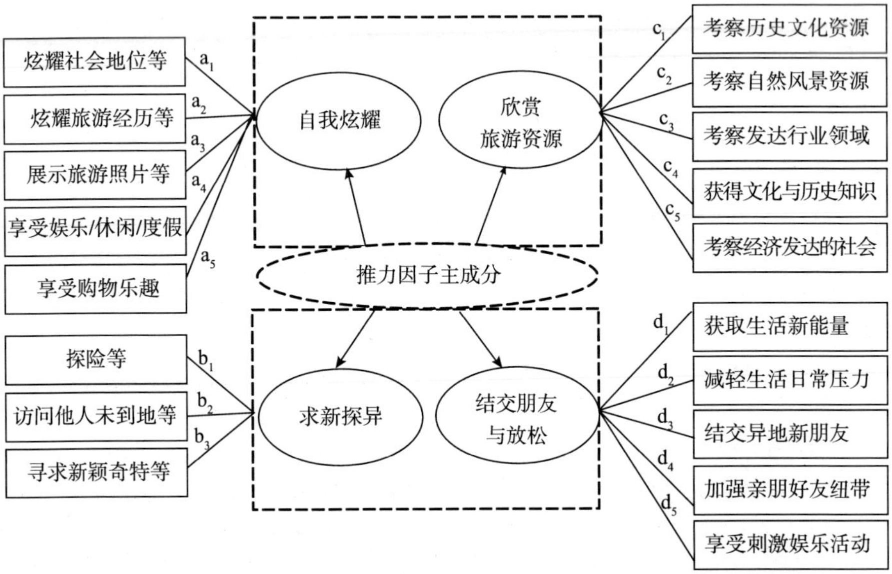

图5－2　基于推力因子的中国出境旅游者出游动机影响因子的主成分分析

（二）中国出境旅游目的地市场定位的拉力影响因子

如图5－3所示，横坐标为因子数，纵坐标为特征值。可以看到：第一个因子的特征值很高，对揭示原有变量的贡献最大；到第3个以后的因子特征值都趋于平缓，对解释原有变量的贡献很小，已经成为可被忽略的"高山脚下的碎石"，因此提取3个公因子是比较合理的。

对10个旅游目的地影响因素进行类似的最大方差旋转主成分因子分析，经过对各因子的KMO测度（KMO值＝0.813）与巴特利球形检验（Bartlett值＝912.868，$p=0.000<0.001$）（见表5－10），产生出特征值大于1、因子负荷大于0.4的3个主成分因子，分别命名为"舒适便捷因子"、"经济消费因子"和"目的地环境因子"，累计解释的差异比例达到63.27%，3个主成分因子的信度系数在0.5784～0.7756，均高于0.50，与Nunnally标准相一致，说明3个因子的观测指标之间具有良好的内部一致性，研究结果具有高度可信性（见表5－10）（Nunnally，1987[534]）。

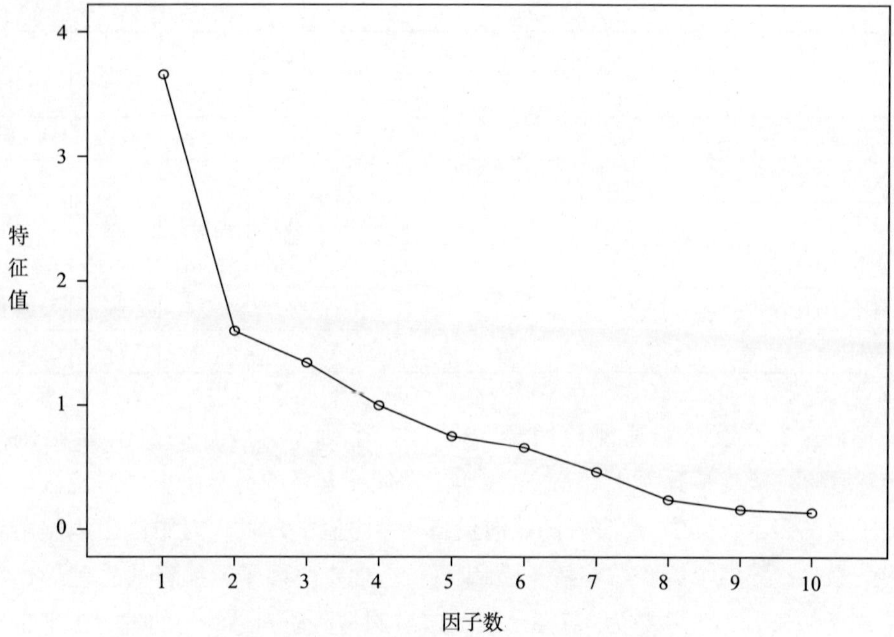

图 5-3 中国出境旅游市场需求的拉力公因子碎石图（Scree Plot）

表 5-10 中国出境旅游市场需求的拉力因子主成分分析（N=2 274）

出境旅游目的地影响因子	因子负荷			共量	均值
	1	2	3		
舒适便捷因子	—	—	—	—	5.172
B_8 良好的休闲与娱乐设施	0.918	—	—	0.858	4.99
B_7 舒适的气候	0.892	—	—	0.827	5.18
B_{10} 良好的旅游设备（如宾馆、饭店、交通等）	0.801	—	—	0.648	5.34
经济消费因子	—	—	—	—	4.599
B_1 旅游成本价格不要太贵	—	0.842	—	0.723	4.89
B_6 不同于中国的历史与文化资源	—	0.705	—	0.499	5.22
B_2 很高的经济发展水平	—	0.655	—	0.837	3.97
B_5 购物的好地方	—	0.619	—	0.707	4.33
目的地环境因子	—	—	—	—	5.585
B_4 安全的旅游目的地	—	—	0.768	0.611	5.82

续表

出境旅游目的地影响因子	因子负荷			共量	均值
	1	2	3		
B_3美丽的景色	—	—	0.736	0.576	5.85
B_9旅行计划容易安排	—	—	0.541	0.309	5.08
特征值	2.985	2.075	1.536	—	—
差异解释度（%）	29.851	20.747	15.363	—	—
累计差异解释度（%）	29.851	50.598	65.961	—	—
Cronbach's α 系数	0.857	0.738	0.411	—	—

第一个因子“舒适便捷因子”包含3个因子，解释的总差异比例为29.851%，信度系数为0.857，这表明舒适便捷是目的地吸引中国出境旅游者最重要的因素，其中，“良好的旅游设备”（均值=5.34）对中国出境旅游者影响最大；第二个因子“经济消费因子”包含4个因子，解释的总差异比例是20.747%，信度系数为0.738，表示旅游购物活动和目的地的发达水平也影响着旅游者的目的地偏好，其中，“不同于中国的历史与文化资源”（均值=5.22）对旅游者偏好的影响最大，说明中国出境旅游者对购物及旅游成本及出境目的地的历史文化非常重视；第三个因子“目的地环境因子”包括3个因子，解释的总差异比例为15.363%，信度系数为0.411，表明旅游者对目的地旅游资源的自然环境、安全性和旅行计划的安排难易程度要求较高。其中，“安全的旅游目的地”（均值=5.82）和“美丽的景色”（均值=5.85）相对来讲更为旅游者所看重。

这反映了这样一个事实：中国出境旅游目的地之所以吸引出境旅游者，主要是因为中国出境旅游目的地有着丰富的旅游资源、通畅的信息渠道和便利的旅游基础设施等，这也是中国出境旅游客源市场最主要的拉力影响因子。

基于拉力因子的选择决策出境旅游目的地的影响因子的主成分研究成果，如图5-4所示。

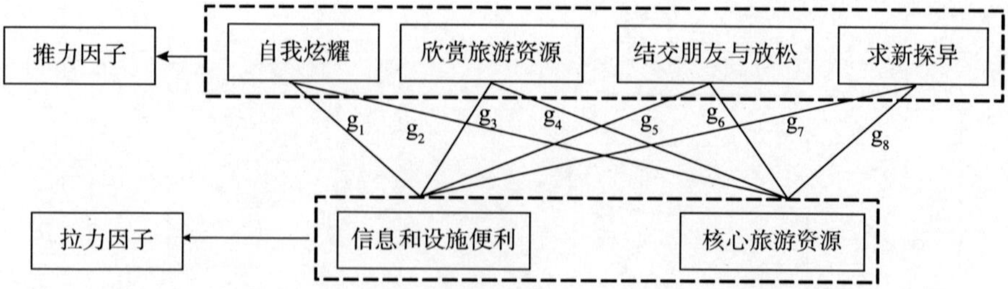

图5-4　基于拉力因子的中国出境旅游目的地影响因子的主成分分析

（三）中国出境旅游目的地市场定位的推拉力因子间相互关系

为了进一步探究推力因子与拉力因子之间的相互关系，本研究在因子分析的基础上进行关联分析，结果总结见表5-11。

表5-11　中国出境旅游市场需求的推力因子与拉力因子的关联分析

拉力因子	推力因子	表现动机	求知动机	求异动机
舒适便捷因子	Pearson 相关性	0.004	0.110**	0.004
	显著性（双侧）	0.846	0.000	0.840
	N	2 213	2 213	2 213
经济消费因子	Pearson 相关性	-0.018	0.164**	0.064**
	显著性（双侧）	0.397	0.000	0.003
	N	2 213	2 213	2 213
目的地环境因子	Pearson 相关性	0.071**	0.104**	0.117**
	显著性（双侧）	0.001	0.000	0.000
	N	2213	2213	2213

根据表5-12，可发现中国出境旅游市场需求的推力因子与拉力因子存在着程度各不相同的相关关系（见图5-5）。

首先，推力因子中的“表现动机”与拉力因子中的“目的地环境因子”呈显著的正相关，表明目的地的景色越美丽、环境越安全，就越能够激发旅游者炫耀和表现的动机，因此各旅游目的国家或地区在向中国居民营销时应该突出其优美安全的旅游和社会环境，并且安全推介安排得当的旅游线路供旅游者选择。

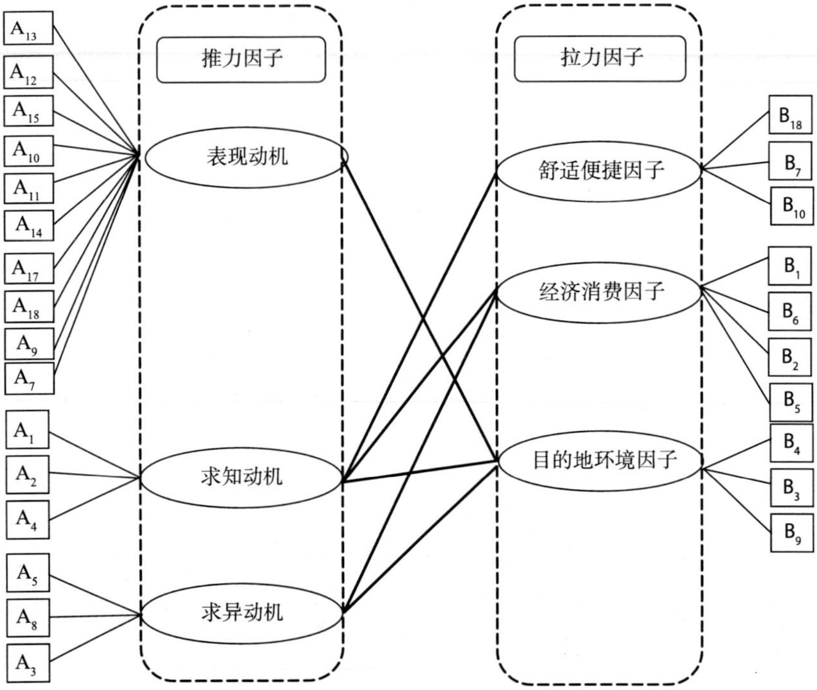

注：——相关性在0.01水平上显著的正相关。

图5－5　中国出境旅游市场需求的推力因子与拉力关联图

其次，推力因子中的“求知动机”与拉力因子中的“舒适便捷因子”、“经济消费因子”及“目的地环境因子”都呈显著的正相关，表明目的地特性如“旅游成本”、“安全便捷性”和独特旅游资源都可增强中国旅游者到国外通过旅游获得知识和考察当地的社会文化发展情况的动力，使旅游者在放松身心的同时可以拓宽视野，充实和提升自身。

最后，推力因子中的“求异动机”与拉力因子中的“目的地环境因子”和“经济消费因子”呈显著的正相关，表明在旅行成本越来越低，出游手续和交通越来越便捷的情况之下，中国旅游者更倾向于离开常住地到国外寻求不同于中国或中国的旅游体验和经历，故旅游目的地特性与旅游者自身的出游意愿密切相关。

通过对推拉力因子间相互关系的分析，发现主要的推力因子和拉力因子之间存在显著相关性，这说明对于中国出境旅游者来说，游览极具吸引力的出境旅游目的地、摆脱惯常生活压力、增进友谊及增进自身健康等愿望，会因为出境旅游目的地信息渠道的畅通和旅游基础设施的便利而得到加强，推力因子与拉力因子之间关系将是未来研究的重要课题。

中国出境旅游者选择出境目的地拉力因子与推力因子之间相互关联模式研究成果，如图5－6所示。

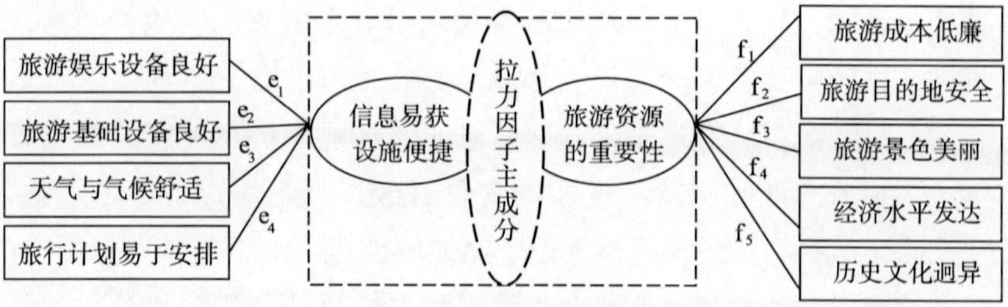

图5－6　基于推力与拉力因子的出境旅游市场影响因子主成分之间的相关分析

总之，基于推拉因子机理，对中国出境旅游市场定位影响因子之间相互关系的实证研究，并建立中国出境旅游市场定位推力和拉力因子影响因子特征属性之间相互关联模型，从而为中国出境旅游市场定位感知特征和影响因子的决策支持系统模型的建立打下了良好的研究基础。有效运用数学模型和数理统计等研究方法，并辅助系统性定量研究分析，使研究结果更具客观性和可检验性。

第四节　中国出境旅游客源市场的影响因素理论研究

（一）理论基础

基于旅游本身所涉及方面的复杂性和多样性，上海市居民的出境旅游牵涉到了众多的影响因素。同时，这些影响因素存在于不同的层面上，既包括宏观环境上经济因素、政策因素、交通因素的影响，也包括居民本身的个人特征对于出境旅游的影响。为了对这些因素进行系统的分析，本研究选取了出境旅游产业层面及中国居民个人因素层面为研究对象，借鉴学术界已有的被认可的理论进行上海居民出境旅游影响因素的分析。

1. 基于钻石模型的因素分析

波特（1990）[536]对产业集群竞争力问题进行了理论研究，他在揭示产业集群“黑箱”时，提出了钻石模型（见图5－7）。波特认为，如果将一个集群看做一个整体，其竞争力取决于相互关联的6个因素：①生产要素，包括人力资源、自然资源、资本资源、基础设施、政府支持等方面，这是产业集群必备的竞争要素；②需求条件，即市场对该产业所提供的产品或服务的需求如何；③相关产业和支持产业，可以看出这些产业是否具备国际竞争力；④企业战略、结构和竞争，是指支配企业如何创建、组织与管理的国内条件，以及该国的国内竞争性质；⑤机会作用，偶然性事件和机会也会对地区竞争优势产生影响；⑥政府作用，政府可以通过政策调节来创造竞争优势。这6个因素相互作用形成了产业集群竞争力。

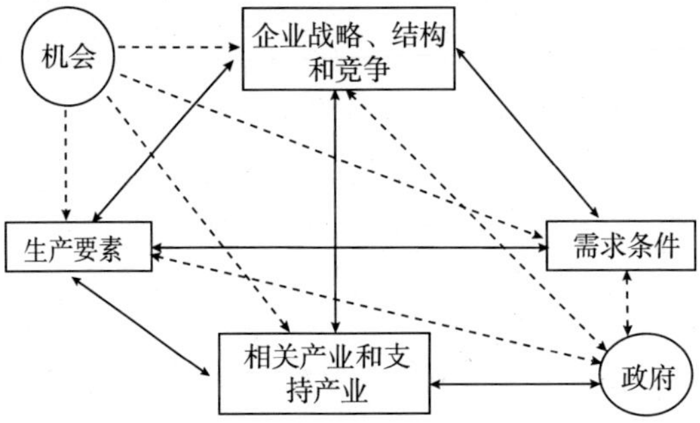

图5－7　产业集群竞争力的钻石模型

资料来源：迈克尔·波特（1990）[535]。

2. 基于GEM模型的因素分析

加拿大学者帕德莫和吉博森（Tim Padmore & Hervey Gibson，1998[537]）在“钻石模型”的基础上提出了GEM模型。GEM模型确定了影响产业集群的6个因素，包括“资源”、“设施”、“供应商和相关辅助行业”、“公司的战略、结构和竞争”、“本地市场”、“外部市场”，并用一个蛛网图表示（见图5－8）。6个因素被分为3对：“资源”和“设施”合称为“因素对Ⅰ”——基础（Groundings），“供应商和相关辅助行业”和“公司的结构、战略和竞争”合称为“因素对Ⅱ”——企业（Enterprises），“本地市场”和“外部市场”合称为“因素对Ⅲ”——市场（Markets）；而 GEM 模型正是这 3 对“因素对”名称第一个字母的缩写。

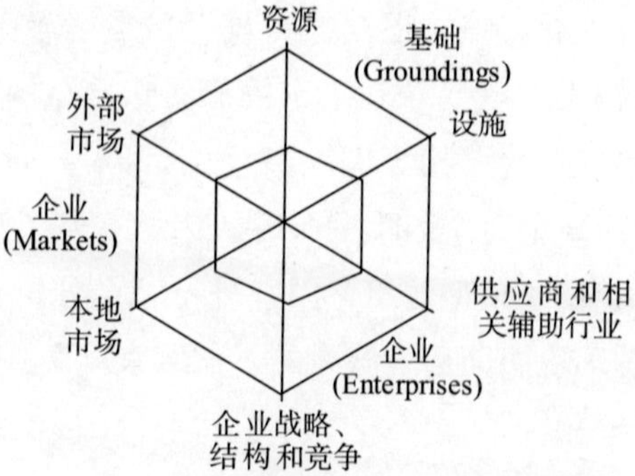

图 5－8　产业集群及整理的 GEM 模型

资料来源：Tim Padmore 和 Hervey Gibson（1998）[539]。

3. 出境旅游服务营销理论

旅游营销专家莫里森认为，旅游所处的营销环境较为复杂，具体而言，其因素包括竞争、法律规定、经济环境、技术、社会和文化因素、组织目标和资源（莫里森，2000[538]）。

①竞争：行业竞争的升级，出现了比以前更多的航空公司、旅行社、景点等各种组织提供类似服务以满足相同顾客群体的需求。

②法律规定：法律规定对于行业有着一定的影响作用，直接影响了服务和产品进行服务推广的方式，并持续变化。

③经济环境：经济环境因素对于旅游有着影响作用。在经济萧条时期，旅游服务业也受到牵连，居民在旅游游乐方面的预算变少。

④技术：技术永远处于变化的前沿，计算机技术在旅游服务业中发展十分迅速，使得面向顾客的服务更加便捷。

⑤社会和文化环境：一个组织必须考虑顾客对其营销活动如何反应，这种活动基于社会和文化准则，顾客自身也受到社会和文化变革的影响。

⑥组织目标和资源：旅游业的服务也受到组织的目标和资源的限制。

(二) 中国出境旅游客源市场的环境影响因素的模型构建

1. 中国出境旅游客源市场的环境影响因素的选择

结合出境旅游自身的特点，根据钻石模型，出境旅游相应地需要6个因素作为支撑。再根据GEM模型（基于出境旅游市场的确定性，不存在内部、外部市场之分，GEM的因素对Ⅲ则简化为一个因素，即为市场），出境旅游的发展也必须满足GEM中3个因素的条件。因此，基于出境旅游的特点，本研究借鉴钻石模型及GEM模型的组合因素进行综合分析，对各类因素进行甄选组合，确定了市场环境层面出境旅游的影响因素（见图5－8）。

(1) 经济需求因素

出境旅游作为消费需求的一种，与整体的经济环境息息相关。一个国家或地区的经济发展状况，对该国家或地区居民消费会产生相应的影响，其中包括旅游部分的消费。出境旅游作为旅游消费的一类，受到整体经济环境的影响是不可避免的。经济需求因素对应了钻石模型中的“需求条件”和GEM模型中的“市场”因素。

(2) 目的地支持因素

可选择的出境旅游目的地是出境旅游的必要前提。旅游目的地对于居民出境旅游的选择有着重要的影响，多样的旅游目的地能够为居民提供更多的出境旅游消费选择空间。结合因素分析的模型，目的地支持因素对应于钻石模型中的“生产要素”（对于出境旅游这一面向市场的产业而言，出境旅游目的地是不可或缺的产品构成要素）。就GEM模型而言，目的地支持因素则对应于“资源”因素。

(3) 政策引导支持因素

出境旅游作为牵涉方面多而广的行业，在运作的过程中受政府的关注。尤其在我国作为旅游市场的“三驾马车”之一，居民出境旅游的政策性引导对其的发展起着重要的辅助支撑作用。政策引导支持因素在钻石模型中就对应了“政府”这一要素，在产业的发展过程中起着其特殊的作用；其在GEM模型中则对应“市场”因素，政策引导支持因素的表现主要是通过市场的进一步开放来鼓励居民的出境旅游。

（4）交通服务支持因素

出境旅游的发展离不开交通服务的支持。居民的旅游必然有空间上的移动，且出境旅游一般作为较远距离的出行，交通的服务支持更显得必要和重要。通畅的交通往往也是居民出境旅游考虑的关键要素。交通服务支持因素对应着钻石模型中的“相关产业和支持产业”和GEM模型中的“供应商和相关辅助行业”。交通业作为与旅游业关联度较高的产业，影响着居民的出境旅游。

（5）信息交流支持因素

在已经进入信息时代和传媒时代的今天，出境旅游作为市场的热点，其在发展之时，信息的传播和扩散发挥着积极的作用。对于居民来说，是否能接触到出境旅游的相关信息及接收到相关信息的多少，都将影响到出境旅游的消费选择。信息交流支持因素意味着居民对于出境旅游信息交流和共享的实现。在钻石模型中，信息交流支持因素对应了要素“机会”。对于GEM模型而言，信息交流支持因素则为“设施”因素的内容。

（6）配套设施支持因素

各项配套设施对于旅游业的发展而言都有着各司其职的作用，是缺一不可的，共同为旅游的发展服务。出境旅游对于居民所在地的配套设施也有着一定的要求，设施支持系统在一定程度上代表着当地的旅游发展程度，也揭示了当地旅游业发展的潜能。因此，出境旅游作为旅游业的一部分，也受到配套设施支持因素的影响。配套设施支持因素对应了钻石模型中的“相关产业和支持产业”和GEM模型中的“设施”因素。

（7）人力资源支持因素

出境旅游作为产业化的运行，要能够为居民的出行提供相应良好的服务，在管理上则应当有所规范有所创新。人力资源支持因素涉及出境旅游产业中从业人员的素质和意识，涉及该市场的承载力，这样的一个因素与旅游人才的培养关系紧密。人力资源支持因素对应了钻石模型中的“生产要素”及GEM模型中的“资源”因素。

（8）企业服务支持因素

旅游企业作为旅游产业微观环境中起重要作用的单位，负责了出境旅游的相关事宜。其中，尤其是开展出境旅游事务的旅行社的存在，作为中介，联结起了出境旅游目的地和客源地，为客源地居民出境旅游提供服务支持。钻石模型与GEM模型中都提到了企业这样一个要素——“企业的战略、结构和竞争”，揭示了企业对于一个行业的重要影响。因此，在出境旅游业中，企业服务支持因素也成为重要的影响因素。

(9) 社会文化因素

出境旅游产业作为关联性强的产业，出境旅游作为一项社会活动，对居民而言，受到了社会文化因素的影响。社会文化因素影响引起的观念的改变和社会的流行，都对处于这种文化环境当中的居民产生相应的影响。社会文化因素对应于钻石模型中的“需求条件”，促进了出境旅游的社会心理需求，同时对应于GEM模型中的“市场”要素。

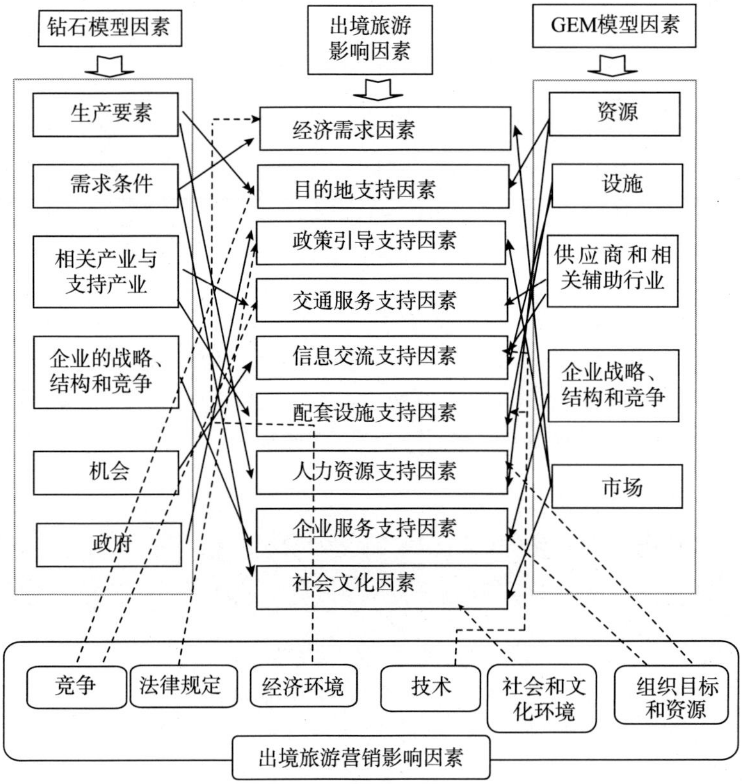

图5-9 中国出境旅游客源营销的宏观影响因素构建理论支撑

出境旅游产业在上述经济需求因素、目的地支持因素、政策引导支持因素、交通服务支持因素、信息交流支持因素、配套设施支持因素、人力资源支持因素、企业服务支持因素及社会文化因素的影响下进行运作。在本研究对于上海居民出境旅游影响因素产业层面的研究上，上述因素都将一一进行相关考量。

2. 中国出境旅游客源市场的环境影响因素模型

对以上部分提及的出境旅游市场环境层面的影响因素，加以整理，将九类影响因素重新归类为 3 个类别：经济因素、支持因素及社会文化因素。经济因素涉及的就是经济需求因素，需要从整体经济条件上考察居民出境旅游的能力或可能性。支持因素包括了作为出境旅游支持系统的目的地支持因素、政策引导支持因素、交通服务支持因素、信息交流支持因素、配套设施支持因素、人力资源支持因素、企业服务支持因素，这些都是居民出境旅游得以成行的不可或缺的因素。“社会文化因素”则涉及了影响居民出境旅游的整体的社会文化心理氛围。基于重新归类的类别，就产业层面的影响因素而言，经济因素、支持因素及社会文化因素形成了居民出境旅游的三维因素影响系统（见图 5－10）。

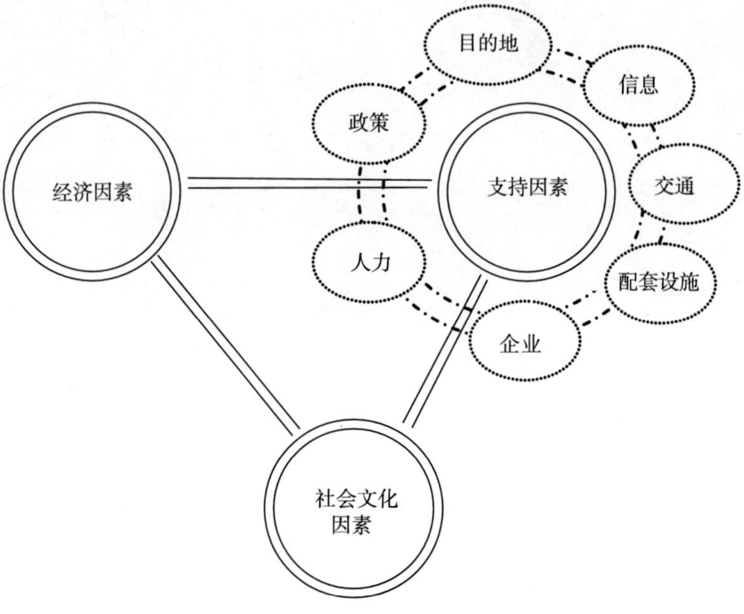

图 5－10　中国出境旅游客源的市场环境影响因素模型

在这样的三维因素支持系统之中，维度之一的支持因素又由相应的几个微观层面的因素组合形成。这样一个出境旅游影响因素三维模型的构建将作为之后市场环境影响因素有关研究的基本框架。

（三）中国出境旅游客源市场的影响因素的理论构建

本研究将中国出境旅游客源的市场环境与个人因素相结合（见图5－11）。首先，在宏观层面上考虑3个维度的影响因素——经济因素、支持因素及社会文化因素；其次，在研究中引入居民的个人因素，包括各项人口统计特征（性别、年龄、家庭构成等）；再次，通过出境旅游整体市场因素及居民个人因素的影响，到达微观层面出境旅游消费行为构成的条件——居民出境旅游的动机、购买能力及市场相应出境旅游产品的有效供给。通过这样的建

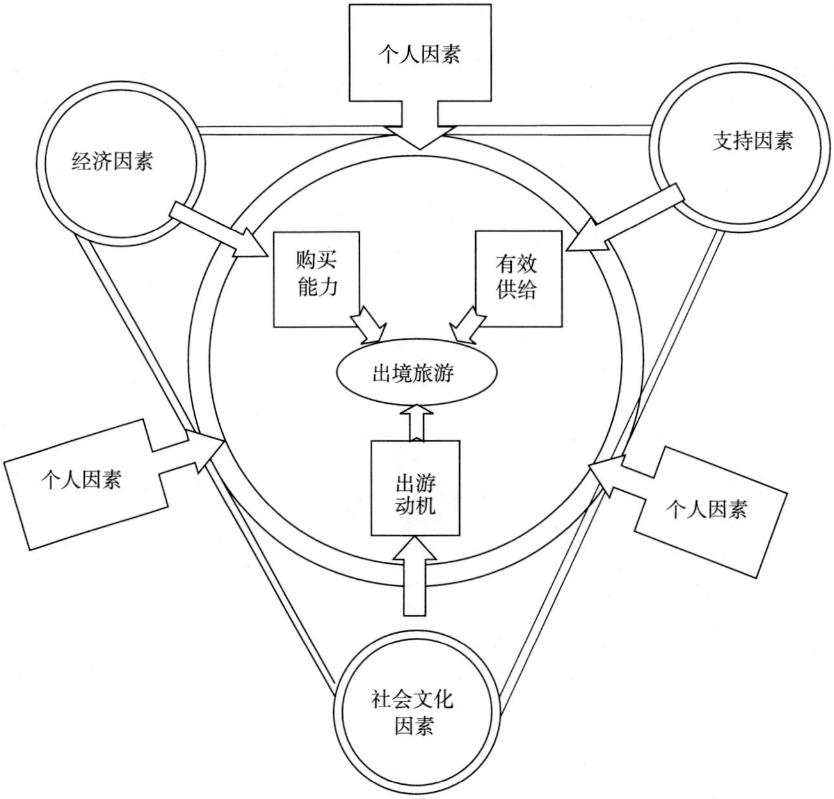

图5－11　中国出境旅游客源市场的影响因素整体模型

模，将居民出境旅游的宏观因素和微观因素相联系，最后归结为出境旅游消费行为条件全部得到满足这样一个市场结果。

（四）中国出境旅游客源市场的服务支持因素影响研究

中国出境旅游客源受到市场环境中服务支持因素的影响，其中包括目的地支持因素、政策引导支持因素、信息交流支持因素、交通服务支持因素、配套设施支持因素、人力资源支持因素、企业服务支持因素。这几个因素的构建形成了出境旅游服务支持系统（见图5－12）。

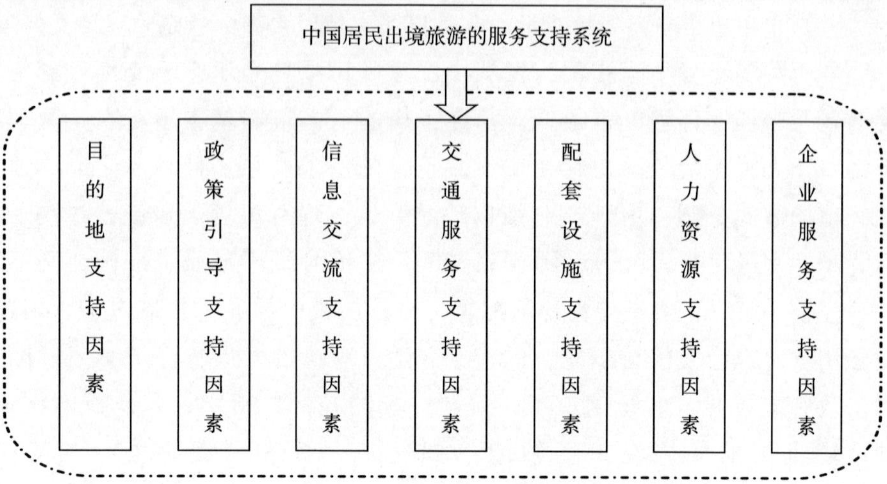

图5－12　中国出境旅游客源市场的服务支持系统结构

1. 中国出境旅游客源市场的目的地支持因素

萨伊（1803）论述了“供给创造需求”（SID，Supply-induced Demand）这一经济学中著名的萨伊定理。萨伊引出了购买手段的问题。[540]因为“一个人通过劳动创造某种效用，从而把价值授予某些东西。但除非别人有购买这价值的手段，便不会有人赏鉴，有人出价购买这价值”。他认为，购买手段是“由其他价值组成，即由同样是劳动、资本和土地的果实的其他产品组成”，由此，他得出结论：“生产给产品创造需求”，因为“当交易最后结束时，我们将发觉交易总是以一种货物交换另一种货物”，所以，“要买一件东西，不使用另一件东西的价值为购买手段，就买不成”。萨伊得出的重要结论之一便是"在一切社会，生产者越众多产品越多样化，产品便销得越快、越多和越广泛，而生产者所得的利润也越大，因为价格总是跟着需求增长"。

就出境旅游市场而言，根据萨伊定律，出境旅游产品的有效供给能动带动其需求的产生或增加。而出境旅游目的地对于出境旅游产品而言，是其主要的组成部分，出境旅游目的地的有效供给能够促进出境旅游消费的需求。

2. 中国出境旅游客源市场的政策引导支持因素

(1) 中国出境旅游客源市场的政策引导支持因素影响研究的理论支持

早期发展经济学家指出，发展中国家的市场体系不全，支离破碎，即使消费品市场发育程度也很低，稍许正规的资本市场基本不存在，劳动力市场由于无限剩余劳动力存在形不成正常的供求关系，且城乡之间、地区之间市场彼此分割；由于产业结构缺乏弹性，现有市场上短缺、过剩、滞后、刚性大量存在。由于市场不完善，价格信号既不灵敏、准确，又不统一、完整，难以正确指导资源的配置，更不用说引导经济发展过程，因此，主张用政府机构去代替不完善的市场。随着理论的发展，经济学家逐渐提出了政府主导下的市场化观点，即在国家的控制、指导、调节或准许下，使市场机制的作用在市场领域得到逐步发挥和全面贯彻（王清宪，2003[541]）。

中国的旅游业作为发展时间较短、尚须完善的产业，采用的是政府主导型的发展模式。在这样的模式之下，政府政策对于旅游的发展起着关键的调控作用。

(2) 中国出境旅游客源市场的政策环境发展

中国出境旅游始于20世纪80年代的中国港澳地区探亲游。近几十年来，经历了从"出境探亲游"到"公民自费出国游"的发展过程。中国居民的出境旅游在中国整个出境环境的影响下，也经历了这样一个发展过程。在中国居民的出境旅游发展中，不可忽视的是出境旅游政策所带来的影响。随着政府对于旅游业地位的逐渐重视及鼓励，目前的旅游政策环境越来越朝着有利于中国居民出境旅游的方向发展。

①政府对于中国出境旅游市场的扶持。

1978 年以后，旅游业在中国开始被当做经济产业来发展，对外开放所带来的机遇和“适度超前”的政策倾斜使旅游产业的规模迅速扩大。至 1996 年年末，全国旅游行业拥有的固定资产净值已超过 1 000 亿元人民币，直接和间接从业人员近 700 万人。1996 年旅游创汇突破 100 亿美元大关，旅游业直接产出达 2 000 多亿元（中国旅游统计年鉴编辑委员会，1997[542]）。可以说在国民经济众多产业中，旅游业的产业形象已较为突出。

而就旅游业在中国经济的地位来看，国家旅游局 2005 年提出的“全面发展国内旅游，积极发展入境旅游，规范发展出境旅游”的发展思路写进了国家“十一五”规划（张广瑞、刘德谦，2007）[543]。这表明了国家对于发展旅游业的重视及肯定。

②中国出境旅游政策的战略转变。

中国是先发展入境旅游，后发展国内旅游，再发展出境旅游。这种模式下，旅游经济长足发展。但随着旅游业的不断发展，出境旅游市场逐渐打开并得到巨大发展，形成目前三大市场“三足鼎立”的格局。

用“规范发展出境旅游”来表述，就弱化了“控制和限制”，强调了市场秩序。从字义上看，“适度”的核心在“量和度控制”，而“规范”的重心在“规范管理”。“规范”的主要内涵是，强调旅游主管部门承担起维护市场秩序的责任，倡导诚信旅游；企业要提供质价相符的产品，引导游客理性消费；游客要树立成熟的消费观念。从“适度发展”到“规范发展”，国家淡化了对规模和速度的控制，这无疑将促进出境旅游。

③中国出境旅游客源市场的政策引导支持因素的影响研究。

政策是根据发展需要而制定的，制定实施以后又直接促进或影响着发展。随着上海居民的出境旅游的发展，相关的政策引导也在不断地变动。而同时，由于旅游相关政策对上海居民的出境旅游起着一定的约束作用。在这种情况下，政策的引导支持对于出境旅游产生相应的影响。政策上对于出境旅游的扶持，如对于出境旅游环境的进一步开放，对旅游有关方面的完善治理或发生旅游危机时的政策处理，都能对上海居民的出境旅游产生正面的引导作用。

其一，中国出境旅游市场的环境开放。

从整体的市场环境来看，自改革开放以来，中央和地方各级政府对旅游功能和地位的认识不断深化，对于旅游产业的重视程度及扶持力度也逐步加大。早在1978年，邓小平同志就提出了到20世纪末旅游业要创汇100亿美元的设想；1979年邓小平同志指出，旅游业要变成综合性的行业。将旅游业作为一个经济性产业来发展，是邓小平旅游经济思想的重要核心。1981年，国务院第一次组织召开全国旅游工作会议，明确指出：旅游事业是一项综合性的经济事业，是国民经济的一个组成部分，是关系到国计民生的一项不可缺少的事业。1998年，中央经济工作会议将旅游业确定为国民经济新的增长点。2001年，国务院《关于进一步加快旅游业发展的通知》中指出："树立大旅游观念，充分调动各方面的积极性，进一步发挥旅游业作为国民经济新的增长点的作用。"2006年，中国旅游业发展"十一五"规划纲要明确提出，要把旅游业培育成为国民经济的重要产业。在国家对旅游业地位不断提升的推动下，从1985年陕西省出台省级政府第一个《关于大力发展旅游业的决定》开始，迄今为止，全国各省区市政府共出台了60余个关于发展旅游业的意见或决定，已有27个省区市把旅游业确定为支柱产业、主导产业或重要产业（中商情报网，2009[544]）。

其二，中国出境旅游市场的治理整顿。

政策方面对于出境旅游市场的治理整顿，是有利于出境旅游发展的措施，同时也更容易让居民对出境旅游有信心。仅2003这一年，上海市旅游委员会就颁布了"关于贯彻《出境旅游领队人员管理办法》的实施意见"、"上海旅游委关于进一步加强本市出境旅游市场管理的通知"及出台了"上海市出境旅游合同示范文本（2004版）"（上海市旅游统计年鉴编辑委员会，2004[545]），对于出境旅游市场进行规范。而在2004年，上海市旅游委员会根据国家旅游局的要求，结合上海市的实际情况，进一步加强了对出境游组团社团队管理工作的监督检查，发布了"关于目前出境旅游有关情况的通报"。

其三，中国出境旅游市场的危机处理。

旅游业作为敏感性较强的行业，容易受到外界突发因素的影响。政局的动荡、瘟疫的突发及自然灾害、恐怖活动的发生都是对旅游业的打击。尤其对于出境旅游而言，危机事件的发生会导致出境旅游人数的锐减。在危机产生的市场情况下，政府对于突发事件的快速反应及得当的政策措施的实行，能够减轻出境旅游所受的负面影响。

例如，2003 年的“非典”使得国际旅游业遭受了打击，但是，上海出境旅游市场在受“非典”严重影响的情况下，继续保持高速发展态势。据统计，全年出境旅游人数为 28.77 万人次，比 2002 年增长 52.14%。出境旅游目的地仍以港澳台地区和泰国、新加坡、马来西亚等东南亚国家及韩国为主，其中到香港旅游人数增幅较大，全年赴香港旅游人数达 9.9 万人次，比 2002 年增长 40.22%。这主要得益于国务院颁发了《内地与香港关于建立更紧密经贸关系的安排》，香港特区简化了上海市民赴香港旅游的入境手续，进一步提高了上海市民赴港旅游的热情。

其四，中国出境旅游市场的机会提供。

政策方面对于出境旅游的支持包括了机会的提供。居民出境旅游得以成行的重要前提之一即为有足够的闲暇时间。1995 年以后，全国平均休闲增加到了 114~125 天。每年按照 52 周计，假定都实行周休两日，这样共休息 104 天，再加上节假日的“五一”、“十一”、“元旦”、“春节”共有 10 天（女性加三八妇女节为 11 天）。根据调查，每年带薪休假平均为 10 天。从劳动制度看，劳动者的休假天数占全年时间的 1/3。如果从全体居民角度看，闲暇时间已经超过全部生活时间的 1/3。闲暇时间的增加，促进了中国居民出境旅游的发展。

有关闲暇时间的政策调整对于出境旅游的影响，表现最为明显的是国家规定的长假期间居民出境旅游需求的迅速增加。2005 年的“五一”黄金周期间，上海出境游组团社共组织 1 227 个出境旅游团，出境游总人数 23 483 人次，分别比 2004 年的 975 个团、18 490 人次增长 25.85%、27%。即使是在金融危机下，居民因为闲暇时间的机会提供，在特定的空闲时间也未减少对于出境旅游的需求。2009 年春节前后一周（1 月 21 日至 27 日）平均每天通过浦东机场出境游的中国旅客在 1.2 万人次以上，比平日出境游中国旅客人数增长约 20%（新华网，2009[546]）。

从以上可知，相关政策对于中国出境旅游的支持，能够促进中国居民出境旅游的需求，有利于上海出境旅游的发展。

3. 中国出境旅游客源市场的信息交流支持因素

（1）中国出境旅游客源市场的信息交流支持因素的理论支持

有关消费者信息来源的手段，Bettman J. R. 早在 1979 年就提出：按照不同的信息渠道类型，信息搜索可分为内部信息搜索和外部信息搜索两种（魏军、苏勤，2008[547]）。前者是消费者在个人长期记忆中提取某些相关的人生经历或知识储备。当内部信息搜索不能提供足够的信息时，旅游者便开始从外部搜索信息。外部信息搜索主要有 4 个来源，即个人来源、中立来源、商业来源、经验来源。其中，个人来源一般指自己的家庭、朋友；中立来源多为旅游指南、消费者组织、专业咨询机构、政府部门；商业来源一般指电视、广播、报纸杂志、网络、广告宣传、代理机构的促销；经验来源一般指产品的直接测试和试用经历。

互联网作为重要的信息源，是中国居民首选的出境旅游渠道。每 10 名中国出境游客中有近 7 名将访问旅游目的地网站作为出游的信息来源之一，而每 10 名中国出境游客中有 6 名利用网络旅游论坛来获取相关的旅游信息。对于旅游业而言，在网络上能拥有吸引中国游客目光的一席之地至关重要。根据尼尔森公司的中国出境游调查报告，通过传统旅行社获取旅游信息的中国出境游客比例占 63%，次于网上查询旅游信息的游客比例，位居第二。传统媒体的使用率则更低，只有 40% 的中国出境游客会选择报纸和杂志来获得相关的旅游信息。报告同时还显示，在北京、上海和广州，虽然 61% 的游客还是使用传统的旅行社进行旅游预订，但网上预订已经在中国出境游游客中兴起，并逐渐加强。

（2）中国出境旅游客源市场的信息交流支持因素的发展

北京、上海、广州等发达城市作为国际性的大都市，其信息化程度在全国范围不管是从发展速度还是从普及率而言都居于国内各省市的前列。其中作为信息化程度重要标志之一的互联网的发展也是较为迅速的。互联网的进一步发展加快了城市信息的流动，也包括旅游信息的传播和交流。而且从技术角度来说，这些发达城市的电光缆通信已经正式地被投入运行，意味着中国的互联网已经进入了光子时代。

由表5－12可知，在2008年中国互联网普及率省市排名中，上海市高居第二位，互联网用户的普及率达到了全市人口的59.70%，仅次于北京，且只相差0.3个百分点。根据2004年中国城市互联网的发展类型和规模的调查，上海市的互联网发展水平已达发达水平，且处于互联网超级核心的地位。北京、上海、广州等发达城市互联网达到发达水平，预示着我国信息交流能够得到通畅的保证，也意味着中国居民了解接触出境旅游信息的主要渠道通畅。

表5－12　2007年和2008年中国互联网普及率前十名省区市

地区	2007年		2008年		增长率（%）
	网民数（万人）	普及率（%）	网民数（万人）	普及率（%）	
全国	21 000	15.90	29 800	22.60	41.90
北京	737	46.60	980	60.00	32.90
上海	830	45.80	1 110	59.70	33.70
广东	3 344	35.90	4 554	48.20	36.20
天津	287	26.70	485	43.50	69.10
浙江	1 509	30.30	2 108	27.30	18.60
福建	866	24.30	1 379	38.50	59.30
江苏	1 757	23.30	2 084	27.30	18.60
新疆	363	17.70	625	27.10	72.10
辽宁	783	18.30	1 138	26.50	45.30
海南	144	17.20	216	25.60	49.90

资料来源：中国互联网络信息中心（2009）[548]。

（3）中国出境旅游客源市场的信息交流支持因素的影响研究

旅游业是信息密集型产业，从旅游活动的实现方式看，在旅游市场流通领域活动的不是商品，而是有关旅游产品的信息传递引起旅游者的流动。结合Bettman的信息来源理论，中国居民出境旅游在信息交流上通过主要的交流渠道（互联网）能够充分全面地获得相关的出境旅游信息。

从互联网为中国居民提供的出境旅游服务信息来看，中国居民可以通过互联网完成其外部信息的全面搜索。网络沟通已经成为城市居民相互沟通的一种及时有效的手段，中国居民通过在线与亲友的沟通可以从个人处获得出境旅游的信息。从中立的信息来源看，国家旅游局的官方网站、出境旅游的专门网站、出境旅游者自发组织的协会网站及一些相关的专业咨询网站都能够为中国居民提供在线及时的信息更新。旅游电子商务的兴起，也为中国居民的出境旅游提供了便利，中国居民能够通过网络接触到各种出境旅游产品的销售信息，并通过直接浏览出境旅游产品代理机构（尤其是旅行社）网站的相关信息，便捷地获得所需信息。此外，众多已有出境旅游经验的旅游者通过博客或者 BBS 等网络途径发布的旅游攻略，与网友共同分享出境旅游的经历，让居民通过网络能够从别人的经历中获得有关信息。

4. 中国出境旅游客源市场的交通服务支持因素

（1）理论支持

空间经济学研究表明：距离是影响人流和物流的重要空间因素，各种社会经济实体在区域空间中的影响力遵循距离衰减规律，即它们之间的空间相互作用随空间距离的扩大而减弱。从旅游行为的产生来看，在其他条件不变的前提下，旅游客源地和目的地之间的距离对游客决策行为的影响直接决定着游客的流向和流量大小。而从时代的发展来看，空间地域上距离的解决依赖交通的发展。便捷高速的交通工具、配套交通基础设施的完善能够解决距离给旅游者带来的阻隔。

有关于旅游与交通的关系，Kaul（1985）认识到交通系统是旅游地成功发展不可或缺的一个条件，认为交通不仅在新旅游地开发中有重要作用，而且在已有旅游地的健康发展中也扮演着重要的角色，合适的交通条件甚至可以使不景气的旅游地起死回生。通畅的交通是保证旅游者到达旅游目的地的必要条件。

（2）影响研究

交通对于旅游的影响，关系到居民的出游能否成行，也会对出游过程中其他的相关联问题产生如下的一些影响。

首先，出境旅游目的地的可达性。由于旅游活动是人们从居住地到旅游地的空间移动。因此，它必然要通过一定的交通方式来实现。航空运输使旅游的范围从国内、地区内扩大到世界范围内，人们可以在有限时间内进行长距离的旅游活动。当今，便利的交通已经成为一个旅游点的必备条件，许多旅游点的形成都离不开航空运输。几乎所有世界上的重要航空港都是旅游中心城市和旅游者集散地。例如，人口仅260万的弹丸之国新加坡，据其优越的地理位置和发达的航空运输，大力开发旅游业，使之成为亚洲的旅游大国，接待外国游客的人次居亚洲首位（亚太旅游协会，2007[549]）。

其次，出境旅游成本的控制。交通服务支持系统的发达与否在一定程度上也影响着居民出境旅游成本的控制。这里与交通相关的旅游成本，既包括居民出游所需的交通花费，也包括因为交通而产生的旅行时间的变动。例如，2004年中美洲的旅游市场还没有成熟起来，还是以商务团和公务团为主，以古巴为例，虽较早开放，但成团量有限。因为没有直航，须经过加拿大进行中转，即使如此，客人一般还要飞23个小时，同时，由于要途经温哥华和多伦多，而且那时加拿大还不是中国公民自费出境旅游目的地国家（ADS），组团会受到过境签证的限制，成功率比较有限。

随着旅游业的发展，航空旅客中旅游者所占的比例逐渐提高。近几十年来，国际航空客运的旅游构成有了明显的变化。1945年，在国际航空旅客中，旅游者仅占20%，而从事外交、商贸等业务活动的旅客占80%以上。到20世纪70年代末，旅游者上升到60%以上，其他旅客下降到不足40%。目前，旅游者已成为国际航空客运的主流。在中国民航的国际航线上，除了至非洲和中东的部分航线外，大部分国际航线的主要客源都是旅游者。

5. 中国出境旅游客源市场的配套设施支持因素

（1）理论支持

出境旅游属于关联性较强的市场活动，除了通信和交通的服务支持外，也受到旅游相关配套设施因素的支持。根据大多数经济学家和地理学家的观点，任何区域基础设施发展的模式和程度都是相应政治、经济、社会进步的一个主要方面，基础设施发展与经济增长是相伴而生的，是伴随关系，即基础设施既是区域发展的条件，也是区域发展的结果。从出境旅游发展的角度来考虑，其配套设施的模式和程度影响着出境旅游的市场开发的程度。

从功能与作用方面看，基础设施在区域经济发展过程中具有双重功能：从属功能与引导功能。这种理论认为，从属功能表现为区域基础设施体系必须为地区社会经济发展服务，经济增长和布局是区域基础设施体系建设的依据，并为其提供资金保障。区域基础设施体系的从属功能具有先行性、适应性等特征。先行性是指区域基础设施体系在地区经济开发中的先导作用；适应性是指区域基础设施体系供给对社会经济需求的适应程度，存在超前型、协调型、滞后型3种基本类型。引导功能是指区域基础设施体系在市场竞争机制和产业关联机制的作用下通过其服务的空间不均衡性对地区社会经济结构、规模和空间布局的引导与反馈作用，是增长极或点——轴系统、产业区位优化系统、区域分工协作——协同系统递进演化的主要驱动力。出境旅游的配套服务设施在从属旅游产业的过程中，有着促进出境旅游的作用，能够服务于出境旅游市场的居民活动，使其更便利地实现出境这一形式的旅游活动。而所谓配套设施在居民出境旅游中的先行性，则为配套设施在出境旅游市场上的先导作用，为客源地的出行提供了先决条件。旅游配套设施的实现，是实现居民出境旅游的基础条件，影响着客源地对于出境旅游者的输出（金凤君，2004[550]）。

（2）发展

北京、上海、广州等中国发达城市作为综合型的旅游中心城市，其旅游的相关配套设施较为完备。综合旅游城市的主要特征为“枢纽型”，旅游功能相当突出。上海、北京、广州等中国发达城市因其具有优势的旅游配套设施因素，不仅是重要的旅游目的地，也是重要的旅游中转地和客源地（见表5－13）。

“十一五”期间，在国家“以人为本、关注民生”主题指引下，北京、上海、广州等中国发达城市的旅游业紧扣时代主题，在强调经济功能的同时，不断注入“民生”理念，发挥其作为民生产业的社会现实意义和综合优势。打造旅游社会工程，以构建和谐社会为核心，将旅游产业从经济工程、政治工程和文化工程的基础性认识定位提升到社会工程的综合定位，充分发挥其综合性强、关联度高、市场需求大、资源整合力强、为农业等相关产业创造增量并创造一种新的生活方式的六大优势。特别是在北京奥运会和上海世博会的背景之下，这些城市的相关旅游配套设施被要求依据市场情况，进行相关的服务设施配置。

表 5－13　中国十大旅游中心城市旅游设施对比

城市	综合	总排序	旅游基础设施优势	排序	对外基础设施优势	排序	综合基础设施优势	排序
上海	1.000	1	0.950	2	1.000	1	1.000	1
北京	0.924	2	0.694	3	0.789	4	0.817	2
广州	0.883	3	1.000	1	0.787	5	0.651	15
深圳	0.800	4	0.548	4	0.901	2	0.751	3
天津	0.625	5	0.306	5	0.810	3	0.658	12
南京	0.595	6	0.135	13	0.692	6	0.734	5
杭州	0.593	7	0.217	8	0.537	12	0.657	14
厦门	0.586	8	0.166	11	0.673	7	0.712	6
大连	0.579	9	0.153	12	0.630	8	0.738	4
青岛	0.564	10	0.132	14	0.597	9	0.602	22

资料来源：倪鹏飞（2004）[551]。

(3) 影响研究

中国出境旅游客源市场的配套设施支持因素的影响研究，通过上海、北京、广州、天津、南京这5个极具竞争力的旅游中心城市的分析对比来进行。根据中国城市竞争力报告蓝皮书的出版年份，选用上海、北京、广州等5个城市2003年的出境旅游人数为依据，再结合各自的出境旅游配套设施，来研究配套设施支持因素对出境旅游的影响。

从表5－14可以看出，在旅游配套设施上占绝对优势的上海，其居民的出境旅游人数增长率也是在五大城市中排名最高的。其中，上海的“对外基础设施优势”和“综合基础设施优势”指标都达到了1.000的标准，意味着其旅游的配套设施就全国各大旅游城市的对比而言，是高居首位的。与旅游配套设施的优势相对应，上海的出境旅游发展也呈现了领先的趋势，其在2003年的出境旅游人次增长率达到了52.1%，高于其他城市至少27.6个百分点。

表 5－14　中国部分城市居民出境旅游配套设施情况

城市	出境旅游人次增长率（2003）	旅游基础设施优势	对外基础设施优势	综合基础设施优势
上海	52.1%	0.950	1.000	1.000
北京	11.7%	0.694	0.789	0.817
广州	24.5%	1.000	0.787	0.651
天津	11.0%	0.306	0.810	0.658
南京	19.8%	0.135	0.692	0.734

资料来源：倪鹏飞（2004 年）[552]。

从北京、上海、广州等发达城市的旅游配套设施与出境旅游人数相关关系分析来看（见表 5－15），相关配套设施（包括旅游基础设施优势、对外基础设施优势和综合基础设施优势）对于出境旅游人次的增长都有程度较大的影响（Pearson 系数分别为 0.567，0.804，0.768）。虽然相比较而言，通过本研究数据的相关分析，旅游配套设施与出境旅游人次增长率之间的相关关系在显著性上并不明显，但都为强相关（Pearson 系数较高）。尤其是“对外基础设施优势”这一项目，其与出境旅游人数的相关系数达到了 0.804。

表 5－15　中国出境旅游客源市场人数与配套设施的相关关系分析

项目	参数	旅游基础设施优势	对外基础设施优势	综合基础设施优势
出境旅游人次增长率	Pearson 系数	0.567	0.804	0.768
	Sig. （2－tailed）	0.318	0.101	0.129
	N	5	5	5

城市基础设施的完善和社会经济软环境的优化，在有效提高城市整体竞争力的同时，为旅游业的发展奠定了坚实的基础，能够极大地促进旅游业的发展。上海完善发达的旅游配套设施，为居民的出境旅游提供了便利，促进了上海市居民的出境旅游发展。

6. 中国出境旅游客源市场的人力资源支持因素

（1）理论基础

人力资源对于产业的发展有着极其重要的作用，充足的有足够水平的人力资源能够推动市场的完善及进一步的发展。在出境旅游的市场运作中，需要有足够的人力资源作为支持。旅游市场的人才应该能够胜任出境旅游的前期营销、实际操作及后期的改进工作。产业发展的决定因素之一是人才问题，而人才源于教育。因此，任何一个效益优化型产业的持续发展都离不开相应的教育系统支持；产业对教育发展有决定作用，产业需求是办学依据、动力和前提；教育供给必须满足产业需求，只有与产业实践相关联，教育才有根基，脱离产业需求，教育就成了空中楼阁，而二者相互作用又是通过人才纽带来实现的，所以形成了教育—人才—产业“三位一体”的互动模式。

（2）中国出境旅游客源市场的人力资源支持因素

由上可知，对于中国出境旅游客源市场而言，出境旅游人力资源的支持是不可或缺的。上海居民的出境旅游能够实现，与足够的相关人才供给有关。而这些出境旅游的人才来源则为相关的旅游教育。通过各个方面和不同层次的旅游教育，出境旅游市场才能获得相应的人才支持（见图5－13）。

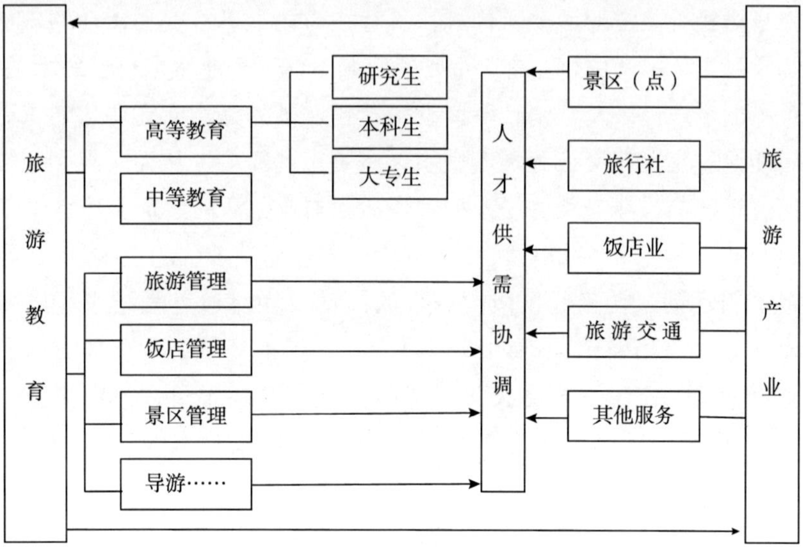

图5－13 旅游教育与旅游产业互动作用图

资料来源：张孝存、孙根年（2005）[553]。

从中国出境旅游客源市场的管理人才素质的培养来看，在出境旅游的起步阶段，中国的旅游高等院校及中等职业院校都处于迅速发展的状态。而随着出境旅游市场的逐步发展，中国的旅游教育进行了调整，从总体的院校数量来看，数量稍微有所降低。但是，从每个高等院校所培训的平均旅游人才而言，总体上还是呈现逐步增长的趋势。

旅游业的发展，需要大量合格的旅游专业人才和相对稳定的从业队伍；尤其是随着旅游业参与国际市场竞争的规范化、科学化的进程，对旅游从业人员的文化层次和专业素质的要求越来越高。因此旅游业人才培养离不开旅游业人才的培养。而旅游业人才培养的途径，从我国旅游业发展的历史和现状来看，除了有限度的在职培训外，主要在于学校的教育。因此，旅游业人培养离不开旅游教育事业的相应发展。经过 20 年的风雨历程，我国已在全国范围内初步建立了具有不同层次和门类的旅游教育和培训体系，为我国旅游市场发展培养和输送了大批的专业人才。

7. 中国出境旅游客源市场的企业服务支持因素

（1）理论支持

市场由相关单位的活动所构成，所有在市场上进行交易活动的参加者都统称为市场主体。其中企业是最重要的市场主体。企业生产自己的相关产品，进行产品的生产提供及营销。所谓市场营销，指的是企业在变化的营销环境中，旨在通过变潜在交换为现实交换，满足市场需要，从而实现企业任务与目标所进行的与市场有关的一系列管理活动与业务活动。企业的整个市场营销活动过程，包括 3 个相互联结的阶段，即企业在产品生产过程开始之前进行的产前活动、在流通领域内进行的活动及在流通过程结束后进行的售后活动。企业市场营销活动的具体内容，包括市场调查、市场分析、目标市场选择、市场定位、产品决策、产品开发、产品定价、渠道选择、产品储运、产品销售、售后服务、公关工作、信息收集和反馈等（李农勤，2006[554]）。

就出境旅游这一市场而言，主营出境旅游的为服务性的企业，除了需要进行相关的旅游产品的发掘外，同样重要的是向居民推广其出境旅游路线。上海出境旅游相关企业的存在是居民的出境旅游之中不可或缺的成分，其提供服务质量的好坏同样也影响着居民对于出境旅游的感知。

（2）发展

旅游涉及的企业包括旅行社、旅游涉外饭店、旅游车船公司、旅游商务服务公司、旅游管理机构及其他相关的企业。上海的出境旅游需要市场中相关旅游企业的服务支持。2008 年，全国共有旅行社、星级饭店、旅游区（点）等各类旅游企事业单位 49 444 家，比上年年末增长了 1.43%。就出境旅游市场而言，在所有旅游企事业单位中，与其联系最为紧密的是旅行社。目前，中国的大多数旅行社定位在招徕游客、组织旅游线路的代理商上。国际旅行社对于组织出境旅游线路、吸引居民出境旅游起着重要作用。

8. 中国出境旅游客源市场的社会文化因素影响研究

（1）理论支持

旅游作为一种消费活动，是现代大众文化的一种休闲方式。旅游消费与其他物质产品消费所不同的是，这种消费形式获得的是一种经历和体验，是文化的享受。旅游是以人为主体、消费为手段、休闲为形式、景观为对象、文化为内涵、身心的放逐与回归为目的的一种赏心悦目、增长见识、自由自在的活动。换言之，旅游既是一种享受，也是一种追求；既是一种消费，也是一种自由；既是一种闲暇，也是一种充实；既是一种经济活动，也是一种文化行为。

旅游消费活动的本质是一种精神文化活动，文化因素从根本上确立了旅游消费行为的方式和性质。社会文化因素对旅游主体消费行为的影响主要表现在以下几个方面：社会文化因素影响旅游主体旅游消费动机的形成；社会文化因素决定旅游主体的旅游消费观念和行为标准；社会文化因素影响旅游者的消费习惯和具体的消费行为（王晓蓉，2008[555]）。居民的出游究其根源是受文化的驱动，文化是影响居民旅游行为的根本性因素。出境旅游作为旅游的形式之一，经常在不同的文化圈之间进行相互联系和活动，不可避免地会受到文化的影响。

（2）发展

根据关于中国城市竞争力的报告，上海是中国城市文化功能地位排名最高的城市之一，在文化中心排名中处于第一集团（见表 5－16），是全国性的文化中心。在全国各个城市文化功能定位的评定中，北京和上海的综合排名分别为第一、第二位（见图 5－14）。

表 5－16　中国部分城市文化指标情况

城市	本市文化需求规模	人文交流机会	人文国际指数	综合	排名
北京	1.000	0.824	0.868	1.000	1
上海	0.873	0.941	0.814	0.911	2
广州	0.687	0.788	0.773	0.622	3
天津	0.51	0.418	0.692	0.555	4
武汉	0.663	1	0.468	0.554	5
深圳	0.787	0.882	1	0.543	6
西安	0.767	0.824	0.57	0.537	7
沈阳	0.65	0.847	0.692	0.519	8
苏州	0.737	0.753	0.528	0.497	9
重庆	0.697	0.482	0.544	0.483	10

资料来源：倪鹏飞（2004）[556]。

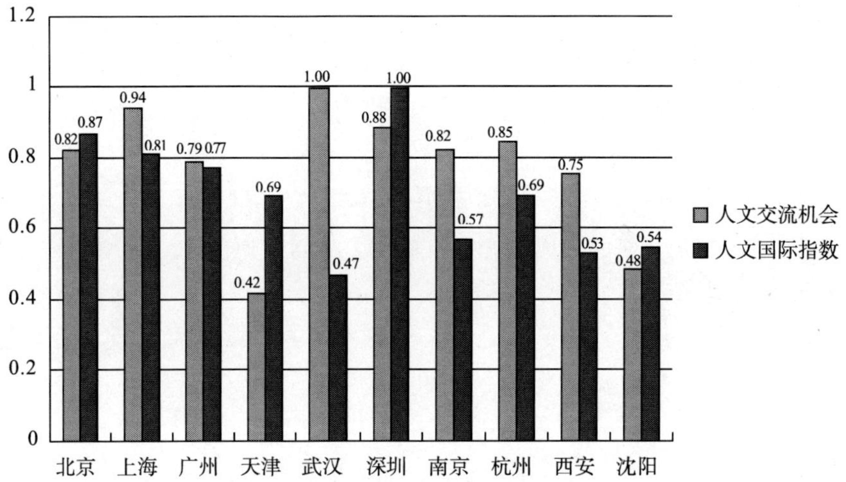

图 5－14　中国部分城市文化指标

资料来源：倪鹏飞（2004）[557]。

（五）中国出境旅游客源市场的影响因素研究的结论及局限性

1. 中国出境旅游客源市场的影响因素的研究结论

（1）中国出境旅游市场需求的目的地推拉力因子研究结论

在推力因素方面，表现动机、求知动机、求异动机是中国出境旅游者的主要出游动机。中国出境旅游者普遍希望留下到目的地游玩的纪念，因此购物和拍照成为主要的表现方式。中国出境旅游者对异国文化的求知方向主要集中在历史与文化方面，看重到目的地寻求新奇、新颖的事物，但是获得知识的同时也注重减轻日常生活的压力，获得身心的放松。

在拉力因素方面，旅游者看重目的地旅游气候的舒适和设施的便捷，同时对当地旅游资源和环境有很高的要求，美丽的景色和良好的治安可以为中国出境旅游者营造一个舒心、放心的旅游场所。与拉力因子相呼应的是，目的地是否是一个购物的好地方成为吸引中国出境旅游者的重要因素，中国出境旅游市场上甚至出现了纯粹的出境购物旅行团。

对推力因子与拉力因子进行关联分析，发现二者之间存在着程度各不相同的正相关关系：推力因子中的“表现动机”与拉力因子中的“目的地环境因子”呈显著的正相关；推力因子中的“求知动机”与拉力因子中的“舒适便捷因子”、“经济消费因子”及“目的地环境因子”都呈显著的正相关；推力因子中的“求异动机”与拉力因子中的“目的地环境因子”和“经济消费因子”呈显著的正相关。

（2）中国出境旅游市场目的地影响因素的研究结论

出境旅游市场关联到多方面的因素，其中包括经济影响因素、服务支持系统因素和社会文化影响因素。结果分析，这 3 个因素都对中国出境旅游客源市场产生了一定程度的影响。

就经济影响因素而言，经济的增长有利于出境旅游客源市场的发展。中国的出境旅游人数与 GDP 总值及人均 GDP 有着明显的联系。这也就意味着，中国经济发达城市 GDP 总值或人均 GDP 的增加，都会带来一定程度的中国出境旅游的增长。

就服务支持系统因素而言，其所包括的目的地支持因素及政策引导支持因素、信息交流支持因素、交通服务支持因素、配套设施支持因素、人力资源支持因素及企业服务支持因素对于出境旅游的影响都比较明显。其中，目的地支持因素作为出境旅游产品供给的重要部分，能够诱导中国客源居民对于出境旅游的选择；政策引导支持因素则在中国出境旅游市场由政府主导的背景下，对于中国客源的出境旅游有着制约和调控的作用；信息交流支持因素由于其出境旅游相关信息的获取功能，对于中国居民的出境旅游而言也是重要的影响因素之一；交通服务支持因素集中在了发达城市的航空国际化对于出境旅游的影响，经研究发现，此因素对于中国居民的出境旅游选择有一定程度的影响；配套设施支持因素为中国居民的出境旅游提供了相应的设施环境，是出境旅游得以实现不可或缺的部分；人力资源支持因素在出境旅游这样一个服务性的市场环境中显得尤为重要，中国居民的出境旅游需要有在数量和质量上都达到要求的人员进行相关的服务支持；企业服务支持因素作为倾向于选择参加旅行社组团出境游的中国居民来说，也是其出境旅游中重要的环节。

社会文化作为旅游消费者所处的环境因素，也影响着中国居民出境旅游的选择。经济发达城市的居民处于开放程度和国际化程度都较高的文化环境中，这种文化环境也在一定程度上促进了中国居民进行出境旅游消费的愿望。社会文化影响因素是影响中国居民出境旅游的主要因素之一。

2. 中国出境旅游客源市场影响因素的研究局限性及未来研究方向

（1）研究局限性

在研究的理论基础上，本文以产业理论及市场营销理论为基础，期望建立一个符合出境旅游情况的影响因素模型。但是就出境旅游而言，可变因素较多，其涉及的方面过广，因此研究起来可能会受到出境旅游关联性强的限制，而导致本文在研究出境旅游影响因素的全面性方面具有一定的欠缺。

在研究的数据时间上，本文按时间序列，在市场环境方面搜集了 1992 ~ 2009 年间的中国出境旅游客源市场及其相关方面的数据，同时，在个人因素上则选取了 2006/2007/2008/2009 年间的第一手实证数据。但是，出境旅游属于敏感度较高的消费，同时随着时间的推移也会受到不同因素影响的变动。因此，本文的实证研究结果可能只在阶段方面内是有效的，而经过更长时间跨度是否能维持目前结论则仍有待考证。

（2）未来研究方向

第一，在研究时间上，继续展开纵向研究。随着出境旅游的进一步发展，相对的数据将会增加，对于出境旅游影响因素的研究则可以从更长的时间跨度上来进行研究，以分析各个因素对于出境旅游影响的稳定性，并从中发现新的规律。

第二，在研究地点上，扩展到中国的其他城市和地区，掌握其他地区居民在出境旅游影响因素方面的情况，进行地区间研究结果的对比分析，从中找寻地区差异并探索原因。

第三，在研究内容上，基于出境旅游众多影响因素，以及随着时间的推移，可能出现的新影响因素。在本研究建立的模型框架中，出境旅游的影响因素应该进行新的增补。

第六章　基于推拉因子的中国出境旅游购物行为的实证研究

第一节　引　言

购物与现代旅游业的结合源于购物自身所具有的休闲特征，在功能属性之外，购物即便是作为一种日常消费活动仍然具有消遣和娱乐的特点。因此，对于以追求消遣和娱乐为目的的旅游者而言，购物便自然而然成为其在旅游目的地所进行的一种旅游活动。随着20世纪50年代大众旅游的兴起，购物对旅游的渗透逐渐加深，购物在旅游业中的主导地位也日益凸显，使得旅游目的地的供给条件与旅游者的行为模式都发生着重大改变。

就旅游目的地的供给而言，购物不再是旅游目的地附属的零售产业，而成为旅游目的地重要的旅游吸引物。购物对于旅游目的地的重要性甚至超过了20世纪80年代所倡导的“3S”（阳光、海水和沙滩）旅游目的地标准。在中国香港、新加坡、巴黎等世界著名旅游城市，购物已经成为该地最主要的旅游吸引物；即便是在不以购物为诉求点的城市近郊、农村地区及经济不发达的第三世界国家，旅游业的发展所带来的商品化，也使得购物逐渐演变成一种重要的旅游吸引物。加拿大南安大略省旅游购物村（Getz，1993）[558]、美国德克萨斯州的酿酒厂（Dodd，1994[559]）、泰国的旅游工艺品带（Cohen，1995[560]），甚至印度尼西亚日惹的街头商贩都成为当地独具特色的旅游吸引物（Timothy & Wall，1997[561]）。此外，旅游目的地与客源地之间的关税、汇率差异及旅游目的地所实行的免税购物计划都成为吸引旅游者进行购物的重要因素（Dimanche，2003[562]）。旅游购物的发展引领着旅游目的地的转型和变革，尤其是在经济不发达地区和第三世界国家，旅游购物的发展使得原本服务于当地居民的购物设施逐渐被旅游者所主导，从而导致旅游商品生产和消费的全球化。

就旅游者的旅游消费而言，购物则相应地沿着“旅游活动—旅游动机—旅游目的”的路径演变，直至成为旅游的主要内容，而旅游则演变为购物的表现形式，形成购物主导旅游消费的局面。在国际旅游的背景下，国际汇率的变化可能使得旅游目的地商品的价格远远低于客源地同类商品的价格，在旅游目的地和客源地过境成本较低的情况下，这种价格优势会成为旅游者购物的主要决定因素，从而形成一种特殊的国际旅游购物现象——跨境购物（Timothy & Butler，1995[563]；Livio Di Matteo & Rosanna Di Matteo，1996[564]；Donggen Wang，2004[565]）。跨境购物基于两地相邻的地缘优势，它与以航空包价为基础的中远程出境旅游购物——以休闲娱乐为主要特征——有明显的区别。Timothy & Butler（1995）对加拿大—美国的跨境购物的研究表明，加拿大跨境购物消费的增长与加元对美元的汇率变化有着明显而强烈的相关性；此外，汽油、食品等生活必需品也成为加拿大旅游者的购物内容，这使得跨境购物具有了日常购物的特点。[566]尽管跨境购物仍具有休闲属性（Timothy & Butler，1995[567]；Donggen Wang，2004[568]），但是实用目的的日益强化使得旅游购物与日常购物之间的界限日渐模糊，旅游成为购物的表现形式。

购物与旅游之间的这种协同作用对目的地的旅游业和经济的发展具有重要作用，其主要表现即是旅游者的购物消费促进了当地零售业的繁荣。对旅游购物的研究即始于旅游购物的经济影响（Kent，Shock & Snow，1983[569]；Jansen Verbeke，1991[570]）。目前旅游购物研究大致可以分为旅游购物的经济影响研究、社会学和人类学研究、旅游购物设施规划和旅游者购物行为研究4个阶段。在研究的顺序上，这4个阶段并非完全是前后继起的关系，而是互有交叉。

基于旅游业对经济发展的巨大贡献，研究者首先将旅游购物纳入旅游业的经济影响的研究范畴，考察购物对旅游业的经济贡献，进而考察购物对整个旅游目的地经济的推动作用（Kent，Shock & Snow，1983[571]；Jansen Verbeke，1991[572]；Heung & Qu，1998[573]；Timothy & Butler，2003[574]）。在旅游购物的社会学和人类学研究方面，旅游纪念品的“真实性”是社会学家和人类学研究旅游购物的切入点（Littrell，1990[575]；Littrell，Anderson & Brown，1993[576]；Shenhav Keller，1993[577]；Asplet & Cooper，2000[578]）。以人类学的视角考察旅游商品，揭示了第三世界国家在与西方旅游者交往和旅游产业化的过程中所面临的文化冲突问题，由于强势文化的介入导致当地文脉的断裂，使全球化背景下的国际旅游具有了西方"文化殖民"的色彩。在旅游购物设施规划方面，旅游购物设施的位置、分布及其演变成为地理学者研究的重点，其目的是探讨旅游目的地的生命周期及其商品化历程，从而指导旅游目的地进行合理的旅游购物设施规划（Getz，1993[579]；Cohen，1995[580]；Snepenger，Murphy，O'Connell ，et al，2003[581]；Geuens，Vantomme & Brengman，2004[582]；Hsieh & Chang，2006[583]）。随着全球旅游业的迅速增长，旅游消费对旅游业贡献度逐步增大，旅游者购物行为研究成为目前最主要的研究课题（Reisinger & Waryszak，1994[584]；Pizam & Sussmann，1995[585]；Dholakia，1999[586]；Heung & Cheng，2000[587]；Turner & Reisinger，2001[588]；Carr，2002[589]；Reisinger & Turner，2002[590]；Wong & Law，2003[591]；Carmichael & Smith，2004[592]；Swanson，2004[593]；Yeung，Wong & Ko，2004[594]；Yüksel，2007[595]；Yüksel & Yüksel，2007[596]；Choi，et al，2008[597]；Kemperman，et al，2009[598]）。对旅游者购物消费和行为进行考察，其目的是为旅游目的地实施有效的市场营销战略提供依据，而这正是本研究所处的理论和实际背景。

中国出境旅游始于1983年广东省居民赴港澳地区的探亲旅游（VFR）。在中国出境旅游的发展过程中，探亲旅游是真正意义上的因私出境旅游，直到1997年，《中国公民自费出国旅游管理暂行办法》颁布，中国政府才开始真正开放自费出境旅游，使探亲旅游逐步过渡到以消遣和休闲为特征的自费出境旅游。基于国际旅游收入在平衡中国国际收支方面的重要性，中国政府在鼓励发展入境旅游的同时，对出境旅游实施的是较为严格的管制政策，因此中国出境旅游的发展并不完全是市场自发作用的结果。从2002年开始，随着政府对出境旅游市场的进一步放开，中国出境旅游市场的消费驱动型特征才开始显现。根据出境旅游政策解禁的程度和出境旅游者的消费水平，可以将中国出境旅游市场的发展分成以下3个阶段。

第一，1983～1997年，出境旅游的起步阶段。在1997年之前，中国出境旅游主要由公务旅游和探亲旅游主导，尽管在1992年中国旅游者的出境旅游目的地除中国香港和中国澳门之外，还增加了泰国、新加坡、马来西亚和菲律宾东南亚四国，但是就出境旅游消费的支付方式而言，中国政府对赴泰国、新加坡和马来西亚的出境旅游者有着严格的限定，必须是“在泰国、新加坡、马来西亚有亲友并愿意担保和承担旅游费用的我国公民”。显然，这一时期，我国的出境旅游虽然有所发展，但带有浓厚的计划经济色彩，国家不仅从旅游政策方面对出境旅游进行控制，而且动用外汇支付等经济手段对出境旅游消费进行限制。因此，本阶段的出境旅游消费并不能反映中国旅游者的实际消费能力，而且由于因私出境旅游比例偏低，中国出境旅游消费的潜力尚未显现。

第二，1998～2001年，自费出境旅游的发展阶段。1997年7月，《中国公民自费出国旅游管理暂行办法》正式实施，标志着以消遣和休闲为特征的自费出境旅游开始得到政府的认可，自费出境旅游开始取代探亲旅游成为因私出境旅游的主要形式。自费出境旅游采取旅游者自付费和参加旅游团的形式进行，因此本阶段的出境旅游极大地激发了中国出境旅游者的消费潜力，使得中国出境旅游进入了快速发展的阶段。但是，中国出境旅游目的地的ADS认证制度以及出境旅游总人数的配额制度，限制了出境旅游目的地的数量及中国出境旅游市场的规模；此外，国家对出境旅游者携带外汇数量的控制，也在一定程度上抑制了中国出境旅游者的境外消费能力。

第三，从2002年开始，中国出境旅游步入增长阶段。2001年年底，中国正式成为世界贸易组织成员国，按照世界贸易组织的经济自由化的要求，中国的出境旅游政策也随之进行了深刻调整。从2002年开始，我国明显加快了出境旅游目的地的开放步伐，特别是2004年，随着中国同申根协议国家ADS谈判通过，我国出境旅游目的地国家和地区迅速增至63个，具有了地域上的广泛性。到2004年年底，已有90个国家与我国国家旅游局签署了旅游谅解备忘录，中国公民出国旅游的目的地国家和地区已经达90个，目前可正式组团的有63个国家；同年，经国家旅游局批准，有资格经营中国出境旅游的国际旅行社数量已达528家。2002年《中国公民出国旅游管理办法》正式实施，也进一步简化了出境旅游签证手续，并取消了对异地参团的出境旅游的限制。此外，国家外汇管理局放宽了对出境旅游者购汇的限制，将原先由旅行社集中办理旅游者零用费购汇调整为旅行者自行购买，进一步刺激了旅游者的出境旅游消费需求。

由于中国出境旅游的发展在很大程度上是受出境旅游发展政策制约的，因此出境旅游政策的解禁，极大地释放了中国出境旅游的消费需求。1997年之前，中国出境旅游无论是旅游人数还是旅游支出都处于缓慢的增长阶段，1997~2008年，中国出境旅游人数由817.54万人次增长到4584.44万人次，年均增长率为16.8%，远远高于同期国际旅游人数2.0%的增长率；出境旅游支出则由1997年的101.67亿美元增长到2006年的217.59亿美元，年均增长率高达21.32%，超过了出境旅游人数的增长速度。就人均出境旅游消费而言，根据AC尼尔森的调研报告，2006年中国旅游者的人均出境旅游支出为928美元，人均出境旅游支出因出境旅游目的地的不同而不同。由于目前中国出境旅游支出尚无确切的统计数据，戴学峰（2005）认为2000年以来我国公民出境旅游消费支出还存在被严重低估的可能[599]。目前，全球出境旅游奢侈品的一半，是由中国出境旅游购物者承担的。因此，中国出境旅游购物市场在全球市场中具有极其重要的地位。

在中国出境旅游消费结构中，购物消费占有重要的地位。旅游购物支出因各国统计口径及对旅游购物的定义的不同而无法作对比分析，但是大多数旅游购物研究表明，旅游购物支出因客源地和旅游者的收入水平的差异而表现出一定的差异，但基本维持在旅游总支出30%~50%的比重（Heung & Qu，1998[600]；Mak，Tsang & Cheung，1999[601]；Heung & Cheng，2000[602]；Wong & Law，2003[603]）。在目前中国组团包价旅游产品居于主导地位的市场供给条件下，除交通、食宿等刚性消费需求外，购物和娱乐消费易受旅游者自身个体因素和旅游目的地供给条件的影响，具有较大的需求弹性，这为中国出境旅游者进行购物消费提供了较大的成长空间。2003年“中国出境旅游者消费行为模式研究”课题组的调研表明，出境旅游目的地最能吸引中国旅游者的旅游资源是购物、自然景观及气候条件，58.3%的受访者认为购物是其出境旅游支出最高的项目；而在自费旅游项目中，则有71.2%的受访者持有相同看法（课题组，2003[604]）。与对中国出境旅游支出的统计类似，中国出境旅游购物消费尚无正式的官方统计数据，但是近年来国外研究机构的抽样调查表明，中国人均旅游购物消费水平已居于世界前列。AC尼尔森与世界免税协会（TFWA）联合进行的调查显示，2004年中国旅游者在境外旅游的平均购物支出高达987美元，位居世界首位，前往欧洲的中国旅游者的平均购物支出更是高达1 781美元。[605]在旅游者所购买的商品中，中国旅游者已不满足于购买除传统的旅游纪念品外，珠宝首饰及其他奢侈品也成为旅游者的购物选择。2005年7月“欧洲奢侈品公司在当前中国市场中的发展趋势与机遇”学术研讨会公布的数据表明，中国奢侈品消费者已经占据了世界奢侈品行业12%的销售额，其中10%是中国旅游者在境外的购物支出（生活报，2005[606]）。中国出境旅游者的购物消费甚至引起了《经济学家》、《卫报》等国外主流媒体的关注（重庆晚报，2005[607]）。

（一）中国出境旅游者购物行为的研究背景

出境旅游和购物消费的快速增长直接导致了国内研究者对中国出境旅游是否过热及是否存在高消费的争论，进而引发对出境旅游发展政策的反思。绝大多数研究者基于对中国出境旅游市场规模的判断及中国人均出境旅游支出相对于GDP的增长速度，认为中国出境旅游存在高消费或过度消费（王素洁、齐善鸿，2005[608]；戴学锋、巫宁，2006[609]）。

中国出境旅游者高消费的原因可归结为旅游者个体层面的因素和宏观层面的经济和体制因素。就旅游者个体因素而言，目前出境旅游属于一种高端的旅游消费品，中国旅游者的出境旅游消费带有较强的炫耀性消费的色彩，新兴的中国富裕阶层力图通过购物高消费来彰显自己的身份和地位（王素洁、齐善鸿，2005[610]）；对于普通中国人而言，出境旅游机会比较缺乏，因此中国旅游者倾向于在出境旅游时进行密集性购物，从而表现出积累性消费的特点（课题组，2003[611]；张广瑞，2005[612]）；此外，由于交换礼物或赠礼在维持中国传统人际关系中起着重要的作用，购买礼物或为他人捎带礼物成为中国出境旅游者购物的重要内容，因此，中国出境旅游购物消费不完全是旅游者本身消费能力的体现，而带有群体性消费的特征（课题组，2003[613]）。就宏观的经济和体制因素而言，中国改革开放以来经济的高速发展，在拉大居民收入差距的同时，也使得财富高度集中在少部分人手中，从而产生了数量庞大的高消费群体，而他们构成了我国出境旅游消费的主体。因此，目前中国自费出境旅游所对应的是日益增大的基尼系数，正是不断扩大的收入差距支撑着富裕阶层和中产阶层们的出境旅游消费（戴学峰等，2005[614]）。

尽管如此，研究者在研究出境旅游消费时面临两方面的困境。其一，旅游支出和购物统计数据的缺乏，使得研究者从宏观角度对中国出境旅游消费的解释大多停留在推测层面；其二，购物作为中国出境旅游者的主要消费支出，并没有得到研究者的足够重视，目前与旅游购物行为相关的研究主要集中在国内旅游商品的供给方面，针对的是入境旅游者。对于中国出境旅游者，尤其是中国出境旅游者自身的购物行为的相关特征、出境旅游目的地的因素如何影响旅游者的购物行为及其购物支出并没有实证研究，而这正是本研究所要解决的问题。

（二）中国出境旅游者购物行为的研究目的

本研究基于旅游者的人口统计特征、出境旅游购物行为的相关特征、旅游目的地的影响因素来考察中国出境旅游者购物行为，并在此基础上分析中国出境旅游购物的消费特征。因此，本研究的目的如下：

第一，确定中国出境旅游者的基本特征，包括旅游者的性别、婚姻状况、年龄、受教育程度、收入、职业和家庭规模 7 个人口统计变量；

第二，确定中国出境旅游购物行为的相关特征，包括中国出境旅游者的出境旅游经历、出境旅游形式、出境旅游目的和旅游购物动机；

第三，确定影响中国出境旅游者购物行为的旅游目的地影响因素；

第四，分析中国出境旅游购物的消费特征，包括出境旅游购物支出、购物品偏好和购物品的处置方式。

本研究以中国出境旅游者的购物行为为切入点，可以为中国出境旅游消费研究提供新的视角。对旅游者购物行为的考察，有助于我们从需求和供给两方面认识中国出境旅游者的购物行为。具体而言，中国出境旅游者现阶段的基本特征和需求特征处于何种状况，旅游目的地的影响因素如旅游目的地的购物环境、商品特征及客源地与目的地的汇率和商品的可比价格在何种程度上影响旅游者的购物消费，而对中国出境旅游购物消费特征的分析则有助于我们正确认识出境旅游中的炫耀性、积累性和群体性购物现象及出境旅游购物高消费的原因。

就中国政府的出境旅游发展政策而言，本研究将会为中国政府相关部门评估和调整现有的出境旅游发展和消费政策提供借鉴；就旅游企业的营销而言，本研究将会为中国的旅游企业和旅游目的地企业和零售业实施针对中国出境旅游者的市场营销战略提供思路。

第二节　基于推拉因子的中国出境旅游者购物行为的实证研究方法

（一）研究思路

根据研究目标，本研究将人口统计特征确定为上海、北京、广州等发达城市的出境旅游者购物行为分析的起点，然后分析上海、北京、广州等发达城市的出境旅游者的购物行为的相关特征和出境旅游目的地的影响因素，最后结合人口统计特征、出境旅游者的购物行为的相关特征和出境旅游目的地的影响因素来考察中国出境旅游者的购物消费特征——购物品偏好、处置方式与购物支出。基于研究思路，本研究的研究框架如图 6 – 1 所示。

（二）样本选择

本研究旨在研究上海、北京、广州等发达城市的出境旅游者的购物行为，而选择上海、北京、广州等发达城市作为调查地点，主要是基于上海、北京、广州等发达城市在中国出境旅游市场中的重要性和代表性。例如，上海作为中国经济最发达的城市，经济的发展带动了居民消费水平的提高。2008 年上海人均 GDP 已达 10 529 美元，首破 1 万美元大关，居全国前列，上海居民具有较强的出境旅游消费能力。[615]2008 年上海有组织出境旅游人数为 736391 人次，较上年增长 6.86%，净增 4.16 万人次，占中国出境旅游市场比重的 1.6%。[616]随着中国出境旅游市场的逐步开放，上海在中国出境旅游市场格局中的地位将会进一步增强。

虽然早在 1997 年中国政府就开始开放自费出境旅游，但是中国出境旅游目的地的开放顺序大致遵循了由近及远的原则，形成了梯度发展的格局。对同一旅游目的地而言，旅游产品经历了由高端旅游产品向普通旅游产品的过渡，而上海、北京、广州等发达城市由于经济发达、居民较高的消费水平及区位优势，在中国出境旅游市场全面开放之前，上海、北京、广州便成为出境旅游的试点地区之一。随着出境旅游目的地的逐步开放，上海、北京、广州等出境旅游市场也相应经历了一个梯度发展的历程，能够反映中国出境旅游市场不同阶段的特征。

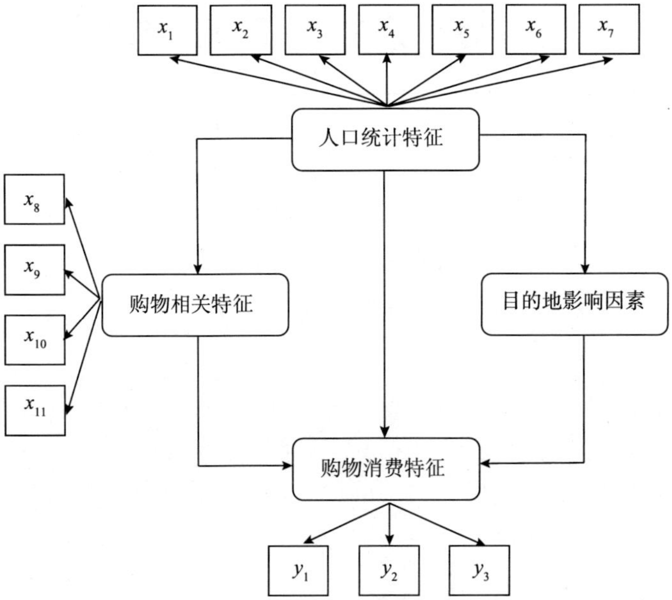

图 6-1　中国出境旅游者购物行为的研究框架

注：x_1，x_2，…，x_7分别为性别、婚姻状况、年龄、受教育程度、收入、职业和家庭规模；x_8，x_9，x_{10}，x_{11}分别为出境旅游经历、出境旅游形式、出境旅游目的和出境旅游动机；y_1，y_2，y_3分别为出境旅游购物支出、购物品偏好和购物品的处置方式。

本研究以上海、北京、广州等发达城市的出境旅游者为调查对象，样本选取范围为在以调查时间（2006～2009年）为基准的3年间有过出境旅游经历的上海、北京、广州等发达城市的居民。所选择的样本必须同时满足以下3个条件：第一，受访者在最近两年内至少有过一次出境旅游经历；第二，受访者在出境旅游目的地有过旅游购物经历；第三，受访者年龄必须在18周岁以上。

上述界定旨在选出合适的样本并尽可能确保所收集的数据的有效性。对受访者出境旅游经历的时间段的限定，可以尽可能减少受访者在填写问卷时的回忆性误差，两年之内的时间限定可以使得旅游者的记忆较为清晰；对受访者在旅游目的地必须有购物经历的限定，可以明确本研究的主题；对受访者年龄的限定，以使其能对自己的旅游行为和经历作出正确的判断。

（三）问卷设计

本研究中所使用的数据收集工具为封闭式自填问卷。基于本文的研究目的和旅游者购物行为研究框架，本研究所要调查的4个变量维度为旅游者人口统计特征、出境旅游购物行为的相关特征、出境旅游目的地的影响因素及出境旅游购物的消费特征。

旅游者人口统计特征包含性别、婚姻状况、年龄、受教育程度、月平均收入、职业和家庭规模7个变量；出境旅游购物行为的相关特征包含出境旅游经历、出境旅游形式、出境旅游目的和出境旅游动机，其中出境旅游经历包含出境旅游次数和出境旅游目的地，出境旅游购物动机通过文献回顾所确定的28个动机指标来测量；出境旅游目的地的影响因素通过文献回顾所确定的17个影响因素指标来测量；出境旅游购物的消费特征包含购物品偏好、处置方式和出境旅游购物支出。本研究问卷的变量分布及赋值见表6－1。

考虑到不同变量测量方法的差异及受访者填写问卷的便利性，调查问卷中问题的排列顺序与表6－1所列的变量顺序略有差异，问卷分成3部分。

表6-1 中国出境旅游者购物行为变量的分布及赋值

变量维度	变量子项	赋值
旅游者人口统计特征	性别	男；女
	婚姻状况	单身；已婚
	年龄	［填空］
	受教育程度	小学及以下；初中；高中/中专/技校；大专/本科；硕士及以上
	月平均收入	1 999 元及以下；2 000 ~3 999 元；4 000 ~5 999 元；6 000 ~7 999 元；8 000 ~9 999 元；10 000 元及以上
	职业	公司职员；公司高管；政府公务员；专业技术人员；销售/服务业从业人员；教师；学生；其他
	家庭规模	1 人；2 人；3 人；4 人；5 人及以上
出境旅游购物的行为相关特征	出境旅游购物经历 出境旅游次数 出境旅游目的地	［填空］
	出境旅游形式	单独出游；家人陪伴；亲戚/朋友；同学/同事；团队旅游；其他
	出境旅游目的	会议/商务；观光/休闲；探亲访友；节庆/事件；宗教朝圣；工作；其他
	旅游购物动机	28 个购物动机指标
出境旅游目的地的影响因素	—	17 个影响因素指标
出境旅游购物的消费特征	购物品偏好	手工艺品；艺术品；电子/数码产品；服饰；化妆品；珠宝首饰；保健品；土特产；书籍/杂志，日常生活用品；其他
	处置方式	自己使用；赠送他人；帮别人捎带；转卖；买回来后就没注意了；其他
	购物支出	［填空］

第一部分是出境旅游购物行为的部分相关特征变量（包含除出境旅游购物动机之外的其余个体特征变量）和出境旅游购物消费特征变量。题型设置为填空题、单选题和多选题，要求受访者根据其出境旅游和购物经历提供相

应的信息或对符合其旅游和购物经历的陈述作出选择。

第二部分是中国旅游者的出境购物动机和出境旅游目的地的影响因素，分别包含 28 个购物动机指标和 17 个影响因素指标。变量测量采用李克特五分量表进行，要求受访者根据其对各个指标的同意程度或重要性的感知进行评估，“1”表示“非常不同意/不重要”，“5”表示“非常同意/重要”。

第三部分为中国出境旅游者的人口统计特征，包括性别、婚姻状况、年龄、受教育程度、月平均收入、职业和家庭规模 7 个变量，要求受访者提供相关的人口统计信息。

（四）数据收集

本研究所采用的抽样方法为便利抽样，问卷调查采用拦截访问的形式进行。作为一种非概率抽样，便利抽样所得结果的应用性具有一定的局限；但是旅游者的流动性使得研究者难以确定抽样框及考虑到资金、时间和人力成本等因素，便利抽样是旅游者行为研究最常采用的抽样方法之一。

本研究的调查时间是在 2006 年至 2009 年的寒假和暑假、“五一”、“十一”等节假日，调查地点是上海、北京、广州等发达城市的国际机场、市内主要旅游景点、旅游景区。调查地点的选择是考虑到上述调查地点是旅游者最为集中的地区，便于数据采集。调查者是复旦大学旅游学系的在校研究生和本科生，良好的专业训练及此前的市场调研经验确保了数据收集的质量和效率。

本研究未在问卷中直接设置甄别问题选项，对受访者的甄别是通过调查者的口头提问进行的。在开始调查前，要求受访者对是否在最近两年内参加过出境旅游及在旅游目的地有无旅游购物活动做出回答，对肯定回答的受访者才要求其填写问卷。

本研究共发放问卷 1 000 份，收回 960 份，其中有效问卷为 932 份，收回率和有效率分别为 96.0% 和 97.1%，符合进行数据统计分析的条件。

（五）数据分析

由于本研究主要考察上海、北京、广州等发达城市的出境旅游者人口统计特征、出境旅游购物行为的相关特征、出境旅游目的地的影响因素与出境旅游购物的消费特征，因此为了突出关键变量及降低数据分析的复杂性，在进行数据分析前，对与本研究主题联系不密切的部分变量作了技术处理。本研究所采用的数据分析方法如下。

1. 描述性统计

对受访者的人口统计变量、出境旅游购物行为的相关特征（出境旅游经历、出境旅游形式、出境旅游目的）、出境旅游购物品偏好和处置方式进行频数和百分比分析，以了解样本特征在各变量间的分布情况；对受访者的出境旅游支出和购物支出进行平均值、中位数、四分位数、极值计算，以描述出境旅游支出和购物支出的分布情况。

2. 因子分析

采用主成分因子分析法对出境旅游购物动机和旅游目的地的影响因素进行因子分析以获取二者的基本结构，同时，以克朗巴赫 α 系数来检验各因素观测指标的内部一致性。

3. 卡方检验

对购物品偏好、购物品处置方式与受访者人口统计特征之间的关系进行卡方检验，以确定受访者各人口统计变量在购物品偏好和购物品处置方式方面是否存在显著差异。

4. 回归分析

采用多元逐步回归法对出境旅游购物支出的影响因素——人口统计特征、出境旅游购物行为的相关特征和出境旅游目的地的影响因素——进行回归分析，以确定影响出境旅游购物支出的关键变量。

本研究所采用的数据分析软件为 PASW Statistics 18。

第三节　基于推拉因子的中国出境旅游者购物行为的实证研究结果

（一）基于推力因子的中国出境旅游受访者的人口统计特征

在本研究所调查的 1 000 名受访者中，受访者在婚姻状况、年龄、受教育程度、职业和家庭规模方面的人数分布差异较大，而在性别和收入方面的人数分布差异则较小。在性别方面，女性受访者的比重略高于男性，所占比重分别为51.2%和48.8%。在婚姻状况方面，50.3%的受访者已婚，49.7%的旅游者是单身；在年龄结构方面，年轻受访者居于主导地位，在20~29岁和30~39岁两个年龄段的受访者分别占38.0%和22.9%，而50岁及以上的受访者所占比重仅为9.2%；在受教育程度方面，拥有高学历的受访者的比重最大，大专/本科及以上学历的受访者所占比重累计超过81.8%，其中拥有大专/本科学历的受访者所占比重就达66.8%；在收入方面，受访者的人数分布差异不是非常突出，个人月平均收入在4 000~5 999元的受访者所占比重为26.0%，略高于其他收入水平的受访者，个人月平均收入在10 000元或以上的受访者所占比重为15.6%，仅次于个人月平均收入在2 000~3 999元的受访者（18.9%）；在职业分布方面，职业为公司职员、学生和政府公务员的受访者的比重较高，分别为21.1%、29.8%和12.3%；在家庭规模方面，家庭人口为3人——三口之家——的受访者居于主导地位，所占比重为64.4%（见表6-2）。

表6-2 中国出境旅游购物受访者的人口统计特征（$N=932$）

人口统计特征		N	%	人口统计特征		N	%
性别	男	443	48.8	月平均收入（元）	8 000~9 999	111	12.4
	女	465	51.2		≥10 000	140	15.6
婚姻状况	单身	449	49.7	受教育程度	小学及以下	6	0.7
	已婚	455	50.3		初中	20	2.2
年龄（岁）	≤19	98	10.8		高中/中专/技校	139	15.3
	20~29	345	38.0		大专/本科	606	66.8
	30~39	208	22.9		硕士及以上	136	15.0
	40~49	162	17.9	职业	公司职员	168	21.1
	50~59	63	6.9		公司高管	49	5.3
	≥60	21	2.3		政府公务员	115	12.3
月平均收入（元）	≤1999	112	12.6		农业/渔业从业人员	6	0.6
	2 000~3 999	170	18.9		专业技术人员	82	8.8
	4 000~5 999	233	26.0		家庭主妇	19	2.0
	6 000~7 999	130	14.5		教师	67	7.2

续表

人口统计特征		N	%	人口统计特征		N	%
职业	销售/服务业从事人员	47	5.0	家庭规模（人）	1	49	5.5
	私营业主	21	2.3		2	109	12.2
	学生	278	29.8		3	577	64.4
	其他	41	4.3		4	106	11.8
					≥5	55	6.1

由于目前尚无对中国出境旅游者进行统计的官方数据，本研究可资对照的是2003年“中国出境旅游者消费行为模式研究”课题组和《中国出境旅游发展年度报告2005》的抽样调查数据。本研究在性别、年龄、受教育程度方面与课题组（2003）的调查数据基本一致[617]；在职业方面，本研究中政府公务员与学生的比例远远高出课题组（2003）6.5%和4.3%的调研结果[618]，这可能是由于本研究采用的是广义的出境旅游所致，因而因公出差和海外求学成为出境旅游的两种形式；在收入方面，课题组（2003）的研究显示，家庭月平均收入在10 000元以下的受访者占调研对象的66.1%，据此认为中国出境旅游已经出现“平民化”趋势[619]，而本研究中的受访者在收入方面的分布则差异不大，这可能是因为上海、北京、广州等发达城市的出境旅游市场的发展，使得不同档次的出境旅游产品能够并存，从而满足了不同收入水平的旅游者的消费需求。

（二）基于推力因子的中国出境旅游受访者购物行为的相关特征

1. 基于推力因子的中国出境旅游受访者的出境旅游经历

在最近两年内，86.3%的受访者的出境旅游次数为1～2次，12.4%的出境旅游次数为3～5次，仅有1.3%的受访者的出境旅游次数在6次或以上（见图6－2）。因此，尽管中国出境旅游人数在2007年就已达到4 095.0万人次，2008年为4 584.44万人次，并且自1997年以来一直保持18.9%的增长速度，但是如果考虑到中国庞大的人口基数，每个旅游者的重游率并不高；就全国平均水平而言，旅游者的重游率可能会更低。因此，现阶段中国居民人均出境旅游的机会并不多，对大多数中国人而言，出境旅游仍是一种较为稀缺的旅游消费品。

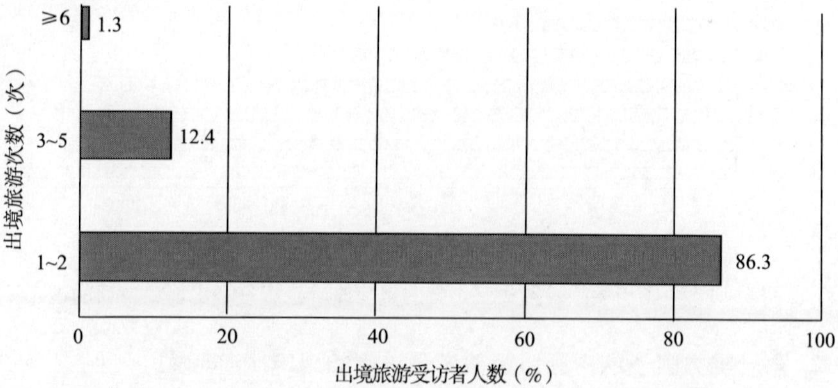

图6－2　中国出境旅游购物受访者的出境旅游经历——出境旅游次数

在最近一次的出境旅游目的地的调查中，受访者对出境旅游目的地选择的比重与中国 ADS 目的地开放的先后顺序一致，即选择港澳台地区的受访者的比重最高（23.5%），其次是东南亚（21.2%）和日本/韩国（19.3%），上述3个地区都是中国自1997年自费出境旅游开展以来居于主导地位的出境旅游目的地；其次，选择欧洲的受访者比重达到13.7%，考虑到2004年年底中国才正式开放欧洲游，这表明未来欧洲游将具有很大的增长潜力；此外，选择美洲、澳洲、其他（马尔代夫/塞班岛/朝鲜）、中东/非洲的受访者比重都比较小，这可能是由于美洲游价格较高，消费者接受还需要一段时间，而中东/非洲地区的不安定因素可能削弱了该地对中国出境旅游者的吸引力，值得注意的是，澳洲游（澳大利亚和新西兰）早在1997年就在北京、上海和广州三地进行试点，而受访者选择的比重仅为6.9%，这可能是由于近年来出境旅游目的地之间竞争的加剧削弱了澳洲游的吸引力（见图6－3）。

中国出境旅游目的地开放的先后顺序并不完全由中国出境旅游者的消费水平或旅游目的地对中国旅游者的吸引力而定，政治因素也是ADS认证制度考虑的重要内容。尽管如此，本研究表明中国的ADS认证制度客观上起到了引导中国旅游者出境旅游消费的作用。

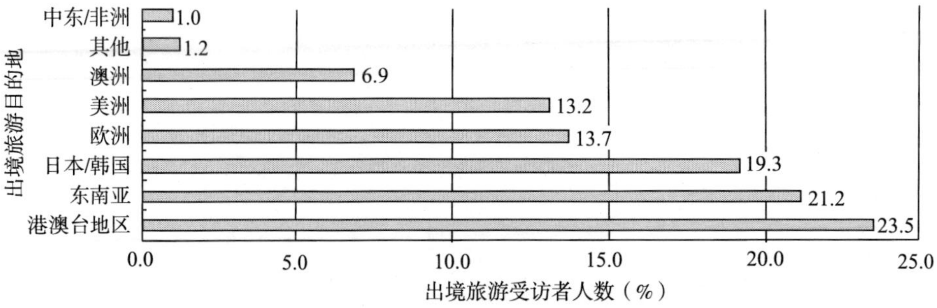

图 6－3　中国出境旅游购物受访者的出境旅游经历——出境旅游目的地

2. 基于推力因子的中国出境旅游受访者的出境旅游形式

在对受访者出境旅游形式的调查中，与同学/同事、团队旅游、家人陪伴成为受访者最主要的 3 种旅游组织形式，所占比重分别达到 31.4%、21.5% 和 16.6%；其次是单独出游（14.8%）和与亲戚/朋友一同出游（12.0%）（见图 6－4）。受访者对出境旅游形式的偏好表明，传统的集体主义、家庭观念、参团观光游对出境旅游行为有着重要的影响，一方面，选择与亲戚朋友一道出游，可以增进家庭成员之间的感情、维持良好的人际关系；另一方面，中国向来有“父母在，不远游，游必有方”的古训（沈祖祥，2002）[620]，因此，中国旅游者在出游前，尤其是进行远距离的出境旅游时，可能会面临较多的社会压力和风险，集体性的出游行为有利于分散社会压力和规避风险。此外，在上文受访者人口统计的调查中，已婚旅游者和“三口之家”在受访者中所占比重远远超出其他类别的旅游者也间接印证了这一点。

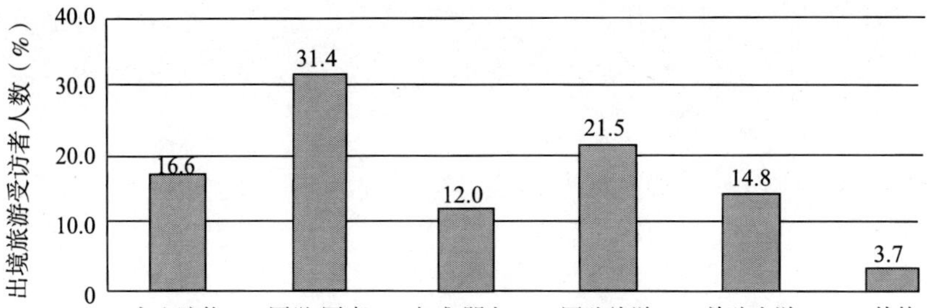

图 6－4　中国出境旅游购物受访者的出境旅游的组织形式

值得注意的是，单独出游的受访者高于与亲戚或朋友一同出游的受访者，这可能是因为随着出境旅游的发展，尽管组团旅游仍是中国出境旅游者的主要出游形式，但是半包价和自由行等个性化出境旅游产品的推出，使得中国出境旅游者更加倾向于选择单独出游。

3. 基于拉力因子的中国出境旅游受访者的出境旅游目的

在对受访者最近一次的出境旅游目的的调查中，观光/休闲成为绝大多数受访者的出境旅游目的，所占比重为55.6%，其次为会议/商务（22.3%）、工作（8.4%）、探亲访友（5.7%）、其他（6.0%）、节庆/事件（1.5%）和宗教朝圣（0.5%）（见图6－5），这表明以消遣/休闲为特征的出境旅游已成为旅游者的首选，这可能是因为1997年中国出境旅游产业政策的调整所致，即允许中国居民进行自费出境旅游。与先前的公务旅游和探亲访友不同，自费出境旅游具有消费驱动的特征，旅游者出境旅游的主要目的是消遣和娱乐。

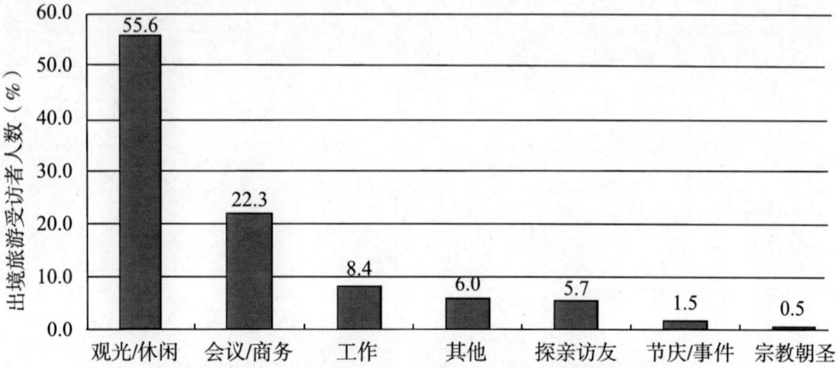

图6－5　中国出境旅游购物受访者的出境旅游目的

4. 基于推力因子的中国出境旅游购物受访者的旅游购物动机

本研究采用27个动机指标来描述受访者的出境旅游购物动机。为了获取旅游动机的基本结构，本研究采用因子分析法对出境旅游购物动机进行变量缩减。在因子分析之前，先进行KMO测度和巴特利球形检验，以确定样本数据是否适合进行因子分析。[621]本研究采用主成分分析法提取初始因子，然后采用正交旋转中的方差最大法对初始因子进行旋转，保留特征值大于或等于1、因子负荷大于0.4的因子[622]，最后根据因子负荷较高的变量对因子进行命名。

受访者出境旅游购物动机的 KMO 测度值为 0.891，巴特利球形检验表明相关系数矩阵显著异于 0（$p = 0.000 < 0.001$），各因子之间具有明显的相关性，因此可以进行因子分析。因子分析产生 6 个主成分因子，累计解释的方差比例为 60.835%。6 个动机因子的克朗巴赫 α 系数在 0.639 ~ 0.847，表明 6 个动机因子的各观测指标之间具有良好的内部一致性。[623] 6 个购物动机因子被分别命名为“实用动机”、“情感动机”、“文化动机”、“稀缺动机”、“馈赠动机”和“求异动机”（见表 6－3）。

表 6－3　中国出境旅游受访者的出境旅游购物动机（$N=932$）

出境旅游购物动机因子		因子负荷						共量	均值
		1	2	3	4	5	6		
实用动机	出境旅游目的地的商品质量很好	0.784	—	—	—	—	—	0.658	3.38
	出境旅游目的地的商品有时尚感	0.733	—	—	—	—	—	0.634	3.39
	出境旅游目的地的商品种类丰富	0.729	—	—	—	—	—	0.666	3.46
	出境旅游目的地的商品价格便宜	0.669	—	—	—	—	—	0.526	2.97
	出境旅游目的地的购物服务优良	0.662	—	—	—	—	—	0.584	3.40
	出境旅游目的地的购物场所很多	0.594	—	—	—	—	—	0.511	3.43
	目的地的商品具有很高的实用价值	0.517	—	—	—	—	—	0.469	3.27
情感动机	如果不购物，我会有一种失落感	—	0.717	—	—	—	—	0.677	2.66
	如果不购物，我总觉得缺少了什么	—	0.689	—	—	—	—	0.675	2.86
	向人们展示我所去过的地方	—	0.667	—	—	—	—	0.542	2.71
	为了显得与众不同	—	0.657	—	—	—	—	0.464	2.33

续表

出境旅游购物动机因子		因子负荷						共量	均值
		1	2	3	4	5	6		
情感动机	我需要价格昂贵的服装/珠宝首饰	—	0.570	—	—	—	—	0.577	2.56
	目的地的商品是地位和身份的象征	—	0.528	—	—	—	—	0.540	2.85
文化动机	了解当地的经营方式	—	—	0.843	—	—	—	0.792	3.03
	了解当地的民风民俗	—	—	0.722	—	—	—	0.720	3.51
	感受独特的商业文化	—	—	0.715	—	—	—	0.683	3.24
	体验不同的生活方式	—	—	0.696	—	—	—	0.714	3.62
稀缺动机	我需要具有民族特色的手工艺品	—	—	—	0.771	—	—	0.696	3.54
	我需要具有异国情调的文化产品	—	—	—	0.751	—	—	0.712	3.68
	目的地的商品具有很高的文化价值	—	—	—	0.512	—	—	0.498	3.43
	我需要购买在国内买不到的商品	—	—	—	0.438	—	—	0.387	3.53
馈赠动机	为亲戚/朋友购买礼物	—	—	—	—	0.800	—	0.776	3.61
	为家人购买礼物	—	—	—	—	0.755	—	0.714	3.71
	为老师/同学购买礼物	—	—	—	—	0.683	—	0.663	3.22
求异动机	为了留下美好的回忆	—	—	—	—	—	0.767	0.697	3.68
	为了体验新奇感和兴奋感	—	—	—	—	—	0.746	0.711	3.47
	为了摆脱日常乏味的生活	—	—	—	—	—	0.472	0.345	3.29
	特征值	4.077	2.967	2.771	2.623	2.621	1.980		
	方差贡献率（%）	14.560	10.595	9.896	9.369	9.361	7.073		
	累计方差贡献率（%）	14.560	25.156	35.051	44.421	53.782	60.855		
	Cronbach's α 系数	0.781	0.789	0.847	0.758	0.845	0.639		

第一个动机因子，实用动机包含 7 个因子，所解释的方差比例为 14.560%，克朗巴赫 α 系数为 0.781，反映了受访者对商品种类、质量、价格、服务等实用特征的重视，这表明追求商品的实际功能与效用是中国出境旅游者最为重要的购物动机。第二个动机因子，情感动机包含 6 个因子，所解释的方差比例为 10.595%，克朗巴赫 α 系数为 0.789，该动机因子表明购物对受访者而言只是一种情感的宣泄和寄托的方式，因此此类旅游者更关注购物的象征意义。第三个动机因子，文化动机包含 4 个因子，所解释的方差比例为 9.896%，克朗巴赫 α 系数为 0.847，该动机表明旅游者出境购物，主要是受旅游目的地文化因素的影响，包括了解旅游目的地的民风民俗、经营方式、生活方式及商业文化。第四个动机因子，稀缺动机包含 4 个因子，所解释的方差比例为 9.369%，克朗巴赫 α 系数为 0.758，该动机因子表明受访者出境购物是因为本国相关商品的稀缺，如具有地方民族特色的手工艺品和文化产品。第五个动机因子，馈赠动机包含 3 个因子，所解释的方差比例为 9.361%，克朗巴赫 α 系数为 0.845，该动机表明受访者的出境旅游购物并不仅仅是满足其自身的需求，而且承载着为他人购买礼物的任务。第六个动机因子，求异动机包含 3 个因子，所解释的方差比例为 7.073%，克朗巴赫 α 系数为 0.639，表明受访者试图通过在旅游目的地的购物活动来摆脱日常乏味的生活，从而获得新奇感。

由于出境旅游购物本身依附于具体的旅游活动，文化动机、情感动机和求异动机作为一般的旅游动机在一定程度上具有普遍性，因而常出现在众多的旅游行为研究文献中（Dann，1977[624]；Pearce，1982[625]；Pearce & Caltabiano，1983[626]；Pyo，Mihalik & Uysal，1989[627]；Yuan & McDonald，1990[628]；Kim，Lee & Klenosky，2003[629]）；而实用动机、稀缺动机和馈赠动机则体现了出境旅游购物与一般旅游活动的差异，即中国旅游者的购物是基于对商品的诉求，中国旅游者不仅通过购物满足其自身对商品的需求，同时还通过礼物交换以维持良好的人际关系。

（三）基于拉力因子的中国出境旅游受访者购物行为的目的地影响因素

出境旅游目的地的因素也是影响旅游者购物行为的重要因素，在旅游者行为研究中，研究者一般将旅游者的需求特征和旅游目的地供给因素相结合，并将二者分别归为推力和拉力因素（Push - Pull Factors），分析其对旅游者行为的影响。本研究通过文献回顾采用17个指标来评估出境旅游目的地的影响因素（见表6-4）。

对出境旅游目的地的影响因素的分析也采用最大方差旋转主成分因子分析法。数据分析显示，出境目的地影响因素的KMO测度值为0.923，巴特利球形检验表明各因子之间具有明显的相关性（$p = 0.000 < 0.001$），因此可以进行因子分析。因子分析产生4个主成分因子，累计解释的方差比例为62.514%，4个影响因素因子的克朗巴赫α系数介于0.643~0.859，除第四个因子的克朗巴赫α系数略低外，其余3个因子的克朗巴赫α系数都在0.7以上，这4个因子的观测指标之间仍具有良好的内部一致性，因此4个影响因素因子全部保留用于进一步分析。

表6-4　中国出境旅游购物受访者的目的地影响因素（$N = 932$）

出境旅游目的地影响因子		因子负荷				共量	均值
		1	2	3	4		
商品核心价值	商品的质量很好	0.769	—	—	—	0.715	3.93
	商品的品牌	0.682	—	—	—	0.577	3.68
	商品的实用价值	0.665	—	—	—	0.545	3.73
	商品的价格有吸引力	0.638	—	—	—	0.569	3.71
	商品便于携带	0.638	—	—	—	0.619	3.74
	商品的产地	0.620	—	—	—	0.509	3.46
	商品的外观	0.479	—	—	—	0.452	3.41
经济/营销因素	商品的广告信息非常丰富	—	0.844	—	—	0.758	2.96
	商品的促销手段多种多样	—	0.837	—	—	0.745	2.98
	商品的陈列方式别具一格	—	0.751	—	—	0.649	3.12
	我有更多的外汇可用于购物	—	0.671	—	—	0.544	2.89
	旅游目的地付款方式很便利	—	0.654	—	—	0.594	3.26
商品附加价值	商品的种类很丰富	—	—	0.714	—	0.684	3.53
	商品有时尚感和流行性	—	—	0.634	—	0.673	3.51
	商品的特色鲜明	—	—	0.632	—	0.594	3.59

续表

出境旅游目的地影响因子		因子负荷				共量	均值
		1	2	3	4		
文化/稀缺因素	我在自己的国家买不到此类商品	—	—	—	0.808	0.742	3.83
	商品的文化和历史价值	—	—	—	0.633	0.556	3.67
特征值		8.242	2.021	1.182	1.058	—	—
方差贡献率（%）		18.342	17.339	15.608	11.224	—	—
累计方差贡献率（%）		18.342	35.682	51.290	62.514	—	—
Cronbach's α 系数		0.859	0.859	0.703	0.643	—	—

在本研究中，将17个旅游目的地影响因素因子分别命名为“商品核心价值”、“经济/营销因素”、“商品附加价值”和“文化/稀缺因素”（见表6-4）。商品核心价值因素包含7个因子，解释总方差的比例为18.342%，克朗巴赫α系数为0.859，这表明商品核心价值因素是受访者出境旅游购物最重要的因素，其中主要受到商品质量（均值=3.93）的影响，此外，受访者还比较注重商品的实用价值（均值=3.73）和商品的便携性（均值=3.74）；经济/营销因素包含5个因子，解释总方差的比例为17.339%，克朗巴赫α系数为0.859，这表明受访者的购物消费较为理性，其中付款方式（均值=3.26）及商品陈列方式（均值=3.12）对受访者购物行为的影响最大；商品附加价值包含商品的种类（均值=3.53）、特色（均值=3.59）及时尚感和流行性（均值=3.51）3个因子，克朗巴赫α系数为0.703，且这3个属性因子的均值都在3.5以上，表明除了商品的核心价值外，商品的附加价值对受访者的购物行为仍有重要影响。文化/稀缺因素包含商品的文化历史价值（均值=3.67）和商品的稀缺性（均值=3.83）2个因子，解释总方差的比例为11.224%，克朗巴赫α系数为0.643，文化历史价值和商品的稀缺性两个因子的均值都较高，表明受访者在出境购物过程中除重视商品实用价值之外，仍然看重商品的历史和文化价值，特别是商品的稀缺性对于出境旅游购物的重要性不言而喻，因此也是受访者考虑的重要因素。

从表6－4可以看出，就中国出境旅游目的地的影响因素而言，除商品的促销手段、商品的广告信息和受访者可用于购物的外汇量之外，其余15个影响因素的均值都大于3，这表明本研究中的17个影响因素对中国出境旅游者的购物行为具有较强的影响，其中，商品核心价值（18.342%）和经济/营销因素（17.339%）两个影响因素因子对中国出境旅游者购物行为的影响最大，因此中国出境旅游者的购物消费偏重功能性。

（四）基于拉力因子的中国出境旅游受访者购物行为的消费特征

1. 基于拉力因子的中国出境旅游受访者的购物偏好

在出境旅游购物品的调查中，手工艺品、土特产和化妆品是受访者最喜欢购买的3种商品，所占比重分别为43.78%、41.31%和36.48%（见图6－6），手工艺品和土特产一般是作为旅游目的地特色的旅游纪念品而深受旅游者喜欢，除实用功能外，旅游者可以将其旅游经历与特定旅游纪念品相联系，从而赋予纪念品以特殊的意义。由于进口的化妆品在中国市场上的价格较昂贵，而中国出境旅游者在旅游目的地购买此类商品可以不受关税的影响，而且旅游目的地的免税商店及购物退税计划可以使得旅游目的地同类商品的价格低于国内市场，从而对中国旅游者产生较大的吸引力。

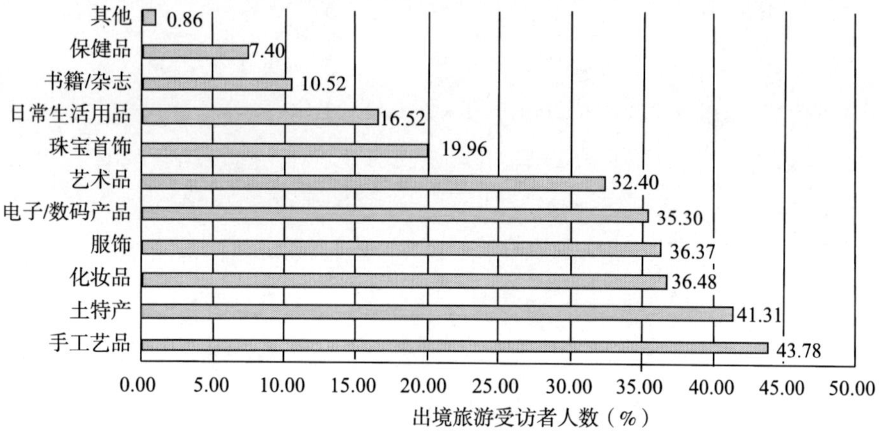

图6－6　中国出境旅游购物受访者的出境旅游购物偏好

服饰（36.37%）、电子/数码产品（35.30%）、艺术品（32.40%）和珠宝首饰（19.96%）也是受访者比较喜欢的商品。首先，服饰等纺织品在西方旅游者的购物品类中一直占有重要的地位（Littrell，1990[630]；Kim & Littrell，2001[631]），一方面是由于服饰便于携带，另一方面，旅游目的地所出售的服饰，都带有装饰性图案，是旅游目的地传统文化的反映（Asplet & Cooper，2000[632]），因此服饰在满足旅游者实用功能的同时，还可以作为纪念品来保存旅游者美好的记忆；其次，电子/数码产品、艺术品和珠宝首饰等与化妆品类似，这些商品价格昂贵，由于关税和汇率等经济因素对国际旅游的影响，旅游目的地的商品价格远远低于国内同类商品，中国出境旅游市场上甚至出现了纯粹的购物团。Timothy & Butler（1995）对加拿大跨境购物的研究也表明，由于关税和汇率的影响，美国商品的价格优势是促使加拿大旅游者跨境购物的重要原因。[633]

日常生活用品、书籍/杂志和保健品所占比重最低，这表明中国出境旅游者在注重商品实用功能的同时，对其纪念意义和稀缺性也比较看重，因此对于上述3类商品并没有偏好。

为了进一步考察不同受访者在所购买的商品方面是否存在差异，本研究采用联列表和卡方检验的方法对受访者的人口统计特征与其所购买的商品种类进行交叉分析，研究结果表明，受访者的购物偏好因其性别、婚姻状况、年龄、受教育程度、收入水平、职业和家庭规模不同而有显著差异（见表6－5～表6－11）。

就受访者的性别对所购商品的影响而言，性别对手工艺品（$\chi^2=7.390$，$p=0.007$）、服饰（$\chi^2=61.096$，$p=0.000$）、化妆品（$\chi^2=32.726$，$p=0.000$）和电子/数码产品（$\chi^2=21.496$，$p=0.000$）的购买差异具有显著影响，而对其他商品的购买无显著影响，女性受访者更喜欢购买服饰（$n=227$）和化妆品（$n=212$），而男性受访者则更偏爱电子/数码产品（$n=193$）（表6－5）；在婚姻状况方面，婚姻状况对化妆品（$\chi^2=11.345$，$p=0.003$）、珠宝首饰（$\chi^2=8.532$，$p=0.014$）和书籍/杂志（$\chi^2=7.938$，$p=0.019$）的购买差异有显著影响，而对其他商品的购买无显著影响，已婚受访者比单身受访者更喜欢购买珠宝首饰（$n=110$），而未婚者更倾向于购买化妆品（$n=184$）和书籍/杂志（$n=61$）（见表6－6）；在年龄方面，年龄对艺术品（$\chi^2=89.345$，$p=0.007$）、珠宝首饰（$\chi^2=81.035$，$p=0.030$）、保健品

（$\chi^2=85.876$，$p=0.013$）和日常生活用品（$\chi^2=89.333$，$p=0.005$）的购买有显著影响，20～29岁和30～39岁两个年龄段的受访者对艺术品（$n=129$，80）、珠宝首饰（$n=53$，49）和日常生活用品（$n=52$，32）的偏好均强于其他年龄段的受访者（见表6－7）；在受教育程度方面，受教育程度对艺术品（$\chi^2=12.783$，$p=0.012$）、化妆品（$\chi^2=17.047$，$p=0.002$）、保健品（$\chi^2=13.584$，$p=0.009$）、土特产（$\chi^2=11.050$，$p=0.026$）和书籍/杂志（$\chi^2=11.322$，$p=0.023$）的购买有显著影响，大专/本科及以上学历的受访者更喜欢购买以上几类产品（见表6－8）；在收入方面，收入对艺术品（$\chi^2=17.285$，$p=0.027$）、电子/数码产品（$\chi^2=25.273$，$p=0.001$）、化妆品（$\chi^2=17.478$，$p=0.026$）、服饰（$\chi^2=22.643$，$p=0.004$）、珠宝首饰（$\chi^2=25.026$，$p=0.002$）的购买有显著影响，月平均收入在4 000元以上的受访者更喜欢购买以上这些商品（见表6－9）；在职业方面，职业对手工艺品（$\chi^2=49.565$，$p=0.041$）、艺术品（$\chi^2=54.227$，$p=0.016$）、电子/数码产品（$\chi^2=55.440$，$p=0.012$）、珠宝首饰（$\chi^2=51.080$，$p=0.030$）、保健品（$\chi^2=87.793$，$p=0.000$）和日常生活用品（$\chi^2=56.276$，$p=0.010$）购买差异有显著影响，公司职员和学生对这些产品有着较强的偏好（见表6－10）；在家庭规模方面，家庭规模对出境旅游者的购买并未呈现出显著影响（见表6－11）。

表6－5　中国出境旅游购物受访者的性别与购物偏好（$N=932$）

所购商品	性别		χ^2	p值
	男	女		
手工艺品*	176	225	7.390	0.007
艺术品	152	146	0.716	0.436
电子/数码产品*	193	133	21.469	0.000
化妆品*	122	212	32.726	0.000
服饰*	107	227	61.096	0.000
珠宝首饰	77	108	5.073	0.026
保健品	34	35	0.002	1.000
土特产	186	193	0.002	1.000
书籍/杂志	56	42	2.923	0.108
日常生活用品	82	72	1.311	0.288
其他	6	1	3.856	0.063

注：* 在 $p=0.05$ 的水平上有显著差异。

表 6-6　中国出境旅游购物受访者的婚姻状况与购物偏好（$N=932$）

所购商品	婚姻状况		χ^2	p 值
	单身	已婚		
手工艺品	197	200	2.536	0.281
艺术品	161	137	5.130	0.077
电子/数码产品	157	167	3.659	0.161
化妆品*	184	148	11.345	0.003
服饰	166	168	1.237	0.539
珠宝首饰*	73	110	8.532	0.014
保健品	33	36	0.235	0.889
土特产	178	199	3.715	0.156
书籍/杂志*	61	37	7.938	0.019
日常生活用品	65	87	3.260	0.196
其他	3	4	0.124	0.940

注：* 在 $p=0.05$ 的水平上有显著差异。

表 6-7　中国出境旅游购物受访者的年龄与购物偏好（N=932）

所购商品	年龄（岁）						χ^2	p 值
	≤19	20~29	30~39	40~49	50~59	≥60		
手工艺品	46	130	88	74	32	6	75.393	0.074
艺术品*	36	129	80	39	12	0	89.345	0.007
电子/数码产品	35	129	74	61	21	5	72.959	0.105
化妆品	39	147	39	147	74	47	77.462	0.054
服饰	36	129	81	54	26	4	69.783	0.159
珠宝首饰*	20	53	49	36	25	2	81.035	0.030
保健品*	9	27	10	13	6	3	85.876	0.013
土特产	46	130	88	74	32	6	75.393	0.074
书籍/杂志	11	43	22	18	2	2	71.713	0.124
日常生活用品*	12	52	32	29	23	5	89.333	0.005
其他	1	2	3	0	1	0	57.527	0.530

注：* 在 $p=0.05$ 的水平上有显著差异。

表 6-8　中国出境旅游购物受访者的受教育程度与购物偏好（$N=932$）

所购商品	受教育程度					χ^2	p 值
	小学及以下	初中	高中/中专/技校	大专/本科	硕士及以上		
手工艺品	1	10	74	263	53	8.009	0.091
艺术品*	1	1	37	217	42	12.783	0.012
电子/数码产品	2	6	48	216	54	1.854	0.763
化妆品*	0	13	40	222	58	17.047	0.002
服饰	2	7	42	231	52	3.535	0.473
珠宝首饰	1	5	27	120	32	1.681	0.794
保健品*	2	0	11	39	17	13.584	0.009
土特产*	2	13	64	260	42	11.050	0.026
书籍/杂志*	1	2	15	55	25	11.322	0.023
日常生活用品	1	4	28	105	16	3.183	0.528
其他	0	0	1	4	2	1.247	0.870

注：* 在 $p=0.05$ 的水平上有显著差异。

表 6-9　中国出境旅游购物受访者的收入水平与购物偏好（$N=932$）

所购商品	月收入水平（元）						χ^2	p 值
	1 999及以下	2 000～3 999	4 000～5 999	6 000～7 999	8 000～9 999	10 000及以上		
手工艺品	42	66	109	65	60	59	15.352	0.053
艺术品*	32	50	69	45	39	57	17.285	0.027
电子/数码产品*	34	59	74	40	53	64	25.273	0.001
化妆品*	43	51	75	42	46	68	17.478	0.026
服饰*	27	49	95	46	53	57	22.643	0.004
珠宝首饰*	15	27	53	16	33	39	25.026	0.002
保健品	4	13	25	9	4	14	10.401	0.238
土特产	54	75	86	57	40	65	10.130	0.256
书籍/杂志	11	11	22	18	19	17	12.642	0.125
日常生活用品	20	25	39	34	14	21	10.923	0.206
其他	1	3	1	1	0	1	11.240	0.188

注：* 在 $p=0.05$ 的水平上有显著差异。

表 6－10 中国出境旅游购物受访者的职业与购物偏好（N＝932）

所购商品	职业								χ^2	p 值
	公司职员	公司高管	政府公务员	专业技术人员	销售/服务业从业人员	教师	学生	其他		
手工艺品*	76	14	51	31	6	23	132	12	49.565	0.041
艺术品*	50	21	35	27	20	17	89	12	54.227	0.016
电子/数码产品*	61	24	45	33	16	21	94	11	55.440	0.012
化妆品	51	22	37	32	20	23	115	13	39.194	0.248
服饰	70	13	36	33	23	22	97	12	35.886	0.380
珠宝首饰*	39	19	15	14	19	6	48	8	51.080	0.030
保健品*	13	2	3	6	3	5	24	8	87.793	0.000
土特产	7－	20	53	38	25	32	104	10	37.165	0.325
书籍/杂志	11	5	9	10	1	15	40	3	46.824	0.070
日常生活用品*	35	7	19	10	10	17	44	6	56.276	0.010
其他	1	0	2	0	2	0	2	0	12.309	1.000

注：* 在 $p=0.05$ 的水平上有显著差异。

表 6－11 中国出境旅游购物受访者的家庭规模与购物偏好（N＝932）

所购商品	家庭规模（人）					χ^2	p 值
	1	2	3	4	5		
手工艺品	13	49	262	44	26	7.381	0.117
艺术品	17	29	192	35	20	2.550	0.636
电子/数码产品	20	37	197	46	21	4.369	0.358
化妆品	21	39	210	40	19	0.962	0.915
服饰	20	40	212	41	15	2.485	0.651
珠宝首饰	10	22	116	19	12	0.425	0.980
保健品	4	9	43	9	4	0.225	0.994
土特产	15	42	260	42	21	5.926	0.205
书籍/杂志	3	11	65	12	7	1.437	0.838
日常生活用品	4	19	103	21	5	5.640	0.228
其他	0	1	6	0	0	2.164	0.706

注：* 在 $p=0.05$ 的水平上有显著差异。

因此，中国出境旅游者的人口统计特征对其购物偏好的影响较大，尤其是当旅游者购物买服饰、化妆品、电子/数码产品、珠宝首饰和土特产等商品时，人口统计特征可以有效地区分不同中国旅游者购物消费特征的差异，这一点也得到其他相关研究的证实（Oh，Cheng，Lehto & O'Leary，2004[634]；Donggen Wang，2004[635]）。同时，对不同商品的偏好也能起到区分不同旅游者的目的，如在本研究中，服饰和化妆品带有强烈的女性消费色彩，而电子/数码产品则带有较多的男性消费色彩，珠宝首饰的消费群体是较为年轻的已婚者。

2. 基于拉力因子的中国出境旅游受访者的购物品处置方式

在对旅游购物品的处置方面，赠送他人和自己使用是受访者最主要的商品处置方式，分别有79.8%和79.4%的受访者将所购商品用于赠送他人和自己使用；此外，有24.9%的受访者出境旅游购物是受人之托，帮别人捎带商品（见图6－7），这一方面反映了中国出境旅游者自身对商品的需求较大；另一方面表明，中国传统的人情关系对出境旅游者的购物行为仍产生着极为重要的影响，使得赠礼及捎带商品成为中国出境旅游者购物的重要内容。因此，中国出境旅游购物具有明显的群体性消费特征，即受访者的出境旅游消费构成可能包含了家人、亲戚朋友或者同事的消费。与中国旅游者购物消费

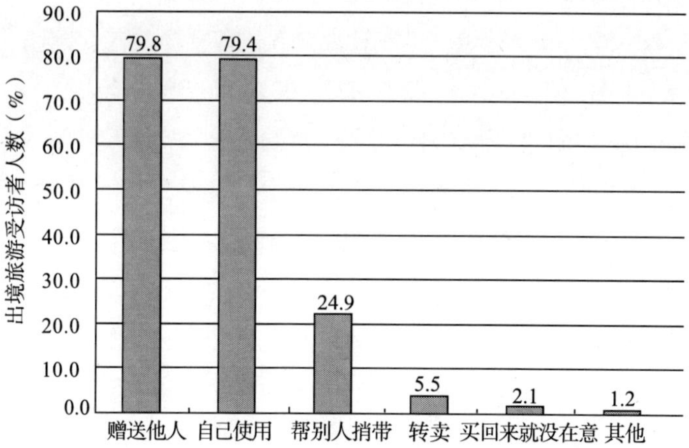

图6－7 中国出境旅游购物受访者的出境旅游购物品的处置方式

类似，日本出境旅游者的购物支出预算大致按照自己30%、家人25%、朋友20%、同事15%和其他人10%的比例分配（Keown，1989[636]）。“买回来后就没在意”所占比重为2.1%，这表明一小部分中国出境旅游者在购物时目标并不明确，具有冲动型消费的特征。在本次调查中仅有5.5%的受访者将所购商品转卖，这表明中国出境旅游者对商品的处置并未受经济利益的驱使，更多的是通过赠礼来维持良好人际关系。

就不同受访者对购物品处置方式的差异而言，受访者的性别、婚姻状况、收入、职业和家庭规模对其购物品的处置有显著影响（见表6－12～表6－16），而年龄和受教育程度对购物品处置方式的影响则不具有显著性。

在性别方面，性别对受访者“自己使用”（$\chi^2=7.426$，$p=0.007$）这一处置方式有显著影响，女性受访者“自己使用”（$n=372$）的比例显著高于男性（见表6－12）；在婚姻状况方面，婚姻状况对受访者“帮别人捎带”（$\chi^2=9.758$，$p=0.008$）这一处置方式有显著影响，单身受访者帮亲戚好友带商品（$n=126$）的比重高于已婚受访者（见表6－13）；在收入水平方面，收入对“自己使用”（$\chi^2=48.084$，$p=0.000$）这一处置方式有显著影响，月平均收入在4 000～5 999元（$n=177$）和10 000元以上（$n=118$）两个收入水平的受访者对商品处置的目的性不明确（见表6－14）；在职业方面，职业对受访者“自己使用”（$\chi^2=49.341$，$p=0.043$）、“赠送他人”（$\chi^2=106.112$，$p=0.002$）、和“转卖”（$\chi^2=15.575$，$p=0.001$）这三种处置方式有显著影响，学生、公司职员和政府公务员在“自己使用”（$n=213$，131，82）和“赠送他人”（$n=215$，123，93）的比例高于其他职业的受访者，政府公务员和公司高管则有转卖（$n=7$，2）商品的行为（见表6－15），由于转卖在调研中仅出现17例，因此这种行为可能不具有普遍意义；在家庭规模方面，家庭规模对“自己使用”（$\chi^2=9.792$，$p=0.044$）、“帮别人捎带”（$\chi^2=21.213$，$p=0.000$）、“转卖”（$\chi^2=10.475$，$p=0.033$）这些处置方式有显著影响，家庭人数为3人——三口之家——的受访者在“自己使用”（$n=163$）这一处置方式上的比重远远高于其他家庭规模的受访者（见表6－16）。

表 6－12 中国出境旅游购物受访者的性别与购物品处置（$N=932$）

购物品处置	性别		χ^2	p 值
	男	女		
自己使用*	323	372	7.426	0.007
赠送他人	337	366	3.003	0.223
帮别人捎带	113	118	0.000	1.000
买回来后就没在意	27	21	1.082	0.304
转卖	7	12	1.138	0.356
其他	6	3	1.157	0.331

注：* 在 $p=0.05$ 的水平上有显著差异。

表 6－13 中国出境旅游购物受访者的婚姻状况与购物品处置（$N=932$）

购物品处置	婚姻状况		χ^2	p 值
	单身	已婚		
自己使用	345	345	1.231	0.541
赠送他人	340	359	0.990	0.911
帮别人捎带*	126	103	9.758	0.008
买回来后就没在意	19	29	2.023	0.364
转卖	8	11	0.443	0.801
其他	6	3	1.157	0.331

注：* 在 $p=0.05$ 的水平上有显著差异。

表 6－14 中国出境旅游购物受访者的收入水平与购物品处置（$N=932$）

购物品处置	收入水平（元）						χ^2	p 值
	1 999 及以下	2 000 ~ 3 999	4 000 ~ 5 999	6 000 ~ 7 999	8 000 ~ 9 999	10 000 及以上		
自己使用*	83	104	177	103	101	118	48.084	0.000
赠送他人	81	127	181	106	88	112	20.607	0.194
帮别人捎带	23	23	68	33	27	42	8.624	0.375
买回来后就没在意	4	7	12	6	8	11	5.678	0.683
转卖	0	2	8	2	3	4	6.979	0.539
其他	1	2	1	4	0	1	11.186	0.191

注：* 在 $p=0.05$ 的水平上有显著差异。

表 6-15　中国出境旅游购物受访者的职业与购物品处置（$N=932$）

购物品处置	职业								χ^2	p 值
	公司职员	公司高管	政府公务员	专业技术人员	销售/服务业从业人员	教师	学生	其他		
自己使用*	131	40	82	70	34	50	213	20	49.341	0.043
赠送他人*	123	37	93	37	37	59	215	23	106.112	0.002
帮别人捎带	47	12	38	38	12	14	56	13	47.354	0.064
买回来后就没在意	10	5	8	0	2	5	12	1	19.404	0.979
转卖*	3	2	7	0	2	0	3	0	66.555	0.001
其他	1	1	0	0	2	0	2	0	47.261	0.065

注：* 在 $p=0.05$ 的水平上有显著差异。

表 6-16　中国出境旅游购物受访者的家庭规模与购物品处置（$N=932$）

购物品处置	家庭规模（人）					χ^2	p 值
	1	2	3	4	5		
自己使用*	35	90	451	73	37	9.792	0.044
赠送他人	35	81	451	80	46	4.765	0.782
帮别人捎带*	20	14	142	35	19	21.213	0.000
买回来后就没在意	4	4	26	11	3	7.538	0.110
转卖*	0	6	9	4	0	10.475	0.033
其他	2	0	6	0	1	7.157	0.128

注：* 在 $p=0.05$ 的水平上有显著差异。

与人口统计特征对购物品的偏好的影响相比，人口统计特征对中国旅游者购物品的处置方式影响较小，只有“自己使用”这一处置方式较多地受性别、婚姻状况、职业和家庭规模的影响，这表明中国出境旅游者在购物的自我消费方面有较大的差异，而对“自己使用”这一处置方式的选择差异也可以用以区分不同的旅游者；除了职业对“赠送他人”这一处置方式有显著影响外，其余6个人口统计变量都对该处置方式无显著影响，这表明赠礼已经成为绝大多数中国出境旅游者一种较为普遍的购物品处置方式。

3. 基于推力因子的中国出境旅游受访者的购物支出影响因素

出境旅游购物支出是衡量旅游者消费能力的重要指标，在本调查中，受访者个人的最高购物支出为130 000元，最低购物支出为200元，人均购物支出为8 630.095 9元（见表6-17），根据AC尼尔森和世界免税协会的抽样调查数据，2006 年中国出境旅游者平均购物支出为 987 美元[637]，约为人民币 8 169.4元，二者基本吻合。就中国出境旅游者购物支出的分布而言，约有 75%的受访者的购物支出在 3 000 元以上，50%的受访者的购物支出为 4 000 ~10 000 元，25%的受访者的购物支出在 10 000 元以上（见表 6－17）；购物支出低于 10 000 元的受访者，其购物支出分布较为集中，而购物支出高于 10 000 元而低于 75 000 元的受访者，其购物支出分布则较为分散，而购物支出超过 75 000 元的受访者，人数最少，购物支出也最分散。购物支出的箱形图显示，受访者的购物支出向购物支出较少的一端（<30 000）偏斜（见图 6－8）。中国出境旅游者购物支出的分布表明，部分中国出境旅游者的购物高消费（平均购物支出以上）提升了中国出境旅游者的整体购物支出水平。

表 6－17　中国出境旅游受访者的出境旅游购物支出（N=932）（单位：元）

支出类别	最大值	最小值	下四分位点	中位数	上四分位点	均值
旅游总支出	400 000. 00	1 500. 00	7 000. 000 0	17 000. 000 0	30 000. 000 0	25 260. 908 4
旅游购物支出	130 000. 00	200. 00	2 000. 000 0	4 000. 000 0	10 000. 000 0	8 630. 095 9

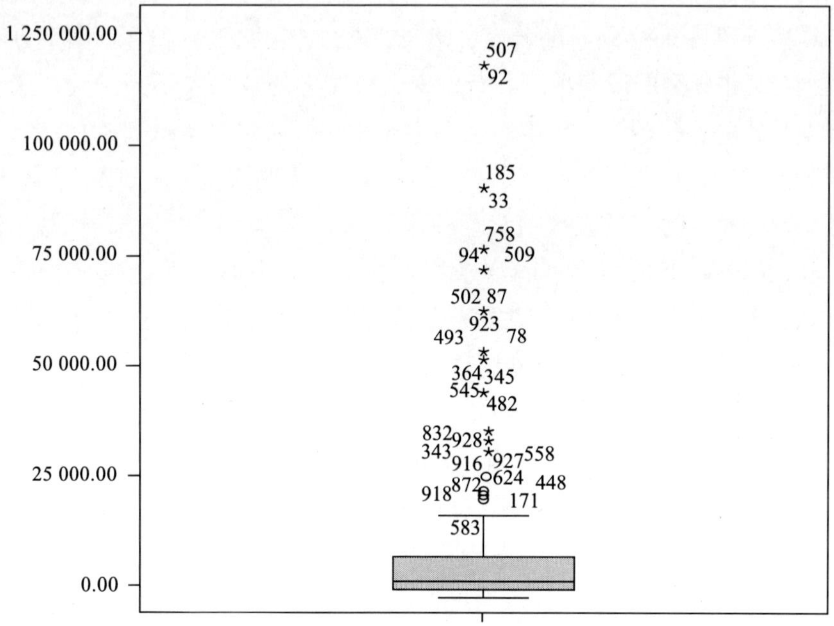

图 6－8　中国出境旅游购物受访者的出境旅游购物支出分布

为了进一步分析受访者出境旅游购物支出的影响因素，本研究从受访者的人口统计特征、出境旅游购物行为的相关特征和出境旅游目的地影响因素3方面来考察何种变量对购物支出有显著影响及其对购物支出的贡献度大小。因此，本研究以购物支出为应变量，受访者的人口统计特征——性别、婚姻状况、年龄、受教育程度、收入、职业和家庭规模，出境旅游购物行为的相关特征——出境旅游次数、出境旅游目的地、出境旅游形式、出境旅游目的和出境旅游购物动机，出境旅游目的地影响因素为自变量进行回归分析，建立多元线性回归方程。

由于事先不能确定上述22个变量对出境旅游购物支出的贡献度大小及其显著性，因此本研究采用多元逐步回归法选出对已解释变差的贡献最大的变量，进入回归方程，以确保最后所得的变量是最优回归变量。对已解释变差的贡献大小的判别依据遵从SPSS的默认值，即进入回归方程的变量，其系数的F统计量的显著性概率为$p \leqslant 0.05$；从回归方程中剔除变量的，其系数的F统计量的显著性概率为$p \geqslant 0.10$。分析结果显示，进入回归模型的3个变量依次为出境旅游次数、婚姻状况和性别，其余19个变量则被剔除，共生成3个回归模型（见表6－18）。随着逐步回归的进行，回归平方和（回归平方和所在的列与每个模型的回归项所在行的交叉位置上的数据）不断增大，这表明随着变量的引入和剔除，已解释变差逐步增大，回归模型得到改进；每个回归模型的F统计值的显著性概率都小于0.001，表明这三个回归模型的总体回归效果都是显著的（见表6－18）。

在最终的回归模型中，购物动机和旅游目的地影响因素两个变量集合未进入回归模型，而出境旅游次数、婚姻状况和收入3个变量则依次进入回归方程，这表明除出境旅游次数以外，受访者的出境旅游购物行为的相关特征和旅游目的地的影响因素并未对其出境旅游购物支出产生显著影响；就变量进入回归模型的顺序而言，出境旅游次数对购物支出的贡献（偏回归变差）大于受访者的婚姻状况和收入，而婚姻状况对购物支出的贡献最小（见表6－18）。

表 6－18　多元逐步回归——中国出境旅游受访者的出境旅游购物支出（$N=932$）

回归模型	参数	回归平方和	自由度	方差	F 值	F 值显著性概率（外侧）
1	回归项	2.60E+10	1	2.60E+10	159.642	0.000a
	残差项l	1.36E+11	832	1.63E+08	—	—
	总计	1.62E+11	833	—	—	—
2	回归项	2.69E+10	2	1.35E+10	82.586	0.000b
	残差项l	1.33E+11	817	1.63E+08	—	—
	总计	1.60E+11	819	—	—	—
3	回归项	2.77E+10	3	9.22E+09	60.252	0.000c
	残差项l	1.24E+11	808	1.53E+08	—	—
	总计	1.51E+11	811	—	—	—

注：a 预测变量：（常数项），旅游次数；

b 预测变量：（常数项），旅游次数、婚姻状况；

c 预测变量：（常数项），旅游次数、婚姻状况、收入；

d 应变量：购物支出。

回归方程的调整判定系数 R^2 为 0.180（$F=60.252$，$p<0.001$），序列相关系数 DW 为 1.923，这表明旅游次数、婚姻状况和收入 3 个变量可解释 18.0% 的购物支出的变化，回归方程的解释能力不高，这表明在本研究中出境旅游次数、收入和婚姻状况 3 个变量对购物支出只有部分影响，而旅游购物支出的决定性因素还不能确定；就变量的标准回归系数而言，旅游次数、收入和婚姻状况的标准回归系数（Beta）分别为 0.320、0.206 和 0.077，除收入的 p 值小于 0.05 外，旅游次数和婚姻状况的 p 值均小于 0.001，表明这三个变量对于购物支出的影响是显著的（见表 6－19）。

表 6－19　回归分析——中国出境旅游受访者的出境旅游购物支出影响因素（$N=932$）

自变量	标准回归系数（Beta）	回归系数 B	标准误差	t	p（双尾）
人口统计特征					
性别					
婚姻状况*	0.077	2056.437	850.805	2.417	0.016

续表

自变量	标准回归系数（Beta）	回归系数 B	标准误差	t	p（双尾）
年龄					
受教育程度					
月平均收入*	0.206	1 149.789	180.611	6.366	0.000
职业					
家庭规模					
出境旅游购物行为的相关特征					
旅游经历					
旅游次数*	0.320	2 891.546	293.472	9.853	0.000
旅游目的地					
出境旅游购物动机					
出境旅游目的地影响因素					
常数项	—	-5 364.362	1 622.609	-3.306	0.001
复相关系数 $R=0.428$					
判定系数 $R^2=0.183$					
调整判定系数 $R^2=0.180$					
序列相关系数 $DW=1.923$					
标准误差 = 12371.70076					
$F=60.252$ F 值显著性概率 = 0.000					

注：* 自变量中进入回归方程的变量。

本研究从受访者的人口统计特征、出境旅游购物行为的相关特征和旅游目的地影响因素 3 个方面来考察出境旅游购物支出的影响因素，只有出境旅游次数、婚姻状况和收入 3 个变量对购物支出有显著影响，但所得的回归方程的解释力并不高，这表明旅游购物不同于日常购物行为，影响旅游购物支出的因素更为复杂。就中国出境旅游者的购物行为而言，组团旅游仍然是目前中国出境旅游者的主导旅游方式，一方面，旅游者面对的是目的地陌生的旅游环境，导游和领队对旅游者的购物消费可能会产生较大影响（Zhang Qiu & Chow，2004[638]）；另一方面，在某些旅行社的行程计划中，购物是强制性消费的内容，即旅行社在销售其出境旅游产品时，会规定旅游者的最低购物消费额，这在一定程度上影响了旅游者的购物支出，而上述两个因素并未纳入本研究购物支出影响因素的考察范围，有待于今后研究的证实。

出境旅游次数、婚姻状况和收入 3 个变量对购物支出的贡献虽然不大，但具有显著影响。对出境旅游次数而言，本研究显示，受访者出境旅游购物支出会随着出境旅游次数的增长而逐步递增，当出境旅游次数达到某一水平后（出境旅游次数为 10 次），购物支出则会递减（见图 6 – 9），这表明出境旅游机会的缺乏是导致中国出境旅游购物支出高的重要原因。正如张广瑞（2005）所言，表面上看起来，中国人在境外的消费很高，甚至在一些旅游目的地高于同期来自经济发达国家的旅游者。应当说这种非理性的消费是正常的，是一种刚刚开放后的特殊现象。一旦出境旅游变成中国公民多数人、经常性的度假消遣活动时，这种非理性的消费方式就会逐渐理性化。[639]就婚姻状况和收入而言，中国出境旅游者的购物消费仍然具有家庭消费和购物理性化的特征。因此，从出境旅游购物支出的影响因素来看，中国出境旅游者的购物消费带有一定的积累性、家庭消费和理性化倾向的特点。

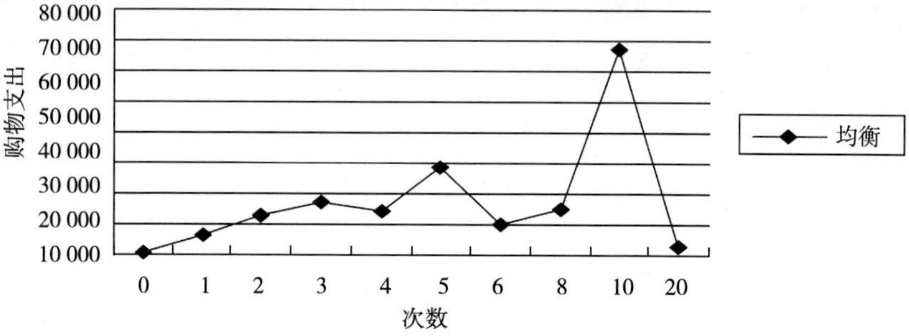

图 6 – 9 中国出境旅游受访者的购物支出与出境旅游次数的相关性

第四节　基于推拉因子的中国出境旅游者购物行为的实证研究结论

本研究通过对中国出境旅游市场的抽样调查研究旨在阐明中国出境旅游者购物行为的基本特征及其购物消费特征，从而为中国出境旅游消费研究提供新的视角。基于研究结果，本研究力图对中国出境旅游购物的消费特征作出分析，然后分别从中国政府和旅游企业、旅游目的地政府和旅游企业的角度出发，提出针对中国出境旅游市场发展和旅游目的地营销的公共政策建议与市场营销启示。

（一）基于推拉因子的中国出境旅游者购物行为的研究结论

1. 基于推拉因子的中国出境旅游者购物行为的基本特征

在人口统计特征方面，中国出境旅游者的人数分布差异主要体现在婚姻状况、年龄、受教育程度、职业和家庭规模 5 个方面。在婚姻状况方面，已婚旅游者的比重超过单身旅游者；在年龄方面，20～29 岁和 30～39 岁两个年龄段的年轻旅游者成为中国出境旅游的主力；在受教育程度方面，高学历（大专/本科以上）的旅游者成为出境旅游的主导消费群体；在职业方面，公司职员、学生和政府公务员的比重最大；在家庭规模方面，家庭人口为 3 人——三口之家——的旅游者居于主导地位。虽然，中国出境旅游者的人数分布在性别和收入两个变量上的差异不大，但是性别和收入对购物支出和购物品偏好有显著影响，这使得中国出境旅游者的购物行为仍然具有女性主导的特点，而收入水平则造成中国出境旅游者购物品偏好方面的差异。

在中国出境旅游购物行为的相关特征方面，尽管 1997 年中国政府正式开放自费出境旅游，但是对大多数中国人而言，出境旅游仍然是一种较为稀缺的旅游消费品，对中国出境旅游者人口统计特征的调研也表明，出境旅游消费群体主要局限于公司职员、学生和政府公务员；就出境旅游目的地而言，虽然 2009 年年底中国的 ADS 目的地已经扩展至除中国香港和中国澳门之外的

134个国家和地区，但是中国出境旅游者实际出行的旅游目的地仍然集中在亚洲，以港澳台地区、东南亚和日本/韩国为代表，而欧洲和美国未来可能成为最受中国旅游者青睐的旅游目的地；就出境旅游形式而言，中国出境旅游者的出游行为深受中国传统文化和价值观的影响，出游行为带有很强的家庭出游和集体出游的特点；就出境旅游目的而言，观光/休闲成为绝大多数中国出境旅游者的出游选择，这表明自1997年以来中国政府对出境旅游产业政策所作的调整已见成效，同时取得ADS资格的旅游目的地而言，公务旅游和探亲旅游仍具有主导地位（Jang et al.，2003[640]）；就出境旅游购物动机而言，实用动机、炫耀动机、文化动机、稀缺动机、情感动机、求异动机和馈赠动机是中国出境旅游者的主要购物动机，其中实用动机、稀缺动机和馈赠动机是旅游者特有的购物动机，这表明中国旅游者的购物不仅是为了满足其自身的需要，同时还以赠礼的方式使购物消费群体扩展至家人、亲戚和朋友等。

在出境旅游目的地方面，影响中国出境旅游者购物行为的主要因素包括出境旅游目的地的经济/营销因素、出境旅游目的地的商品特征、商品的文化历史价值及便携性。就经济因素而言，旅游目的地的付款方式是中国出境旅游者考虑的最重要的因素；此外，旅游目的地的商品陈列方式和广告等营销方式对中国出境旅游者的购物消费也有重要影响。就商品的特征而言，本国商品的稀缺是中国出境旅游者在购物时考虑的最重要的因素。重视商品的经济因素和外在特征，使得中国出境旅游者的购物行为有较强的实用主义色彩，这与西方旅游者对纪念品的象征性消费有着明显区别。

2. 基于推拉因子的中国出境旅游者购物行为的消费特征

本研究以购物品偏好、处置方式和购物支出来考察中国出境旅游者的购物消费特征，研究表明，服饰、土特产和手工艺品是中国出境旅游者喜欢购买的3种商品，此外，人口统计特征对服饰、化妆品、电子/数码产品、珠宝首饰和土特产等商品的购买有较大影响，女性旅游者偏爱服饰和化妆品，男性旅游者偏爱电子/数码产品，年轻的已婚者则是珠宝首饰的主要消费群体，而土特产则与家庭消费密切相关。就购物品的处置方式而言，中国出境旅游者购买商品主要是自己使用或用于赠礼，出境旅游购物动机的研究也表明，实用动机和馈赠动机是中国出境旅游者购物的重要动机，这使得中国出境旅游者的购物行为带有明显的群体性消费特征；此外，由于人口统计特征对赠礼这一购物品处置方式的影响不明显，因此对中国出境旅游者而言，赠礼已经成为一种较为普遍的行为。

在中国出境旅游者的购物支出方面，购物支出的平均值为8 001.5元，购物支出的中位数为5 000.0元，中国出境旅游者的购物支出分布向低于5 000元一端偏斜，这表明部分中国出境旅游者的购物高消费（平均购物支出以上）提升了中国出境旅游者的整体购物支出水平。对中国出境旅游者购物支出的影响因素的回归分析表明，尽管出境旅游次数、婚姻状况和性别3个变量对购物支出有显著影响，但是回归模型的解释能力不高，这表明影响购物支出的因素比较复杂，购物支出的主要决定因素尚不能确定。此外，随着出境旅游次数的增长，旅游购物支出在增长到一定水平之后产生回落，这表明现阶段中国出境旅游购物高消费具有暂时性和阶段性的特点。从全球范围来看，中国台湾、日本和韩国在其出境旅游发展的过程中，也先后经历了一个出境旅游高消费的阶段，然后逐步回归正常的过程。

（二）基于推拉因子的中国出境旅游者购物行为的政策建议

1. 公共政策建议

第一，实施积极的出境旅游发展政策。本研究结果表明，中国出境旅游者的主体是具有高学历的年轻旅游者，这部分旅游者本身具有较强的消费能力、消费观念成熟，此外，随着人民币进一步升值，中国旅游者的消费潜力会进一步显现。中国出境旅游者的购物消费的高消费主要由两部分构成：一是部分高收入群体的奢侈性消费；二是部分出境旅游者的积累性和群体性消费行为。就旅游目的地的影响因素而言，汇率、关税和购物免税计划的经济因素进一步刺激了中国旅游者的购物消费。因此，对于中国旅游管理机构而言，实施更为积极的出境旅游发展政策是现实选择。

第二，加强对强制性旅游购物的监管。在包价旅游产品占主导的市场格局中，由于购物具有较强的弹性消费需求，强制性旅游购物可能成为旅行社牟取非正常利润的一种手段。虽然本研究没有涉及对零团费及强制旅游购物的研究，但是自1997年中国出境旅游市场正式开放以来，强制性购物就成为旅行社推出低价出境旅游产品甚至是零团费旅游的一种手段。而强制性购物消费违背了旅游者的消费意愿，造成购物消费虚高。因此，中国旅游管理机构应加强对包价旅游产品中强制性购物消费的监管，使购物消费成为旅游者的自由选择。

第三，积极引导出境旅游者的理性消费。根据本研究结果，部分中国出境旅游者的购物高消费（平均购物支出以上）提升了中国出境旅游者的整体购物支出水平，炫耀性消费是旅游者的重要购买动机之一，虽然随着出境次数的增多，高消费旅游者会逐步回归正常过程，但其所产生的不良影响仍不能忽视。我国出境旅游发展仍处于起步阶段，政府应充分发挥宏观指导职能，积极倡导更为科学的消费观念，引导出境旅游者向更为理性的消费模式发展。

2. 市场营销启示

第一，出境旅游组织形式的多样化。目前包价旅游仍是中国公民出境旅游者占主导的旅游形式。在旅游市场发展初期，包价旅游具有减小旅游风险、组织便利性等伏点，但是随着旅游市场的成熟和旅游者细分特征的日益明显，多样化旅游组织形式成为旅游者出境旅游的必然选择。中国旅游企业可以在现有的政策条件下，实施出境旅游自助或半自助旅游形式，促使出境旅游消费结构的升级，分散购物对于消费支出的压力。本研究结果显示，现有的出境旅游者以高学历年轻人占据主导地位，而这部分旅游者在出游过程中的将面临较少的交流障碍，对于风险的承受能力也比较强，因此实施出境旅游形式的多样化具有现实基础。

第二，实施家庭购物营销计划。在本研究中，就中国出境旅游者的家庭规模而言，“三口之家”成为中国出境旅游的主导形式，这表明自费家庭旅游已经成为中国居民出境旅游的重要形式；此外，在旅游者的馈赠动机中，“为家人购买礼物”成为中国出境旅游者最重要的购物动机因素。因此，对于中国旅游企业而言，实施针对中国出境旅游者的家庭购物营销计划将会激发旅游者的购物需求。具体而言，在商品信息的宣传过程中，可以通过情感诉求的方式，将中国传统的家庭观念融入商品的设计和包装中，以获得旅游者的共鸣；在商品的销售过程中，可以通过对不同商品的组合，突出中国人追求圆满、和谐的家庭理想，从而影响中国旅游者的购物行为。

第三，对于出境旅游目的地而言，旅游目的地的经济因素、营销活动、商品本身的特征及携带的便利性虽然对中国出境旅游者的购物支出没有显著影响，但可能影响其在目的地的购买行为。此外，本研究还表明实用动机、炫耀动机和文化动机是中国旅游者购物的主要动机。基于此，中国出境旅游者的购物行为具有功能型导向，即中国旅游者的购物行为更容易受有形特征的驱使，具有明显的实用主义消费特征。对于旅游目的地的市场营销而言，应该深入了解现阶段中国出境旅游者购物消费的特征，从而制定出行之有效的市场营销策略。

3. 研究局限

第一，抽样方法。本研究选取的调研对象是中国出境旅游者，不同地区经济水平的差异使得旅游者的个体特征呈现出较大差异，因此本研究的结果不能无条件作一般性的推广。因此，未来研究可以考察中国其他地区出境旅游者的购物行为，以便与本研究结果相互印证，深化对中国出境旅游者购物行为的了解。本研究采用的是便利抽样的数据收集方法，限定了本研究结果的使用范围。在旅游者行为的研究中，尤其是对出境旅游者的研究，由于旅游者的流动性，研究者很难确定抽样框，因此便利抽样法仍是一种广为使用的方法，但是在研究过程中对其局限性要有充分的认识。

第二，回忆性误差。本研究是对旅游者最近一次出境旅游购物行为的调查，时间范围设定在最近两年内。尽管如此，随着时间的推移，旅游者在对其最近一次旅游经历进行回忆时，仍不能避免因遗忘造成某些数据的失实甚至错误，尤其是要求其提供具体的出境旅游购物支出数据时，所提供数据的真实性可能更容易受到影响。

第三，变量选取。本研究对出境旅游者购物行为的变量选取主要是基于需求与供给的视角，以考察需求和供给变量是如何影响出境旅游者的行为。研究结果显示，上述变量对中国出境旅游者购物行为有着重要影响，但对购物支出的贡献度并未达到研究者预期。因此，未来研究可以将其他变量纳入考察范围及进一步考察自变量之间的关系，以增强回归模型的解释力。

结束语

第一，出境旅游作为旅游消费的一种，受到旅游消费者多种个人因素的影响。就上海市居民的出境旅游个人因素影响的研究来看，居民个人的年龄、性别、职业、文化背景、旅游目的、家庭收入会对出境旅游行为产生不同程度的影响。

第二，中国居民的出游人群有其个人因素特征：在选择出游的上海居民中，从性别上来看，男女的比例基本持平，但女性逐渐地呈现出高于男性的出境旅游选择偏好；出游者的年龄多集中在中青年阶段；出游者的职业背景多为离退休人员或是企事业单位的管理人员；出游人口中大多数都拥有中专及高中、大专及以上的教育背景；就家庭收入因素而言，高收入和低收入的居民群体都具有较为强烈的出游愿望。

第三，根据出境旅游活动过程中所包含的多个项目，这些个人因素会对居民出境旅游食、住、行、游、购、娱的各个方面的选择产生影响。具体而言，年龄、性别、职业、文化背景、旅游目的、家庭收入这些个人背景的不同，影响到上海市居民在出游中对于餐饮、交通费、住宿等这些方面花费的差异。这说明，中国居民的个人因素影响了其出境旅游消费行为。

第四，就出境旅游市场环境层面的影响因素而言，这个层面的影响因素归为3个类别：经济因素、支持因素及社会文化因素。经济因素涉及的就是经济因素，需要从整体经济条件上考察居民出境旅游的能力或可能性。“支持因素”包括了作为出境旅游支持系统的目的地支持因素、政策引导支持因素、信息交流支持因素、交通服务支持因素、配套设施支持因素、人力资源支持因素、企业服务支持因素，这些都是居民出境旅游得以成行的不可或缺的因素。社会文化因素则涉及影响居民出境旅游的整体的社会文化心理氛围。就个人因素层面而言，以居民的人口特征（如年龄、文化程度、家庭收入等）为影响因素进行研究。

第五，研究结果表明，在人口统计特征方面，上海、北京、广州等出境旅游者具有年轻化、高学历、家庭旅游的特征；在旅游购物行为的相关特征方面，对大多数上海、北京、广州人而言，出境旅游仍然是一种较为稀缺的旅游消费品，出境旅游形式带有很强的家庭出游和集体出游的特点，出境旅游目的地主要集中在亚洲，出境旅游目的则以消遣/娱乐为主，此外，对出境旅游购物动机的研究表明，中国出境旅游者的购物不仅是为了满足其自身的需求，同时还以赠礼的方式使购物消费扩展至家人、亲戚和朋友等；在出境旅游目的地的影响因素方面，中国出境旅游者的购物行为有较强的实用主义色彩。

第六，对中国出境旅游者的购物消费特征的分析表明，人口统计特征对中国出境旅游者的购物品偏好和处置方式有明显的影响；尽管出境旅游次数、婚姻状况和收入 3 个变量对购物支出有显著影响，但解释能力不高，因此，中国出境旅游者购物支出的主要决定因素有待今后的研究来确定。

第七，从速度、构成等方面来看，中国出境旅游市场的发展都有其特点，分析从经济、产业、心理、法律、管理、交通、环境等众多因素对中国出境旅游市场的影响，阐述了中国出境旅游者对出境旅游目的地的感知特征、服务评价、消费行为、客源地等方面的特征，指出了中国出境旅游市场的不良行为对旅游者、旅行社、国家形象等方面产生的消极影响，从旅行社、政府、旅游者和旅游目的地等提出了中国出境旅游市场的营销策略。

第八，随着可自由支配收入的提高，中国出境旅游者的数量将会进一步增长，无论是从中国宏观经济环境、旅行社发展，还是从出境游相关部门的政策管制、出境旅游目的地国家的营销推动，都可以看出，中国出境旅游市场呈现出强大的发展趋势。

本研究后期还需要进行数据的更新与进一步调查，以适应不断变化的中国出境旅游市场的发展与变化，本项研究的结果有助于中国出境旅游目的地的管理者提供相关信息，有助于为中国政府旅游机构及旅游企业，在出境旅游目的地国家激烈的市场竞争中，制定相应的旅游市场营销策略，以吸引更多的中国旅游者出境旅游。

参考文献

[1] Seddighi, H. R., Theocharous, A. L. A model of tourism destination choice: A theoretical and empirical analysis[J]. Tourism Management, 2002, Vol. 23, No. 5, pp. 475 - 487.

[2] 凤凰网（2010）. 联合国旅游组织预期 2010 年全球旅游业增长 4%. [Online]. 2010 - 01 - 23. http://finance.ifeng.com/roll/20100123/1747968.shtml.

[3] European Commission. EU Policies[Online]. 2009 - 12 - 31. http://ec.europa.eu/policies/index_en.htm.

[4] World Travel & Tourism Council. The 2007 travel & tourism economic research[Online]. 2008 - 02 - 01. http://www.wttc.org/.

[5] 张海燕. 去年我国旅游业全面恢复振兴并有突破性大发展 [N]. 中国旅游报, 2005 - 01 - 24.

[6] World Tourism Organization. Tourism: 2020 Vision - Executive. 1999: Summary.

[7] 中国旅游统计年鉴编辑委员会. 中国旅游统计年鉴 [M]. 北京: 中国旅游出版社, 1993 - 2009.

[8] 中国旅游协会. 中国公民出境旅行人数 [EB/OL]. 中国出境旅游论坛, 2009, http://www.outbound - tourism.cn/intro.asp.

[9] 中国统计年鉴编辑委员会. 中国统计年鉴 [M]. 北京: 中国统计出版社, 1998 - 2009.

[10] 钟海生, 郭英之. 中国旅游市场需求与开发 [M]. 广州: 广东旅游出版社, 2001: 236 - 239.

[11] 国家旅游局. 年度旅游业统计公报（1990 ~ 2007 年） [EB/OL]. 2009 - 05 - 13. http://www.cnta.gov.cn.

[12] 马勇, 周霄. 旅游学概论 [M]. 北京: 旅游教育出版社, 2004: 18.

[13] 中国旅游统计年鉴编辑委员会. 中国旅游统计年鉴 [M]. 北京: 中国旅游出版社, 2008: 121.

[14] Trout, J. & A. Ries. Positioning Cuts through Chaos in the Marketplace [N]. Advertising Age, 1972, 1 (May): 51 - 53.

[15] Botha, C. , J. L. Crompton & S – S. Kim. Developing a Revised Competitive Position for Sun/Lost City, South Africa [J]. Journal of Travel Research, 1999. Vol. 37, (May): 341 – 352.

[16] Woodside, A. G. Positioning a Province Using Travel Research [J]. Journal of Travel Research, 1982, Vol. 20, (Winter), pp. 2 – 6.

[17] Crompton, J. L. , P. C. Fakeye, & C – C. Lue. Positioning: The Example of the Lower Rio Grande Valley in the Winter Long Stay Destination Market [J]. Journal of Travel Research, 1992, Vol. 31, No. 2, pp. 20 – 26.

[18] Uysal, M. , J. Chen & D. R. Williams. Increasing State Market Share Through a Regional Positioning [J]. Tourism Management, 2002, Vol. 21, No. 1, pp. 89 – 96.

[19] Andreu, L. , J. E. Bigne & C. Cooper. Projected and Perceived Image of Spain as a Tourist Destination for British Travelers [J]. Journal of Travel and Tourism Marketing, 2000, Vol. 9, No. 4, pp. 47 – 67.

[20] Chen, J. S. & M. Uysal. Market Positioning Analysis: A Hybrid Approach [J]. Annals of Tourism Research, Vol. 29, No. 4, pp. 987 – 1003.

[21] Gartner, W. C. Tourism Image: Attribute Measurement of State Tourism Products Using Multidimensional Scaling Techniques [J]. Journal of Travel Research, 1989, 2002, Vol. 28, No. 2, pp. 16 – 20.

[22] Gallarza, M. G. , I. Gil & H. Calderon. Destination Image: Toward a Conceptual Framework [J]. Annals of Tourism Research, 2002, Vol. 29, No. 1, pp. 56 – 78.

[23] Ahmed, Z. U. The Influence of the Components of a State's Tourist Image on Product Positioning Strategy [J]. Tourism Management, 1991, Vol. 12, No. 4, pp. 331 – 340.

[24] Gallarza, M. G. , I. Gil & H. Galderon. Calderon, Destination Image: Toward a Conceptual Framework. [J]. Annals of Tourism Research, 2002, Vol. 29, No. 1, pp. 56 – 78.

[25] Gnoth, J. Conference Reports: Branding Tourism Destinations [J]. Annals of Tourism Research, 1998, Vol. 25, pp. 758 – 760.

[26] Williams, A. & A. Palmer. Tourism Destination Brands and Electronic Commerce: Towards Synergy [J]. Journal of Vacation Marketing, 1999, No. 5, pp. 263 – 275.

[27] Cai, L. A. Cooperative Branding for Rural Destinations [J]. Annals of Tourism Research, 2002, Vol. 29, No. 3, pp. 720 – 742.

[28] D'Hauteserre, A. M. Destination Branding in a Hostile Environment [J]. Journal of Travel Research, 2001, Vol. 39, No. 3, pp. 300 – 307.

[29] Haahti, A. J. Finland's Competitive Position as a Destination [J]. Annals of Tourism Re-

search, 1986, Vol. 13, No. 1, pp. 11 – 35.

[30] Gartner, W. C. Tourism Image: Attribute Measurement of State Tourism Products Using Multidimensional Scaling Techniques [J]. Journal of Travel Research, 1989, Vol. 28, No. 2, pp. 16 – 20.

[31] Botha, C., J. L. Crompton & S – S. Kim. Developing a Revised Competitive Position for Sun/Lost City, South Africa [J]. Journal of Travel Research, 1999, Vol. 37, (May), pp. 341 – 352.

[32] Kozak, M. & M. Rimmington. Measuring Destination Competitiveness: Conceptual Considerations and Empirical Findings [J]. International Journal of Hospitality Management, 1999, Vol. 18, pp. 273 – 283.

[33] Uysal, M., J. Chen & D. R. Williams. Increasing State Market Share through a Regional Positioning [J]. Tourism Management, 2000, Vol. 21, No. 1, pp. 89 – 96.

[34] Woodside, A. G. & S. Lysonski. A General Model of Travel Destination Choice [J]. Journal of Travel Research, 1989, Vol. 27, (Spring), pp. 8 – 14.

[35] Um, S. & J. L. Crompton. Attitude Determinants in Tourism Destination Choice [J]. Annals of Tourism Research, 1990, Vol. 17, No. 3, pp. 432 – 448.

[36] Woodside, A. G. & C. Dubelaar. A General Theory of Tourism Consumption System: A Conceptual Framework and an Empirical Exploration [J]. Journal of Travel Research, 2002, Vol. 41, No. 11, pp. 120 – 132.

[37] Kozak, M. & M. Rimmington. Measuring Destination Competitiveness: Conceptual Considerations and Empirical Findings [J]. International Journal of Hospitality Management, 1999, Vol. 18, pp. 273 – 283.

[38] Chaudhary, M. India's Image as a Tourist Destination: A Perspective of Foreign Tourists [J]. Tourism Management, 2000, Vol. 21, pp. 293 – 297.

[39] Mykletun, R. J., J. C. Crotts & A. Mykletun. Positioning an Island Destination in the Peripheral Area of the Baltics: A Flexible Approach to Market Segmentation [J]. Tourism Management, 2001, Vol. 22, No. 5, pp. 493 – 500.

[40] Crompton, J. L., P. C. Fakeye, & C – C. Lue. Positioning: The Example of the Lower Rio Grande Valley in the Winter Long Stay Destination Market [J]. Journal of Travel Research, 1992, Vol. 31, No. 2, pp. 20 – 26.

[41] Woodside, A. G. Positioning a Province Using Travel Research [J]. Journal of Travel Research, 1982, Vol. 20, (Winter), pp. 2 – 6.

[42] Kim, S. S. , J. L. Crompton & C. Botha. Responding to Competition: A Strategy for Sun/Lost City, South Africa [J]. Tourism Management, 2000, Vol. 21, No. 1, pp. 33 – 41.

[43] Kozak, M. & M. Rimmington. Measuring Destination Competitiveness: Conceptual Considerations and Empirical Findings [J]. International Journal of Hospitality Management, 1999, Vol. 18, pp. 273 – 283.

[44] Kim, H. Perceived Attractiveness of Korean Destinations [J]. Annals of Tourism Research, 1998, Vol. 25, No. 2, pp. 340 – 361.

[45] Haahti, A. J. (1986). Finland's Competitive Position as a Destination [J]. Annals of Tourism Research, 1986, Vol. 13, No. 1, pp. 11 – 35.

[46] Hu, Y. & J. R. B. Ritchie. Measuring Destination Attractiveness: A Contextual Approach [J]. Journal of Travel Research, 1993, Vol. 32, No. 2, pp. 25 – 34.

[47] Chen, J. S. A Case Study of Korean Outbound Travelers' Destination Images by Using Correspondence Analysis [J]. Tourism Management, 2001, Vol. 22, No. 4, pp. 345 – 350.

[48] Chen, J. S. & M. Uysal. Market Positioning Analysis: A Hybrid Approach [J]. Annals of Tourism Research, 2002, Vol. 29, No. 4, pp. 987 – 1003.

[49] Dann, G. M. S. Anomie. Ego-enhancement and Tourism [J]. Annals of Tourism Research, 1977, Vol. 20, No. 4, pp. 184 – 194.

[50] Klenosky, D. B. The Pull of Tourism Destinations: A Means-end Investigation [J]. Journal of Travel Research, 2001, Vol. 40, No. 4, pp. 385 – 395.

[51] Crompton, J. L. Motivations for pleasure vacations [J]. Annals of Tourism Research, 1979, Vol. 6, No. 4, pp. 408 – 424.

[52] Dann, G. M. S. Anomie. Ego – enhancement and tourism [J]. Annals of Tourism Research, 1977, Vol. 4, No. 4, pp. 184 – 194.

[53] Dann, G. M. S. Tourism motivation: An appraisal [J]. Annals of Tourism Research, 1981, Vol. 8, No. 2, pp. 187 – 219.

[54] Iso – Ahola, S. E. Toward a social psychological theory of tourism motivation: A rejoinder [J]. Annals of Tourism Research, 1982, Vol. 12, No. 10, pp. 256 – 262.

[55] Iso – Ahola, S. E. Motivation for leisure. In E. L. Jackson & T. L. Burton (Eds.), Understanding leisure and recreation: Mapping the past charting the future [M]. State College: R. A. Venture Publishing. 1989, pp. 247 – 279.

[56] Pearce, P. L. & Caltabiano, M. Inferring travel motivations from travelers' experiences [J]. Journal of Travel Research, 1983. Vol. 22, No. 2, pp. 16 – 20.

[57] Pyo, S., Mihalik, B. J. &Uysal, M. Attraction attributes and motivations: A canonical correlation analysis [J]. Annals of Tourism Research, 1989, Vol. 16, No. 2, pp. 277 – 282.

[58] Uysal, M. & Jurowski, C. Testing the push and pull factors [J]. Annals of Tourism Research, 1984, Vol. 21, No. 4, pp. 844 – 846.

[59] Ryan, C. Recreational tourism: A social science perspective [M]. New York: Routledge, 1991, pp. 102 – 109.

[60] Iso – Ahola, S. E. Toward a social psychological theory of tourism motivation: A rejoinder [J]. Annals of Tourism Research, 1982, Vol. 10, No. 12, pp. 256 – 262.

[61] Iso – Ahola, S. E. Motivation for leisure. In E. L. Jackson & T. L. Burton (Eds.), Understanding leisure and recreation: Mapping the past charting the future [M]. State College: R. A. Venture Publishing. 1989, pp. 247 – 279.

[62] Ryan, C. Recreational tourism: A social science perspective [M]. New York: Routledge, 1991, pp. 102 – 109.

[63] Yuan, S. & McDonald, C. Motivational determinants of international pleasure time [J]. Journal of Travel Research, 1990, Vol. 24, No. 1, pp. 42 – 44.

[64] Botha, C., Crompton, J. L. & Kim, S. Developing a revised competitive position for Sun/Lost City, South Africa [J]. Journal of Travel Research, 1999, Vol. 37, (May), pp. 341 – 352.

[65] Cha, S., McCleary, K. W. & Uysal, M. Travel motivations of Japanese overseas travelers: A factor – cluster segmentation approach [J]. Journal of Travel Research, 1995, Vol. 34, No. 2, pp. 33 – 39.

[66] Fakeye, P. C. & Crompton, J. L. Image differences between prospective, first time & repeat visitors to the Lower Rio Grande Valley [J]. Journal of Travel Research, 1991, Vol. 30, (Fall), pp. 10 – 16.

[67] Oh, H. C., Uysal, M. & Weaver, P. A. Product bundles and market segments based on travel motivations: A canonical correlation approach [J]. International Journal Hospitality Management, 1995, Vol. 14, No. 2, pp. 123 – 137.

[68] Turnbull, D. R. & Uysal, M. An exploratory study of German visitors to the Caribbean: Push and pull motivations [J]. Journal of Travel and Tourism Marketing, 1995, Vol. 4. No. 2, pp. 85 – 92.

[69] Uysal, M. & Jurowski, C. Testing the push and pull factors [J]. Annals of Tourism Research, 1994, Vol. 21, No. 4, pp. 844 – 846.

[70] Klenosky, D. B. The pull of tourism destinations: A means – end investigation [J]. Journal of

Travel Research, 2004, Vol. 54, No. 4, pp. 34 – 47.

[71] Dann, G. M. S. Anomie. Ego-enhancement and tourism [J]. Annals of Tourism Research, 1977, Vol. 4, No. 4, pp. 184 – 194.

[72] Dann, G. M. S. Tourism motivation: An appraisal [J]. Annals of Tourism Research, 1981, Vol. 8, No. 2, pp. 187 – 219.

[73] Dann, G. M. S. Anomie. Ego-enhancement and tourism [J]. Annals of Tourism Research, 1997, Vol. 20, No. 4, pp. 184 – 194.

[74] Klenosky, D. B. The pull of tourism destinations: A means – end investigation [J]. Journal of Travel Research, 2001, Vol. 40, No. 4, pp. 385 – 395.

[75] Crompton, J. L. Motivations for pleasure vacations [J]. Annals of Tourism Research, 1979, Vol. 6, No. 4, pp. 408 – 424.

[76] Dann, G. M. S. Anomie. Ego-enhancement and tourism [J]. Annals of Tourism Research, 1977, Vol. 4, No. 4, pp. 184 – 194.

[77] Dann, G. M. S. Tourism motivation: An appraisal [J]. Annals of Tourism Research, 1981, Vol. 8, No. 2, pp. 187 – 219.

[78] Iso – Ahola, S. E. Toward a social psyhological theory of tourism motivation: A rejoinder [J]. Annals of Tourism Research, 1982, Vol. 12, No. 10, pp. 256 – 262.

[79] Pearce, P. L. & Caltabiano, M. Inferring travel motivations from travelers' experiences [J]. Journal of Travel Research, 1983, Vol. 22, No. 2, pp. 16 – 20.

[80] Iso – Ahola, S. E. Motivation for leisure. In E. L. Jackson & T. L. Burton (Eds.), Understanding leisure and recreation: Mapping the past charting the future [M]. State College: R. A. Venture Publishing. 1989, pp. 247 – 279.

[81] Pyo, S., Mihalik, B. J. & Uysal, M. Attraction attributes and motivations: A canonical correlation analysis [J]. Annals of Tourism Research, 1989, Vol. 16, No. 2, pp. 277 – 282.

[82] Yuan, S. & McDonald, C. Motivational determinants of international pleasure time [J]. Journal of Travel Research, 1990, Vol. 24, No. 1, pp. 42 – 44.

[83] Uysal, M. & Jurowski, C. Testing the push and pull factors [J]. Annals of Tourism Research, 1994, Vol. 21, No. 4, pp. 844 – 846.

[84] Dann, G. M. S. Tourism motivation: An appraisal [J]. Annals of Tourism Research, 1981, Vol. 8, No. 2, pp. 187 – 219.

[85] Iso – Ahola, S. E. Toward a social psyhological theory of tourism motivation: A rejoinder [J]. Annals of Tourism Research, 1982, Vol. 12, No. 10, pp. 256 – 262.

[86] Ryan, C. Recreational tourism: A social science perspective [M]. New York: Routledge. 1991.

[87] Yuan, S. & McDonald, C. (1990). Motivational determinants of international pleasure time [J]. Journal of Travel Research, 1990, Vol. 24, No. 1, pp. 42 – 44.

[88] Botha, C., Crompton, J. L. & Kim, S. Developing a revised competitive position for Sun/Lost City, South Africa [J]. Journal of Travel Research, 1999, Vol. 37, (May), pp. 341 – 352.

[89] Fakeye, P. C. & Crompton, J. L. Image differences between prospective, first time & repeat visitors to the Lower Rio Grande Valley [J]. Journal of Travel Research, 1991, Vol. 30, (Fall), pp. 10 – 16.

[90] Uysal, M. & Jurowski, C. Testing the push and pull factors [J]. Annals of Tourism Research, 1994, Vol. 21, No. 4, pp. 844 – 846.

[91] Cha, S., McCleary, K. W. & Uysal, M. (1995). Travel motivations of Japanese overseas travelers: A factor – cluster segmentation approach [J]. Journal of Travel Research, 1995, Vol. 34, No. 2, pp. 33 – 39.

[92] Oh, H. C., Uysal, M. & Weaver, P. A. Product bundles and market segments based on travel motivations: A canonical correlation approach [J]. International Journal Hospitality Management, 1995; Vol. 14, No. 2, pp. 123 – 137.

[93] Turnbull, D. R. & Uysal, M. An exploratory study of German visitors to the Caribbean: Push and pull motivations [J]. Journal of Travel and Tourism Marketing, 1995, Vol. 4, No. 2, pp. 85 – 92.

[94] Fakeye, P. C. & Crompton, J. L. Image differences between prospective, first time, and repeat visitors to the Lower Rio Grande Valley [J]. Journal of Travel Research, 1991, Vol. 30, (Fall), pp. 10 – 16.

[95] Hu, Y. & Ritchie, J. R. B. Measuring destination attractiveness: A context approach [J]. Journal of Travel Research, 1993, Vol. 32, (Fall), pp. 25 – 34.

[96] Turnbull, D. R. & Uysal, M. An exploratory study of German visitors to the Caribbean: Push and pull motivations [J]. Journal of Travel and Tourism Marketing, 1995, Vol. 4, No. 2, pp. 85 – 92.

[97] Kim, S., Crompton, J. L. & Botha, C. Responding to competition: A strategy for Sun/Lost City, South Africa [J]. Tourism Management, 2000, Vol. 21, (February), pp. 33 – 41.

[98] Klenosky, D. B. The pull of tourism destinations: A means-end investigation [J]. Journal of Travel Research, 2003, Vol. 4, No. 4, pp. 184 – 194.

[99] Dann, G. M. S. Anomie. Ego-enhancement and tourism [J]. Annals of Tourism Research,

1977, Vol. 4, No. 4, pp. 184 – 194.

[100] Dann, G. M. S. Tourism motivation: An appraisal [J]. Annals of Tourism Research, 1981, Vol. 8, No. 2, pp. 187 – 219.

[101] Klenosky, D. B. The pull of tourism destinations: A means-end investigation [J]. Journal of Travel Research, 2003, Vol. 4, No. 4, pp. 184 – 194.

[102] Uysal, M. & Jurowski, C. Testing the push and pull factors [J]. Annals of Tourism Research, 1994, Vol. 21, No. 4, pp. 844 – 846.

[103] Cha, S., McCleary, K. W. & Uysal, M. Travel motivations of Japanese overseas travelers: A factor – cluster segmentation approach [J]. Journal of Travel Research, 1995, Vol. 34, No. 2, pp. 33 – 39.

[104] Dann, G. M. S. Tourism motivation: An appraisal [J]. Annals of Tourism Research, 1981, Vol. 8, No. 2, pp. 187 – 219.

[105] Pyo, S., Mihalik, B. J. & Uysal, M. Attraction attributes and motivations: A canonical correlation analysis [J]. Annals of Tourism Research, 1989, Vol. 16, No. 2, pp. 277 – 282.

[106] Uysal, M. & Jurowski, C. Testing the push and pull factors [J]. Annals of Tourism Research, 1994, Vol. 21, No. 4, pp844 – 846.

[107] Oh, H. C., Uysal, M. & Weaver, P. A. Product bundles and market segments based on travel motivations: A canonical correlation approach [J]. International Journal Hospitality Management, 1995, Vol. 14, No. 2, pp. 123 – 137.

[108] Baloglu, S. & Uysal, M. Market segments of push and pull motivations: A canonical correlation approach [J]. International Journal of Contemporary Hospitality Management, 1996: Vol. 8, No. 3, pp. 32 – 38.

[109] Klenosky, D. B. The pull of tourism destinations: A means-end investigation [J]. Journal of Travel Research, 2003, Vol. 4, No. 4, pp. 184 – 194.

[110] Hailin Qu, Sophia Lam. A travel demand model for Mainland Chinese tourists to Hong Kong [J]. Tourism Management, 1997, Vol. 18, No. 8, pp. 593 – 597

[111] Zhang Qiu Hanqin, Terry Lam. An analysis of Mainland Chinese visitors' motivations to visit Hong Kong [J]. Tourism Management, 1999, Vol. 20, No. 5, pp. 587 – 594.

[112] Bruce Prideaux. Factors affecting bilateral tourism flows [J]. Annals of Tourism Research, 2005, Vol. 32, No. 3, pp. 780 – 801.

[113] Chak – keung Simon Wong, W. Y. Wai – Yan Yan Kwong. Outbound tourists' selection criteria for choosing all – inclusive package tours [J]. Tourism Management, 2004, Vol. 25,

No. 5, pp. 581 – 592.

[114] Beverley Sparks, Grace Wen Pan. Chinese Outbound tourists: Understanding their attitudes, constraints and use of information sources [J]. Tourism Management, 2009, Vol. 30, No. 4, pp. 483 – 494.

[115] S. Miche`le Langlois, John Theodore, Elizabeth, M. Ineson. Poland: in-bound tourism from the UK [J]. Tourism Management, 1999, Vol. 20, No. 4, pp. 461 – 469.

[116] D. T Herbert. Aristic and literary places in France as tourist attraction [J]. Tourism Management, 1996, Vol. 17, No. 2, pp. 77 – 85.

[117] Choong – Ki Lee, Yong – Ki Lee, Bruce E. Wicks. Segmentation of festival motivation by nationality and satisfaction [J]. Tourism Management, 2004, Vol. 25, No. 1, pp. 61 – 70.

[118] Gordon Waitt. Marketing Korea as an international tourist destination [J]. Tourism Management, 1996, Vol. 17, No. 2, pp. 113 – 121

[119] Akira Soshiroda. Inbound Tourism Policies in Japan from 1859 to 2003 [J]. Annals of Tourism Research, 2004, Vol. 32, No. 4, pp. 1100 – 1120.

[120] Jacqueline M. Hamiltona, David J. Maddisonb & Richard S. J. Tol. Climate change and international tourism: A stimulation study [J]. Global Environmental Change. 2005, Vol. 15, No. 3, pp. 253 – 266.

[121] Zvi Schwartz, Li-Chun Lin. The impact of fees on visitation of national parks [J]. Tourism Management, 2006, Vol. 27, No. 6, pp. 1386 – 1396.

[122] Andrew Lepp, Heather Gibson. Sensation seeking and tourism: Tourist role, perception of risk and destination choice [J]. Tourism Management, 2007, Vol. 28, No. 4, pp. 740 – 750.

[123] Roger March. Diversity in Asian outbound travel industries: a comparison between Indonesia, Thailand, Taiwan, South Korea and Japan [J]. International Journal of Hospitality Management, 1997, Vol. 16, No. 2, pp. 231 – 238.

[124] Desmond A Gillmor. Evolving air-charter tourism patterns: Change in outbound traffic from the Republic of Ireland [J]. Tourism Management, 1996, Vol. 17, No. 1, pp. 9 – 16

[125] Siew Imm Ng, Julie Anne Lee, Geoffrey N. Soutar. Tourists' intention to visit a country: The impact of cultural distance [J]. Tourism Management, 2007, Vol. 28, No. 6, pp. 1497 – 1506.

[126] R. Bruce Money, John C. Crotts. The effect of uncertainty avoidance on information search, planning, and purchases of international travel vacations [J]. Tourism Management, 2003, Vol. 24, No. 2, pp. 191 – 202.

[127] Asad Mohsin. Tourist attitudes and destination marketing-the case of Australia's Notthern Territory and Malaysia [J]. Tourism Management,2005,Vol. 26,No. 5,pp. 723 –732.

[128] Christine Lim. The major determinants of Korean outbound travel to Australia [J]. Mathematics and Computers in Simulation,2004,Vol. 64,No. 11,pp. 477 –485.

[129] Teresa Garl′n Muñ oz. German demand for tourism in Spain [J]. Tourism Management, 2007,Vol. 28,No. 1,pp. 12 –22.

[130] Thuy-Huong Truong,David Foster. Using HOLSAT to evaluate tourist satisfaction at destinations: The case of Australian holidaymakers in Vietnam [J]. Tourism Management,2006, Vol. 27,No. 5,pp. 842 –855.

[131] Tak-Kee Hui,David Wan,Miau Feng Chi. Chinese tourists visiting Singapore: Pull and push factors [J]. Advances in Hospitality and Leisure,2008,Vol. 4,pp. 229 –244.

[132] SooCheng (Shaw) Jang,Larry Wu,Thomas E. Pearson. Chinese travelers to the United State: a comparison of business travel and visiting friends and relatives [J]. Tourism Geographies,2003,Vol. 15,No. 1,pp. 87 –108.

[133] Onome Daniel Awaritefe. Motivation and other considerations in tourist destination choice: a case study of Nigeria [J]. Tourism Geographies,2004,Vol. 8,No. 3,pp. 303 –330.

[134] Satish Chandra,Dannis Menezens. Applications of multivariate analysis in international tourism research: the marketing strategy perspective of NTOS [J]. Journal of Economic Research,2001,Vol. 3,No. 1,pp. 77 –98.

[135] Joseph S. Chen. A case study of Korean outbound travelers′destination images by using correspondence analysis [J]. Tourism Management,2001,Vol. 22,No. 4,pp. 345 –350

[136] Joo Hwan Seo,Sung Yong Park,Larry Yu. The analysis of the relationships of Korean outbound tourism demand: Jeju Island and three international destinations [J]. Tourism Management,2009,Vol. 30,No. 4,pp. 530 –543.

[137] Sarach Divisekera. A model of dmand for international tourism [J]. Annals of Tourism Research,2003,Vol. 30,No. 1,pp. 31 –49.

[138] Karen Mayor,Richard S. J. Tol. The impact of the UK aviation tax on carbon dioxide emissions and visitor numbers [J]. Transport Policy,2007,Vol. 14,No. 6,pp. 507 –513.

[139] Sevil F. Sönmez,Alan R. Graefe. Influence of terrorism risk on foreign tourism decisions [J]. Annals of Tourism Research,1998,Vol. 25,No. 1,pp. 112 – 144.

[140] Myriam Jansen-Verbeke. Leisure shopping: a magic concept for the tourism industry [J]. Tourism Management,1991,Vol. 12,No. 1,pp. 9 – 14.

[141] William E. Kent, Patti J. Shock & Robert E. Snow. Shopping: tourism's unsung hero(ine) [J]. Journal of Travel Research, 1983, Vol. 21, No. 4, pp. 2 – 4.

[142] Donald Getz. Tourist shopping villages: development and planning strategies [J]. Tourism Management, 1993, Vol. 14, No. 1, pp. 15 – 26.

[143] Donald Getz. Tourist shopping villages: development and planning strategies [J]. Tourism Management, 1993, Vol. 14, No. 1, pp. . 15 – 26.

[144] Erik Cohen. Touristic craft ribbon development in Thailand [J]. Tourism Management, 1995, Vol. 16, No. 3, pp. 225 – 235.

[145] Lindsay W. Turner & Yvette Reisinger. Shopping satisfaction for domestic tourists [J]. Journal of Retailing and Consumer Services, 2001, Vol. 8, No. 1, pp. 15 – 27.

[146] James Wong & Rob Law. Difference in shopping satisfaction levels: a study of tourists in Hong Kong [J]. Tourism Management, 2003, Vol. 24, No. 4, pp. 401 – 410.

[147] Janet Chang, Bin-Tsann Yang & Chia-Gan Yu. The moderating effect of salespersons' selling behaviour on shopping motivation and satisfaction: Taiwan tourists in China [J]. Tourism Management, 2006, Vol. 27, No. 5 , pp. 934 – 942.

[148] Atila Yüksel. Tourist shopping habitat: effects on emotions, shopping value and behaviours [J]. Tourism Management, 2007, Vol. 28, No. 1, pp. 58 – 69.

[149] Vincent C. S. Heung & Eliza Cheng. Assessing tourists' satisfaction with shopping in the Hong Kong special administrative region of China [J]. Journal of Travel Research, 2000, Vol. 38, No. 4, pp. 396 – 404.

[150] Rob Law & Norman Au. Relationship modeling in tourism shopping: a decision rules induction approach [J]. Tourism Management, 2000, Vol. 21, No. 3, pp. 241 – 249.

[151] Soyoung Kim & Mary A. Littrell. Souvenir buying intentions for self versus others [J]. Annals of Tourism Research, 2001, Vol. 28, No. 3, pp. 638 – 657.

[152] Lindsay W. Turner & Yvette Reisinger. Shopping satisfaction for domestic tourists [J]. Journal of Retailing and Consumer Services, 2001, Vol. 8, No. 1, pp. 15 – 27.

[153] Yvette Reisinger & Lindsay W. Turner. The determination of shopping satisfaction of Japanese tourists visiting Hawaii and the Gold Coast compared [J]. Journal of Travel Research, 2002, Vol. 41, No. 2, pp. 167 – 176.

[154] Hong Yu & Mary Ann Littrell. Product and process orientations to tourism shopping [J]. Journal of Travel Research, 2003, Vol. 42, No. 2, pp. 140 – 150.

[155] Tim Coles. Tourism and retail transactions: lessons from the Porsche experience [J]. Jour-

nal of Vacation Marketing, 2004, Vol. 10, No. 4, pp. 378 – 389.

[156] Mary A. Littrell, Rosalind C. Paige & Kun Song. Senior travelers: tourism activities and shopping behaviours [J]. Journal of Vacation Marketing, 2004, Vol. 10, No. 4, pp. 348 – 362.

[157] Joanne Yoon-Jung Oh, Chia-Kuen Cheng, Xinran Y. Lehto & Joseph T. O'Leary. Predictors of tourists' shopping behaviour: examination of socio-demographic characteristics and trip typologies [J]. Journal of Vacation Marketing, 2004, Vol. 10, No. 1, pp. 308 – 319.

[158] Vincent C. S. Heung & Hailin Qu. Tourism shopping and its contributions to Hong Kong [J]. Tourism Management, 1998, Vol. 19, No. 4, pp. 383 – 386.

[159] Sylvester Yeung, James Wong & Edmond Ko. Preferred shopping destination: Hong Kong versus Singapore [J]. International Journal of Tourism Research, 2004, Vol. 6, pp. 85 – 96.

[160] 石美玉. 关于旅游购物研究的理论思考 [J]. 旅游学刊, 2004, 19 (1): 32 – 36.

[161] Raymond Hubbard. A Review of Selected Factors Conditioning Consumer Travel Behavior [J]. The Journal of Consumer Research, 1978, Vol. 5, No. 1, pp. 1 – 21.

[162] Eric J. Miller & Morton E. O'Kelly. Estimating shopping destination choice models from travel diary data [J]. The Professional Geographer, 1983, Vol. 35, No. 4, pp. 440 – 449.

[163] Sally Cairns. Promises and problems: using GIS to analyse shopping travel [J]. Journal of Transport Geography, 1998, Vol. 6, No. 4, pp. 273 – 284.

[164] Chandrar. Bhat. Analysis of travel mode and departure time choice for urban shopping trips [J]. Transportation Research, 1998, Vol. 32, No. 6, pp. 361 – 371.

[165] T. Limandond, D. A. Niemeier & P. L. Mokhtarian. Specification of a tour-based neighborhood shopping model [J]. Transportation, 2005, Vol. 32, No. 2, pp. 105 – 134.

[166] Zhang Qiu Hanqin & Teery Lam. An analysis of Mainland Chinese visitors' motivation to visit Hong Kong [J]. Tourism Management, 1998, Vol. 20, No. 5, pp. 587 – 594.

[167] Connie Mok & Thomas J. Iverson. Expenditure-based segmentation: Taiwanese tourists to Guam [J]. Tourism Management, 2000, Vol. 21, No. 3, pp. 299 – 305.

[168] Mary A. Littrell, Rosalind C. Paige & Kun Song. Senior travelers: tourism activities and shopping behaviours [J]. Journal of Vacation Marketing, 2004, Vol. 10, No. 4, pp. 348 – 362.

[169] Gianna Moscardo. Shopping as a destination attraction: an empirical examination of the role of shopping in tourists' destination choice and experience [J]. Journal of Vacation Marketing, 2004, Vol. 10, No. 4, pp. 294 – 307.

[170] Xinran Y. Lehto, Liping A. Cai, Joseph T. O'Leary, et al. Tourist shopping preferences and expenditure behaviours: the case of the Taiwanese outbound market [J]. Journal of Vacation Marketing, 2004, Vol. 10, No. 4, pp. 320 – 332.

[171] Mary A. Littrell, Rosalind C. Paige & Kun Song. Senior travelers: tourism activities and shopping behaviours [J]. Journal of Vacation Marketing, 2004, Vol. 10, No. 4, pp. 348 – 362.

[172] Barbara A. Carmichael & Wayne W. Smith. Canadian domestic travel behaviour: a market segmentation study of rural shoppers [J]. Journal of Vacation Marketing, 2004, Vol. 10, No. 4, pp. 333 – 347.

[173] Lu Wang. An investigation of Chinese immigrant consumer behaviour in Toronto, Canada [J]. Journal of Retailing and Consumer Services, 2004, Vol. 11, No. 5, pp. 307 – 320.

[174] Sylvester Yeung, James Wong & Edmond Ko. Preferred shopping destination: Hong Kong versus Singapore [J]. International Journal of Tourism Research, 2004, Vol. 6, pp. 85 – 96.

[175] SooCheong (Shawn) Jang, Billy Bai, Gong-Soog Hong, Joseph T. O'Leary. Understanding travel expenditure patterns: a study of Japanese pleasure travelers to the United States by income level [J]. Tourism Management, 2004, Vol. 25, No. 5, pp. 331 – 341.

[176] South, S. J. & Spitze, G.. Housework in marital and nonmarital households [J]. American Sociological Review, 1994, Vol. 59, No. 3, pp. 327 – 347.

[177] Luella F. Anderson & Mary Ann Littrell. Souvenir-purchase behavior of women tourists [J]. Annals of Tourism Research, 1995, Vol. 22, No. 2, pp. 328 – 348.

[178] Ruby Roy Dholakia. Going shopping: key determinants of shopping behaviors and motivations [J]. International Journal of Retail & Distribution Management, 1999, Vol. 27, No. 4, pp. 154 – 165.

[179] Soyoung Kim & Mary A. Littrell. Souvenir buying intentions for self versus others [J]. Annals of Tourism Research, 2001, Vol. 28, No. 3, pp. 638 – 657.

[180] Mary Ann Littrell, Suzanne Baizerman, Rita Kean, et al. Souvenirs and tourism styles [J]. Journal of Travel Research, 1994, Vol. 33, No. 1, pp. 3 – 11.

[181] Barbara A. Carmichael & Wayne W. Smith. Canadian domestic travel behaviour: a market segmentation study of rural shoppers [J]. Journal of Vacation Marketing, 2004, Vol. 10, No. 4, pp. 333 – 347.

[182] Xinran Y. Lehto, Liping A. Cai, Joseph T. O'Leary, et al. Tourist shopping preferences and expenditure behaviours: the case of the Taiwanese outbound market [J]. Journal of Vaca-

tion Marketing,2004,Vol. 10,No. 4,pp. 320 –332.

[183] Lu Wang. An investigation of Chinese immigrant consumer behaviour in Toronto, Canada [J]. Journal of Retailing and Consumer Services,2004,Vol. 11,No. 5,pp. 307 –320.

[184] Xinran Y. Lehto,Liping A. Cai,Joseph T. O'Leary & Tzung – Cheng Huan. Tourist shopping preferences and expenditure behaviours: the case of the Taiwanese outbound market [J]. Journal of Vacation Marketing,2004,Vol. 10,No. 4,pp. 320 –332.

[185] Joanne Yoon – Jung Oh, Chia – Kuen Cheng, Xinran Y. Lehto & Joseph T. O'Leary. Predictors of tourists' shopping behaviour: examination of socio-demographic characteristics and trip typologies [J]. Journal of Vacation Marketing,2004,Vol. 10,No. 1, pp. 308 –319.

[186] Joanne Yoon – Jung Oh, Chia – Kuen Cheng, Xinran Y. Lehto & Joseph T. O'Leary. Predictors of tourists' shopping behaviour: examination of socio- demographic characteristics and trip typologies [J]. Journal of Vacation Marketing,2004,Vol. 10,No. 1, pp. 308 –319.

[187] Donggen Wang. Hong Kongers'cross-border consumption and shopping in Shenzhen: patterns and motivations [J]. Journal of Retailing and Consumer Services. 2004, Vol. 11, No. 3,pp. 149 –159.

[188] Xinran Y. Lehto,Liping A. Cai,Joseph T. O'Leary ,et al. Tourist shopping preferences and expenditure behaviours: the case of the Taiwanese outbound market [J]. Journal of Vacation Marketing,2004,Vol. 10,No. 4,pp. 320 –332.

[189] Lindsay W. Turner & Yvette Reisinger. Shopping satisfaction for domestic tourists [J]. Journal of Retailing and Consumer Services,2001,Vol. 8,No. 1,pp. 15 –27.

[190] Ruby Roy Dholakia. Going shopping: key determinants of shopping behaviors and motivations [J]. International Journal of Retail & Distribution Management,1999,Vol. 27,No. 4, pp. 154 –165.

[191] Gianna Moscardo. Shopping as a destination attraction: an empirical examination of the role of shopping in tourists' destination choice and experience [J]. Journal of Vacation Marketing,2004,Vol. 10,No. 4,pp. 294 –307.

[192] Gianna Moscardo. Shopping as a destination attraction: an empirical examination of the role of shopping in tourists' destination choice and experience [J]. Journal of Vacation Marketing,2004,Vol. 10,No. 4,pp. 294 –307.

[193] Xinran Y. Lehto,Liping A. Cai,Joseph T. O'Leary & Tzung – Cheng Huan. Tourist shopping

preferences and expenditure behaviours: the case of the Taiwanese outbound market [J]. Journal of Vacation Marketing, 2004, Vol. 10, No. 4, pp. 320 – 332.

[194] Crompton, J. L.. Motivations of pleasure vacation [J]. Annals of Tourism Research, 1979, Vol. 6, No. 4, pp. 164 – 182.

[195] Dann, G. M. S.. Anomie, ego – enhancement and tourism [J]. Annals of Tourism Research, 1977, Vol. 4, No. 4, pp. 184 – 194.

[196] Pearce, P. L.. The social psychology of tourist behavior [M]. Oxford: Pergamon Press, 1982.

[197] Pearce, P. L. & Caltabiano, M. L.. Inferring travel motivations from travelers' experience [J]. Journal of Travel Research, 1983, Vol. 3, No. 4, pp. 16 – 20.

[198] Pyo, S., Mihalik, B. J. & Uysal, M.. Attraction attributes and motivations: a canonical correlation analysis [J]. Annals of Tourism Research, 1989, Vol. 16, No. 2, pp. 277 – 282.

[199] Yuan, S. & McDonald, C.. Motivational determinants of international visitors to US Parks and Natural Areas [J]. Journal of Park & Recreation Administration, 1990, Vol. 8, No. 1, pp. 51 – 59.

[200] Baloglu, S., & Uysal, M.. Market segments of pushand pull motivations: A canonical correlation approach [J]. International Journal of Contemporary Hospitality Management, 1996, Vol. 8, No. 3, pp. 32 – 38.

[201] Kim, S. S., Lee, C. & Klenosky, D.. The influence of push and pull factors at Korean National Parks [J]. Tourism Management, 2003, Vol. 24, No. 2, pp. 169 – 180.

[202] Samuel Seongseop Kim & Bruce Prideaux. Marketing implications arising from a comparative study of international pleasure tourist motivations and other travel-related characteristics of visitors to Korea [J]. Tourism Management, 2005, Vol. 26, No. 3, pp. 347 – 357.

[203] Gianna Moscardo. Shopping as a destination attraction: an empirical examination of the role of shopping in tourists' destination choice and experience [J]. Journal of Vacation Marketing, 2004, Vol. 10, No. 4, pp. 294 – 307.

[204] Sheth, J. N.. An integrative theory of patronage preference and behaviour [A]. In W. R. Darden, & R. F. Lusch (Eds.), Patronage Behaviour and Retail Management [C]. New York: Elsevier Science Publishing Co, Inc. 1983, pp. 9 – 28.

[205] Eastlick, M. A. & Feinberg, R. A.. Shopping motives for mail catalog shopping [J]. Journal of Business Research, 1999, Vol. 45, No. 3, pp. 281 – 290.

[206] Ruby Roy Dholakia. Going shopping: key determinants of shopping behaviors and motiva-

tions [J]. International Journal of Retail & Distribution Management, 1999, Vol. 27, No. 4, pp. 154 – 165.

[207] Maggie Geuens, Delphine Vantomme & Malaika Brengman. Developing a typology of airport shoppers [J]. Tourism Management, 2004, Vol. 25, No. 5, pp. 615 – 622.

[208] Donggen Wang. Hong Kongers'cross-border consumption and shopping in Shenzhen: patterns and motivations [J]. Journal of Retailing and Consumer Services. 2004, Vol. 11, No. 3, pp. 149 – 159.

[209] Mary Ann Lithell, Luella F. Anderson & Pamela J. Brown. What makes a craft souvenir authentic [J]. Annals of Tourism Research, 1993, Vol. 20, No. 1, pp. 197 – 215.

[210] Mary Ann Lithell, Luella F. Anderson & Pamela J. Brown. What makes a craft souvenir authentic [J]. Annals of Tourism Research, 1993, Vol. 20, No. 1, pp. 197 – 215.

[211] Tauber, E. M.. Why do people shop [J]. Journal of Marketing, 1972, Vol. 36, No. 1, pp. 46 – 49.

[212] Bellenger, D. N. & Korgaonkar, P. K.. Profiling the recreational shopper [J]. Journal of Retailing, 1980, Vol. 56, pp. 77 – 91.

[213] Sheth, J. N.. An integrative theory of patronage preference and behaviour [A]. In W. R. Darden, & R. F. Lusch (Eds.), Patronage Behaviour and Retail Management [C]. New York: Elsevier Science Publishing Co, Inc. 1983, pp. 9 – 28.

[214] Westbrook, R. A. & Black, W. C.. A motivation – based typology [J]. Journal of Retailing, 1985, Vol. 61, pp. 78 – 103.

[215] Myriam Jansen – Verbeke. Leisure shopping: a magic concept for the tourism industry [J]. Tourism Management, 1991, Vol. 12, No. 1, pp. 9 – 14.

[216] Shim, S., Gehrt, K. C. & Holikova, S.. Shopping orientationbased segmentation of US grocery shoppers [J]. Journal of Food Products Marketing, 1998, Vol. 5, pp. 1 – 19.

[217] Ruby Roy Dholakia. Going shopping: key determinants of shopping behaviors and motivations [J]. International Journal of Retail & Distribution Management, 1999, Vol. 27, No. 4, pp. 154 – 165.

[218] Maggie Geuens, Delphine Vantomme, & Malaika Brengman. Developing a typology of airport shoppers [J]. Tourism Management, 2004, Vol. 25, No. 5, pp. 615 – 622.

[219] Evans, W., Lane, H., O'Grady, S.. Border Crossings [M]. Scarborough: Prentice – Hall Canada Inc, 1992.

[220] Dallen J. Timothy & Richard W. Butler. Cross-border shopping: a North American perspec-

tive [J]. Annals of Tourism Research, 1995, Vol. 22, No. 1, pp. 16 – 34.

[221] Livio Di Matteo & Rosanna Di Matteo. An analysis of Canadian cross-border travel [J]. Annals of Tourism Research, 1996, Vol. 23, No. 1, pp. 103 – 122.

[222] Donggen Wang. Hong Kongers'cross-border consumption and shopping in Shenzhen: patterns and motivations [J]. Journal of Retailing and Consumer Services. 2004, Vol. 11, No. 3, pp. 149 – 159.

[223] Shelly Shenhav – Keller. The Israeli souvenir: its text and context [J]. Annals of Tourism Research, 1993, Vol. 20, No. 1, pp. 182 – 196.

[224] Abraham Pizam and Gang – Hoan Jeong. Cross-cultural tourist behavior: perceptions of Korean tour-guides [J]. Tourism Management, 1996, Vol. 17, No. 4, pp. 277 – 286.

[225] Yuan, S. & McDonald, C.. Motivational determinants of international visitors to US Parks and Natural Areas [J]. Journal of Park & Recreation Administration, 1990, Vol. 8, No. 1, pp. 51 – 59.

[226] Soyoung Kim & Mary A. Littrell. Predicting souvenir purchase intentions [J]. Journal of Travel Research, 1999, Vol. 38, No. 2, pp. 153 – 162.

[227] Kim, C. & Lee, S.. Understanding the cultural differences in tourist motivation between Anglo-American and Japanese tourists [J]. Journal of Travel and Tourism Marketing, 2000, Vol. 9, No. 1/2, pp. 153 – 170.

[228] Kozak, M.. Comparative analysis of tourist motivations by nationality and destinations [J]. Tourism Management, 2002, Vol. 23, No. 3, pp. 221 – 232.

[229] Ahmed, Z. U.. An international marketing perspective of Canadian tourists' shopping behavior: Minot (North Dakota) [J]. Journal of Vacation Marketing, 1996, Vol. 2, No. 3, pp. 207 – 214.

[230] Reisinger, Y. & Turner, L.. Cross-cultural differences in tourism: Indonesian tourists in Australia [J]. Tourism Management, 1997, Vol. 18, No. 3, pp. 139 – 147.

[231] Seddighi, H. R., Nuttall, M. W. & Theocharous, A. L.. Does cultural background of tourists influence the destination choice. An empirical study withspecial reference to political instability [J]. Tourism Management, 2001, Vol. 22, No. 2, pp. 181 – 191.

[232] James Wong & Rob Law. Difference in shopping satisfaction levels: a study of tourists in Hong Kong [J]. Tourism Management, 2003, Vol. 24, No. 4, pp. 401 – 410.

[233] Lu Wang. An investigation of Chinese immigrant consumer behaviour in Toronto, Canada [J]. Journal of Retailing and Consumer Services, 2004, Vol. 11, No. 5, pp. 307 – 320.

[234] Atila Yüksel. Shopping experience evaluation: a case of domestic and international visitors [J]. Tourism Management, 2004, Vol. 25, No. 6, pp. 751 – 759.

[235] Yong Kun Suh, Leo McAvoy. Preferences and trip expenditures—a conjoint analysis of visitors to Seoul, Korea [J]. Tourism Management, 2005, Vol. 26, No. 3, pp. 325 – 333.

[236] Samuel Seongseop Kim & Bruce Prideaux. Marketing implications arising from a comparative study of international pleasure tourist motivations and other travel – related characteristics of visitors to Korea [J]. Tourism Management, 2005, Vol. 26, No. 3, pp. 347 – 357.

[237] Connie Mok & Thomas J. Iverson. Expenditure-based segmentation: Taiwanese tourists to Guam [J]. Tourism Management, 2000, Vol. 21, No. 3, pp. 299 – 305.

[238] SooCheong (Shawn) Jang, Larry Yu & Thomas E. Pearson. Chinese travelers to the United States: a comparison of business travel and visiting friends and relatives [J]. Tourism Geographies, 2003, Vol. 5, No. 1, pp. 87 – 108.

[239] SooCheong (Shawn) Jang, Billy Bai, Gong – Soog Hong, Joseph T. O'Leary. Understanding travel expenditure patterns: a study of Japanese pleasure travelers to the United States by income level [J]. Tourism Management, 2004, Vol. 25, No. 5, pp. 331 – 341.

[240] Geoffrey Godbey & Alan Graefe. Repeat tourism, play and monetary spending [J]. Annals of Tourism Research, 1991, Vol. 18, No. 2, pp. 213 – 225.

[241] Bharath M. Josiam and J. S. Perry Hobson. Consumer choice in context: the decoy effect in travel and tourism [J]. Journal of Travel Research, 1995, Vol. 34, No. 1, pp. 45 – 50.

[242] Soyoung Kim & Mary A. Littrell. Souvenir buying intentions for self versus others [J]. Annals of Tourism Research, 2001, Vol. 28, No. 3, pp. 638 – 657.

[243] Xinran Y. Lehto, Joseph T. O'Leary, Alastair M. Morrison. The effect of prior experience on vacation behavior [J]. Annals of Tourism Research, 2004, Vol. 31, No. 4, pp. 801 – 818.

[244] Atila Yüksel, Fisun Yüksel. Shopping risk perceptions: Effects on tourists' emotions, satisfaction and expressed loyalty intentions [J]. Tourism Management, 2007, Vol. 28, No. 3, pp. 703 – 713.

[245] Ray Chu. What online Hong Kong travelers look for on airline travel websites [J]. International Journal of Hospitality Management, 2001, Vol. 20, No. 1, pp. 95 – 100.

[246] Srikanth Beldona, Alastair. M. Morrison & Joseph O'Leary. Online shopping motivations and pleasure travel products: a correspondence analysis [J]. Tourism Management, 2005, Vol. 26, No. 4, pp. 561 – 570.

[247] Dallen J. Timothy & Richard W. Butler. Cross-border shopping: a North American perspec-

tive [J]. Annals of Tourism Research, 1995, Vol. 22, No. 1, pp. 16 - 34.

[248] Livio Di Matteo & Rosanna Di Matteo. An analysis of Canadian cross-border travel [J]. Annals of Tourism Research, 1996, Vol. 23, No. 1, pp. 103 - 122.

[249] Donggen Wang. Hong Kongers'cross-border consumption and shopping in Shenzhen: patterns and motivations [J]. Journal of Retailing and Consumer Services. 2004, Vol. 11, No. 3, pp. 149 - 159.

[250] Sylvester Yeung, James Wong & Edmond Ko. Preferred shopping destination: Hong Kong versus Singapore [J]. International Journal of Tourism Research, 2004, Vol. 6, pp. 85 - 96.

[251] Barry L. M. Mak, Nelson K. F. Tsang & Irene C. Y. Cheung. Taiwanese tourists' shopping preference [J]. Journal of Vacation Marketing, 1999, Vol. 5, No. 2, pp. 190 - 198.

[252] 屈海林，Rittichainuwat. 旅游需求的决定因素以及亚洲金融危机对泰国国际游客流量的影响 [A] //夏林根. 复旦旅游学集刊（2 辑）：国际化进程中的中国旅游业 [C]. 上海：上海三联书店，2006：84 - 97.

[253] James Wong & Rob Law. Difference in shopping satisfaction levels: a study of tourists in Hong Kong [J]. Tourism Management, 2003, Vol. 24, No. 4, pp. 401 - 410.

[254] Atila Yüksel. Shopping experience evaluation: a case of domestic and international visitors [J]. Tourism Management, 2004, Vol. 25, No. 6, pp. 751 - 759.

[255] Astrid D. A. M. Kemperman, Aloys W. J. Borgers, Harry J. P. Timmermans. Tourist shopping behavior in a historic downtown area [J]. Tourism Management, 2009, Vol. 30, No. 2, pp. 208 - 218.

[256] Dallen J. Timothy & Richard W. Butler. Cross-border shopping: a North American perspective [J]. Annals of Tourism Research, 1995, Vol. 22, No. 1, pp. 16 - 34.

[257] Donggen Wang. Hong Kongers'cross-border consumption and shopping in Shenzhen: patterns and motivations [J]. Journal of Retailing and Consumer Services. 2004, Vol. 11, No. 3, pp. 149 - 159.

[258] Sylvester Yeung, James Wong & Edmond Ko. Preferred shopping destination: Hong Kong versus Singapore [J]. International Journal of Tourism Research, 2004, Vol. 6, pp. 85 - 96.

[259] Frédéric Dimanche. The Louisiana tax free shopping program for international visitors: a case study [J]. Journal of Travel Research, 2003, Vol. 41, No. 6, pp. 311 - 314.

[260] Maggie Geuens, Delphine Vantomme, & Malaika Brengman. Developing a typology of airport shoppers [J]. Tourism Management, 2004, Vol. 25, No. 5, pp. 615 - 622.

[261] Mary Ann Littrell. Symbolic significance of textiles crafts for tourists [J]. Annals of Tourism

Research,1990,Vol. 17,No. 2,pp. 228 –245.

[262] Yu. Tourists' shopping behavior [D]. Unpublished doctoral dissertation. Iowa State University,Ames,2000.

[263] Mary Ann Littrell. Symbolic significance of textiles crafts for tourists [J]. Annals of Tourism Research,1990,Vol. 17,No. 2,pp. 228 –245.

[264] Maggie Asplet & Malcolm Cooper. Cultural designs in New Zealand souvenir clothing: the question of authenticity [J]. Tourism Management,2000,Vol. 21,No. 3,pp. 307 –312.

[265] Maggie Geuens,Delphine Vantomme,& Malaika Brengman. Developing a typology of airport shoppers [J]. Tourism Management,2004,Vol. 25,No. 5,pp. 615 –622.

[266] Atila Yüksel. Shopping experience evaluation: a case of domestic and international visitors [J]. Tourism Management,2004,Vol. 25,No. 6,pp. 751 –759.

[267] Janet Chang,Bin – Tsann Yang,& Chia – Gan Yu. The moderating effect of salespersons' selling behaviour on shopping motivation and satisfaction: Taiwan tourists in China [J]. Tourism Management,2006,Vol. 27,No. 5,pp. 934 –942.

[268] James Wong & Rob Law. Difference in shopping satisfaction levels: a study of tourists in Hong Kong [J]. Tourism Management,2003,Vol. 24,No. 4,pp. 401 –410.

[269] Barry L. M. Mak,Nelson K. F. Tsang & Irene C. Y. Cheung. Taiwanese tourists' shopping preference [J]. Journal of Vacation Marketing,1999,Vol. 5,No. 2,pp. 190 –198.

[270] Janet Chang,Bin – Tsann Yang,& Chia – Gan Yu. The moderating effect of salespersons' selling behaviour on shopping motivation and satisfaction: Taiwan tourists in China [J]. Tourism Management,2006,Vol. 27,No. 5,pp. 934 –942.

[271] Yvette Reisinger & Robert Z. Waryszak. Tourists' perceptions of service in shops: Japanese tourists in Australia [J]. International Journal of Retail & Distribution Management,1994,Vol. 22,No. 5,pp. 20 –28.

[272] Kristen K. Swanson. Tourists' and retailers' perceptions of souvenirs [J]. Journal of Vacation Marketing,2004,Vol. 10,No. 4,pp. 363 –377.

[273] Atila Yüksel. Shopping experience evaluation: a case of domestic and international visitors [J]. Tourism Management,2004,Vol. 25,No. 6,pp. 751 –759.

[274] Janet Chang,Bin – Tsann Yang& Chia – Gan Yu. The moderating effect of salespersons' selling behaviour on shopping motivation and satisfaction: Taiwan tourists in China [J]. Tourism Management,2006,Vol. 27,No. 5,pp. 934 –942.

[275] Tsan – Ming Choi,Shuk – Ching Liu,Ka – Man Pang,et al. Shopping behaviors of individual

tourists from the Chinese Mainland to Hong Kong [J]. Tourism Management, 2009, Vol. 29, No. 4, pp. 811 – 820.

[276] Yvette Reisinger & Lindsay W. Turner. The determination of shopping satisfaction of Japanese tourists visiting Hawaii and the Gold Coast compared [J]. Journal of Travel Research, 2002, Vol. 41, No. 2, pp. 167 – 176.

[277] Yvette Reisinger & Lindsay W. Turner. The determination of shopping satisfaction of Japanese tourists visiting Hawaii and the Gold Coast compared [J]. Journal of Travel Research, 2002, Vol. 41, No. 2, pp. 167 – 176.

[278] Erik Cohen. Authenticity and commoditization in tourism [J]. Annals of Tourism Research, 1988, Vol. 15, No. 3, pp. 371 – 386.

[279] Mary Ann Littrell. Symbolic significance of textiles crafts for tourists [J]. Annals of Tourism Research, 1990, Vol. 17, No. 2, pp. 228 – 245.

[280] Mary Ann Lithell, Luella F. Anderson & Pamela J. Brown. What makes a craft souvenir authentic [J]. Annals of Tourism Research, 1993, Vol. 20, No. 1, pp. 197 – 215.

[281] Maggie Asplet & Malcolm Cooper. Cultural designs in New Zealand souvenir clothing: the question of authenticity [J]. Tourism Management, 2000, Vol. 21, No. 3, pp. 307 – 312.

[282] Dallen J. Timothy & Richard W. Butler. Cross-border shopping: a North American perspective [J]. Annals of Tourism Research, 1995, Vol. 22, No. 1, pp. 16 – 34.

[283] Donggen Wang. Hong Kongers'cross-border consumption and shopping in Shenzhen: patterns and motivations [J]. Journal of Retailing and Consumer Services. 2004, Vol. 11, No. 3, pp. 149 – 159.

[284] Mary Ann Littrell. Symbolic significance of textiles crafts for tourists [J]. Annals of Tourism Research, 1990, Vol. 17, No. 2, pp. 228 – 245.

[285] Luella F. Anderson & Mary Ann Littrell. Souvenir-purchase behavior of women tourists [J]. Annals of Tourism Research, 1995, Vol. 22, No. 2, pp. 328 – 348.

[286] Shelly Shenhav – Keller. The Israeli souvenir: its text and context [J]. Annals of Tourism Research, 1993, Vol. 20, No. 1, pp. 182 – 196.

[287] Mary Ann Littrell. Symbolic significance of textiles crafts for tourists [J]. Annals of Tourism Research, 1990, Vol. 17, No. 2, pp. 228 – 245.

[288] Mary Ann Littrell. Symbolic significance of textiles crafts for tourists [J]. Annals of Tourism Research, 1990, Vol. 17, No. 2, pp. 228 – 245.

[289] Shelly Shenhav – Keller. The Israeli souvenir: its text and context [J]. Annals of Tourism

Research,1993,Vol. 20,No. 1,pp. 182 –196.

[290] Shelly Shenhav – Keller. The Israeli souvenir: its text and context [J]. Annals of Tourism Research,1993,Vol. 20,No. 1,pp. 182 –196.

[291] Mary Ann Littrell. Symbolic significance of textiles crafts for tourists [J]. Annals of Tourism Research,1990,Vol. 17,No. 2,pp. 228 –245.

[292] Cordon Beverly. The souvenir: messenger of the extraordinary [J]. Journal of Popular Culture,1986,Vol. 20,No. 3,pp. 135 –146.

[293] Rucker,M. ,Kaiser,S. ,Barry,M. ,et al. The imported export market: an investigation of foreign visitors' gift and personal purchase [A]//In N. K. Malhotra & J. M. Hawes (Eds.),Developments in Marketing Science[C]. Greenvale NY: Academy of Marketing Science,1986,pp. 120 –124

[294] Keown,C. . A model of tourists' propensity to buy: case of Japanese vistors to Hawaii [J]. Jounal of Travel Research,1989,Vol. 27,No. 3,pp. 31 –34.

[295] Mok,C. ,& Lam,T. . A model of tourists´shopping propensity: a case of Taiwanese visitors to Hong Kong [J]. Pacixc Tourism Review,1997,Vol. 1,No. 2,pp. 137 –145.

[296] James Wong & Rob Law. Difference in shopping satisfaction levels: a study of tourists in Hong Kong [J]. Tourism Management,2003,Vol. 24,No. 4,pp. 401 –410.

[297] Brown, G. . Tourism and symbolic consumption [A]//In P. Johnson and B. Thomas (Eds.),Choice and Demand in Tourism [C]. London: 1992,pp. 57 –71.

[298] Juan L. Nicolau, Francisco J. Más. Stochastic Modeling: A Three-Stage Tourist Choice Process [J]. Annals of Tourism Research,2005,Vol. 32,No. 1,pp. 49 –69.

[299] Hanqin Q. Zhang,Hailin Qu,Venus Mo Yin Tang. A case study of Hong Kong residents' outbound leisure travel [J]. Tourism Management,2004,Vol. 25,No. 2,pp. 267 –273.

[300] Tzu – Kuang Hsu,Yi – Fan Tsai,Herg – Huey Wu. The preference analysis for tourist choice of destination: A case study of Taiwan [J]. Tourism Management,2009,Vol. 30, No. 2,pp. 288 –297.

[301] Tzu – Kuang Hsu,Yi – Fan Tsai,Herg – Huey Wu. The preference analysis for tourist choice of destination: A case study of Taiwan [J]. Tourism Management,2009,Vol. 32, No. 2,pp. 288 –297.

[302] Choong – Ki Lee,Yong – Ki Lee,BongKoo Lee. Korea's destination image formed by the 2002 World Cup[J]. Annals of Tourism Research,2005,Vol. 32,No. 4,pp. 839 –858.

[303] Enrique Bigné Alcaéiz,Isabel Sánchez García,Silvia Sanz Blas. The functional-psychologi-

cal continuum in the cognitive image of a destination: A confirmatory analysis [J]. Tourism Management, 2009, Vol. 30, No. 5, pp. 715 – 723.

[304] Joseph S. Chen. A case study of Korean outbound travelers' destination images by using correspondence analysis [J]. Tourism Management, 2001, Vol. 22, No. 4, pp. 345 – 350.

[305] Svetlana Stepchenkova, Alastair M. Morrison. Russia's destination image among American pleasure travelers: Revisiting Echtner and Ritchie [J]. Tourism Management, 2008, Vol. 29, No. 3, pp. 548 – 560.

[306] Gyehee Lee, Choong – Ki Lee. Cross – cultural comparison of the image of Guam perceived by Korean and Japanese leisure travelers: Importance performance analysis [J]. Tourism Management, Tourism Management, 2009, Vol. 30, No. 1, pp. 1 – 10.

[307] Larry Dwyer, Peter Forsyth, Prasada Rao. The price competitiveness of travel and tourism: a comparison of 19 destinations [J]. Tourism Management, 2000, Vol. 21, No. 1, pp. 9 – 22.

[308] Stephen W. Litvin, Sharon Ng Sok Ling. The destination attribute management model: an empirical application to Bintan, Indonesia [J]. Tourism Management, 2001, Vol. 22, No. 5, pp. 481 – 492.

[309] Samuel Seongseop Kim, Jerome Agrusa. The positioning of overseas honeymoon destinations [J]. Annals of Tourism Research, 2005, Vol. 32, No. 4, pp. 887 – 904.

[310] Hanqin Q. Zhang, Ivy Chow. Application of importance – performance model in tour guides' performance: evidence from mainland Chinese outbound visitors in Hong Kong [J]. Tourism Management, 2004, Vol. 25, No. 1, pp. 81 – 91.

[311] Bongkosh Ngamsom Rittichainuwat, Goutam Chakraborty. Perceived travel risks regarding terrorism and disease: The case of Thailand [J]. Tourism Management, 2009, Vol. 30, No. 3, pp. 410 – 418.

[312] Judy Karwacki, Shengliang Deng, Colin Chapdelaine. The tourism markets of The Four Dragons – a Canadian perspective [J]. Tourism Management, 1997, Vol. 18, No. 6, pp. 373 – 383.

[313] John T. Coshall. Combining volatility and smoothing forecasts of UK demand for international tourism [J]. Tourism Management, 2009, Vol. 30, No. 4, pp. 495 – 511.

[314] Samuel Seongseop Kim, Bruce Prideaux. Marketing implications arising from a comparative study of international pleasure tourist motivations and other travel – related characteristics of visitors to Korea[J]. Tourism Management, 2005, Vol. 26, No. 3, pp. 347 – 357.

[315] Chun – Te Huang, Chi – Yeh Yung, Jen – Hung Huang. Trends in outbound tourism from

Taiwan[J]. Tourism Management, 1996, Vol. 17, No. 4, pp. 223 – 228.

[316] Haiyan Song, Kevin K. F. Wong, Kaye K. S. Chon. Modelling and forecasting the demand for Hong Kong tourism [J]. International Journal of Hospitality Management, 2003, Vol. 22, No. 4, pp. 435 – 451.

[317] Teresa Garín Mũoz. German demand for tourism in Spain [J]. Tourism Management, 2007, Vol. 28, No. 2, pp. 12 – 22.

[318] Joo Hwan Seo, Sung Yong Park, Larry Yu. The analysis of the relationships of Korean outbound tourism demand: Jeju Island and three international destinations [J]. Tourism Management, 2009, Vol. 30, No. 4, pp. 530 – 543.

[319] Christine Lim, Ying Wang Christine Lim, Ying Wang. China's post – 1978 experience in outbound tourism [J]. Mathematics and Computers in Simulation, 2008, Vol. 78, No. 2 – 3, pp. 450 – 458.

[320] Xiang (Robert) Li, Rich Harrill, Muzaffer Uysal, Traverse Burnett, Xiaofeng Zhan. Estimating the size of the Chinese outbound travel market: A demand – side approach [J]. Tourism Management, 2009, Vol. 30, No. 4, pp. 1 – 15.

[321] Samuel Seongseop Kim, Dallen J. Timothy, Hag – Chin Han. Tourism and political ideologies: A case of tourism in North Korea [J]. Tourism Management, 2007, Vol. 28, No. 4, pp. 1031 – 1043.

[322] Abraham Pizam, Gang – Hoan Jeong. Cross – cultural tourist behavior: Perceptions of Korean tour – guides [J]. Tourism Management, 1996, Vol. 17, No. 4, pp. 277 – 286.

[323] H. R. Seddighi, M. W. Nuttall, A. L. Theocharous. Does cultural background of tourists influence the destination choice? an empirical study with special reference to political instability. Tourism Management, 2001, Vol. 22, No. 4, pp. 181 – 191.

[324] Siew Imm Ng, Julie Anne Lee, Geoffrey N. Soutar. Tourists' intention to visit a country: The impact of cultural distance [J]. Tourism Management, 2007, Vol. 28, No. 6, pp. 1497 – 1506.

[325] R. Bruce Money, John C. Crotts. The effect of uncertainty avoidance on information search, planning, and purchases of international travel vacations [J]. Tourism Management, 2003, Vol. 24, No. 2, pp. 191 – 202.

[326] Asad Mohsin. Tourist attitudes and destination marketing—the case of Australia's Northern Territory and Malaysia [J]. Tourism Management, 2005, Vol. 26, No. 5, pp. 723 – 732.

[327] Vincent C. S. Heung, Hailin Qu, Raymond Chu. The relationship between vacation factors and socio – demographic and travelling characteristics: the case of Japanese leisure travel-

ers [J]. Tourism Management, 2001, Vol. 22, No. 3, pp. 259 – 269.

[328] Leixia Cai, Jaclyn A. Card, Shu T. Cole. Content delivery performance of world wide web sites of US tour operators focusing on destinations in China [J]. Tourism Management, 2004, Vol. 25, No. 2, pp. 219 – 227.

[329] Yan Zhang, Peter Murphy. Supply – chain considerations in marketing underdeveloped regional destinations: A case study of Chinese tourism to the Goldfields region of Victoria [J]. Tourism Management, 2009, Vol. 30, No. 2, pp. 278 – 287.

[330] Jeou – Shyan Horng, Chen – Tsang (Simon) Tsai. Government websites for promoting East Asian culinary tourism: A cross-national analysis [J]. Tourism Management, 2009, Vol. 30, No. 3, pp. 1 – 12.

[331] Vladimír Baláz, Miyuki Mitsutake. Japanese tourists in transition countries of Central Europe: present behaviour and future trends [J]. Tourism Management, 1998, Vol. 19, No. 5, pp. 433 – 443.

[332] Hanqin Qiu Zhang, Vincent C. S. Heung, York Qi Yan. Play or not to play—An analysis of the mechanism of the zero – commission Chinese outbound tours through a game theory approach [J]. Tourism Management, 2009, Vol. 30, No. 3, pp. 366 – 371.

[333] Connie Mok, Thomas J. Iverson. Expenditure – based segmentation: Taiwanese tourists to Guam [J]. Tourism Management, 2000, Vol. 21, No. 3, pp. 299 – 305.

[334] Regina Scheyvens, et al.. Backpacker tourism and Third World development [J]. Annals of Tourism Research, 2002, Vol. 29, No. 1, pp. 144 – 164.

[335] Soo Cheong Jang, Alastair M. Morrison, Joseph T. O'Leary. Benefit segmentation of Japanese pleasure travelers to the USA and Canada: selecting target markets based on the profitability and risk of individual market segments [J]. Tourism Management, 2002, Vol. 23, No. 4, pp. 367 – 378.

[336] 郭鲁芳. 浅谈发展出境旅游 [J]. 旅游研究与实践, 1994, (2): 6 – 7.

[337] 郭鲁芳. 浅谈发展出境旅游 [J]. 旅游研究与实践, 1994, (2): 6 – 7.

[338] 侯仁华. 中国公民出境旅游的兴起带来的思索 [J]. 旅游科学, 1994 (4): 24 – 26.

[339] 王卫平. 中国限制出境旅游 [J]. 经济世界, 1996 (6): 13 – 15.

[340] 程伟进. 亚洲出境旅游市场情况介绍 [J]. 旅游学刊, 1994, 10 (3): 24 – 26.

[341] 程伟进. 亚洲出境旅游市场发展综述 [J]. 旅游学刊, 1994, 10 (3): 21 – 24.

[342] 匡林. 试论香港居民的出境旅游 [J]. 旅游经济, 1996 (6): 44 – 46.

[343] 余青. 亚洲出境旅游市场分析 [J]. 贵州民族学院学报 (社会科学版), 1997

(S1): 81 – 84.
[344] 戴斌，张耀军. 90 年代中国出境旅游市场的特征与趋势 [J]. 财贸研究，1997 (6): 16 – 18.
[345] 丁枢，杨铭德. 我国出境旅游市场的现状与发展 [J]. 中南民族学院学报，1998，17 (Sl): 52 – 54.
[346] 史湘洲. 出境游市场潜力巨大 [J]. 瞭望新闻周刊，2000 (6 – 7): 46 – 47.
[347] 刘文波. 我国出境旅游市场的现状及趋势 [J]. 商业经济与管理，1999 (3): 45 – 47
[348] 陈辉. 我国出境旅游市场现状及营销对策 [J]. 西南民族学院学报 (哲学社会科学版)，1999，12 (10): 106 – 109.
[349] 迟克连. 韩国出境旅游市场态势及其开发 [J]. 东方论坛，1997 (3): 57 – 59.
[350] 匡林. 日本居民出境旅游分析及我国对策 [J]. 现代日本经济，1997 (1): 34 – 36.
[351] 宁奉菊. 日本出境旅游市场及其旅华市场发展态势探析 [J]. 泰安师专学报，2000，22 (5): 17 – 20.
[352] 马晓京. 近代中国出境旅游活动的历史考察 [J]. 湖北民族学院学报，1998，16 (2): 72 – 77.
[353] 蔡家成. 试论我国出境旅游管理体制改革问题 [J]. 旅游学刊，2000，16 (3): 13 – 18.
[354] 唐飞，刘太萍，范中启. 中国公民出境旅游市场现状问题及对策研究 [J]. 市场周刊，2005 (2): 101 – 103.
[355] 王磊，梁晓伟. 我国出境旅游政府规制存在问题及趋势分析 [J]. 商场现代化，2006，467 (5): 292.
[356] 冯玮. 中国出境旅游现状及其未来发展思考 [J]. 经济地理，2005，25 (2): 541 – 543.
[357] 王晨. 我国出境旅游市场存在的问题研究 [J]. 现代商业，2009 (3): 193.
[358] 肖卉，石长波. 中国公民出境旅游不文明行为分析 [J]. 商业经济，2008，306 (7): 103 – 104.
[359] 芦爱英. 我国出境旅游者不雅举止的心理分析及预防对策 [J]. 浙江旅游职业学院学报，2006，2 (2): 7 – 12.
[360] 刘丽莉. 出境游中不文明行为的内在文化机理分析及其管理策略的认知 [J]. 桂林旅游高等专科学校学报，2007，18 (5): 662 – 665.
[361] 姜先行. 从社会互动规则看中国公民的出境旅游及公民素质提升对策 [J]. 特区经济，2007 (7): 156 – 168.

[362] 陈顺明．出境旅游热的“冷”思考——从我国出境旅游者不文明行为谈起［J］．资源开发与市场，2007，23（3）：281－283.

[363] 郭鲁芳，张素．中国公民出境旅游文明与软实力提升研究［J］．旅游学刊，2008，23（12）：18－22.

[364] 王晓丽，王学峰．解读新形势下中国出境旅游政策变更［J］．商业现代化，2006，488（12）：216.

[365] 高跃．浅谈开征我国出境旅游特定行为消费税的可行性［J］．理论界，2006（3）：175－176.

[366] 姜坤，章锦河．论中国出境旅游法律体系的构建［J］．华东经济管理，2007，21（1）：9－11.

[367] 杜江，厉新建，秦宇，等．中国出境旅游变动趋势分析［J］．旅游学刊，2002，17（3）：17.

[368] 龙婷．论我国出境旅游的发展趋势及其对策［J］．江西科技师范学院学报，2003（12）：6.

[369] 张辉，厉新建，秦宇．中国出境旅游市场现状与趋势判断［J］．商业研究，2003，262（2）：262.

[370] 郭英之，张红，宋书玲，等．中国出境旅游目的地的市场定位研究［J］．旅游学刊，2004，19（4）：27－32.

[371] 肖建成，任江明．中国出境旅游市场发展现状与前景探讨［J］．荆州师范学院学报，2002（1）：76－81.

[372] 北京第二外国语学院课题组．中国公民出境旅游消费特征分析［J］．北京第二外国语学院学报，2002，112（6）：1－7.

[373] 北京第二外国语学院课题组．中国公民出境旅游消费评价及主客关系分析［J］．北京第二外国语学院学报，2003（1）：1－6.

[374] 舒伯阳，王红玲．中国公民出境旅游的消费行为分析及行业政策研究［J］．财贸经济，2004（8）：59－61.

[375] 高舜礼．加入 WTO 对我国三大旅游市场的影响．西双版纳旅游网——旅游行业协会［EB/OL］，2004－08－11，http：//www. xsbnly. com/info/1014－1. htm.

[376] 依绍华．WTO 协议与我国出境旅游政策调整［J］．国际经贸探索，2001（5）：24－27.

[377] 依绍华．中国加入 WTO 对出境旅游政策的影响［J］．社会科学家，2001，16（3）：11－15.

［378］高舜礼. 新形势下出境旅游发展应处理好几个关系［J］. 旅游学刊，2002，18（6）：42－44.
［379］许振晓. 中国出境旅游市场失效性分析及其对策［J］. 旅游学科，2002，18（1）：45－48.
［380］张莉. 出境旅游市场管理相同的设计及应用［J］. 辽宁工学院学报，2003，5（5）：33－35.
［381］孙玉琴，董四化. 中国出境旅游发展问题分析［J］. 江西财经大学学报，2003，28（4）：58－59.
［382］李嫘. 出境旅游热的“冷”思考［J］. 华东经济管理，2004，18（3）：261－226.
［383］舒伯阳. 我国出境旅游市场的发展趋势及管理政策研究［J］. 政策研究，2004（11）：31－35.
［384］徐光润. 陕西省居民个人因私出境旅游银行售汇大幅减少的成因［J］. 西安金融，2002（10）：47.
［385］王伟宁. 结合外汇管理形势变化分析中国出境旅游现状［J］. 西南金融，2004（10）：27－28.
［386］陶卓，民吴天. 对我国出境游价格管理的思考［J］. 价格月刊，2002（5）：17－18.
［387］林璧属，姜辉. 英国旅行社出境旅游报价对我国开发欧洲客源市场的启迪［J］. 经济管理，2004（1）：81－84.
［388］唐代剑，隋丽娜. 长三角居民赴韩旅游消费模式初探［J］. 桂林旅游高等专科学校学报，2006，17（2）：129－134.
［389］欧玉婷，桑广书. 杭州市居民出境旅游行为分析［J］. 经济与科技，2007（12）：60－61.
［390］张善芹. 济南市出境旅游者满意度模糊综合评判研究［J］. 鲁东大学学报，2004，23（3）：272－275.
［391］王承云，陈艾娜，李娜娜. 上海市居民出境旅游行为研究［J］. 上海师范大学学报，2007，36（3）：200－206.
［392］欧玉婷，桑广书. 浙江省居民潜在出境旅游能力地区差异的模糊综合评判［J］. 北京第二外国语学院学报，2008，161（9）：48－52.
［393］李书山. 重创之下，出路何在——黑河市出境旅游面临的困境与对策［J］. 黑河学刊，2006，121（1）：16－20.
［394］朱蕴波. 北京市出境旅游市场消费特征［J］. 北京社会科学，2006（4）：76－79.
［395］王素洁，齐善鸿. 消费主义与中国公民出境旅游高消费行为探析［J］. 旅游学刊，

2005，20（6）：39－44.

[396] 朱易兰．用“木桶原理”分析中国出境游市场消费者行为特征［J］．北京第二外国语学院学报，2005，129（5）：103－113.

[397] 王晓欢，何忠诚．中日公民出境旅游消费行为比较［J］．辽宁工程技术大学学报（社会科学版），2006，8（5）：488－489.

[398] 程伟进．亚洲出境旅游市场发展综述［J］．旅游学刊，1994，10（3）：21－24.

[399] 戴斌，张耀军．90年代中国出境旅游市场的特征与趋势［J］．财贸研究，1994（6）：16－18.

[400] 丁枢，杨铭德．我国出境旅游市场的现状与发展［J］．中南民族学院学报（自然科学版），1998（17）：54－56.

[401] 杜江，厉新建，秦宇等．中国出境旅游变动趋势分析［J］．旅游学刊，2002，17（3）：44－48.

[402] 郭鲁芳．关于中国公民出境旅游的探讨［J］．商业经济与管理，1994（3）：77－80.

[403] 刘文波．我国出境旅游市场的现状及趋势［J］．商业经济与管理，1999（3）：54－56，58.

[404] 孙玉琴．加入WTO中国出境旅游的发展态势和对策［J］．江西社会科学，2003（4）：238－241.

[405] 张辉等．中国出境旅游市场现状与趋势判断［J］．商业研究，2003，262（2）：147－152.

[406] 冯玮．中国出境旅游现状及其未来发展思考［J］．经济地理，2005，25（2）：244－246.

[407] 张善芹，何佳梅．中国出境旅游发展及原因分析［J］．桂林旅游高等专科学校学报，2005，16（6）：61－64.

[408] 常芮．我国出境旅游的现状与发展思路［J］．商业时代，2006（17）：82－83.

[409] 郑淑婧，李经龙，张淑萍．中国出境旅游发展研究［J］．江西财经大学学报，2006（2）：108－111.

[410] 厉新建．中国出境旅游市场发展变化与趋势［J］．人文地理，2006，21（3）：83－87.

[411] Soo Cheong Janga，Alastair M. Morrisona，Joseph T. . O'Leary Benefit. Segmentation of Japanese pleasure travelers to the USA and Canada selecting target markets based on the profitability and risk of individual market segments［J］. Tourism Management，2002，Vol. 23，pp. 367－378.

[412] 北京第二外国语学院课题组（2003）. 中国公民出境旅游消费评价及主客关系分析［J］. 北京第二外国语学院学报，2003（1）：1－18.

[413] 郭英之等. 中国出境旅游目的地的市场定位研究［J］. 旅游学刊，2004，19（4）：27－32.

[414] 舒伯阳，王红玲. 中国公民出境旅游的消费行为分析及行业政策研究［J］. 财贸经济，2004（8）：59－61.

[415] Donggen Wang. Tourist Behaviour and Repeat Visitation to Hong Kong, Tourism Geographies, 2004, Vol. 6, No. 1, (February), pp. 99 – 118.

[416] Chak – keung Simon Wonga, Wai – Yan Yan Kwong. Outbound tourists' selection criteria for choosing all-inclusive package tours [J]. Tourism Management, 2004: Vol. 25, pp. 581 – 592.

[417] Ah Keng Kau and Pei Shan Lim. Clustering of Chinese tourists to Singapore an analysis of their motivations values and satisfaction [J]. International Journey of Tourism Research, 2005, No. 7, pp. 231 – 248.

[418] Hanqin Q. Zhang, Hailin Qub, Venus Mo Yin Tanga. A case study of Hong Kong residents' outbound leisure travel [J]. Tourism Management, 2004, Vol. 25, pp. 267 – 273.

[419] 丁健. 李林芳. 广州市居民的出境旅游行为［J］. 地理研究，2004，23（5）：705－714.

[420] 汪德根，陆林，刘昌雪. 德国出境旅游市场比较优势与市场拓展对策——兼论旅华市场开发［J］. 经济地理，2004，24（1）：124－128.

[421] 林璧属，潘雪. 英国出境旅游产品分析［J］. 旅游学刊，2005（20）：54－61.

[422] 李书山. 重创之下出路何在——黑河市出境旅游面临的困境与对策［J］. 黑河学刊，2006（121）：16－20.

[423] 朱蕴波. 北京市出境旅游市场消费特征［J］. 北京社会科学，2006（4）：76－79.

[424] Brian King, Larry Dwyer & Bruce Prideaux. An evaluation of unethical business practices in Australia's China inbound tourism market [J]. International Journal of Tourism Research, 2006, No. 8, pp. 127 – 142.

[425] 肖曲. 中国公民出国旅游管理办法出台［N］. 中国旅游报，1997（1）.

[426] 蔡家成. 试论我国出境旅游管理体制改革问题［J］. 旅游学刊，200（3）：13－18.

[427] 依绍华. WTO 协议与我国出境旅游政策调整［J］. 国际经贸探索，2001（5）：24－27.

[428] 钟海生，郭英之. 中国旅游市场需求与开发［M］. 广州：广东旅游出版社，2001：236－239.

[429] 高舜礼. 新形势下出境游发展应处理好几个关系 [J]. 旅游学刊, 2002, 17 (6): 42 - 44.
[430] 张广瑞. 出境旅游: 辉煌背后的担忧——写在"3·15"前夕 [J]. 人民论坛, 2002 (3): 36 - 39.
[431] 孙玉琴, 董四化. 中国出境旅游发展问题分析 [J]. 江西财经大学学报, 2003 (4): 58 - 59.
[432] 李嬛. 出境旅游热的冷思考 [J]. 华东经济管理, 2004, 18 (3): 162 - 163.
[433] 王伟宁. 结合外汇管理形势变化分析中国出境旅游现状 [J]. 西南金融, 2004 (10): 13 - 14.
[434] 刘菲. 关于我国开放出境旅游市场的思考 [J]. 北京工商大学学报 (社会科学版), 2004, 19 (2): 75 - 79.
[435] 陈辉. 我国出境旅游市场现状及营销对策 [J]. 西南民族学院学报, 1999 (20): 106 - 109.
[436] 龙婷. 论我国出境旅游的发展趋势及其对策 [J]. 江西科技师范学院学报, 2003 (6): 47 - 49.
[437] 舒伯阳. 我国出境旅游市场的发展趋势及管理政策研究 [J]. 中国软科学, 2004 (11): 31 - 35.
[438] 肖德贵等. 中国出境旅游市场份额管理法 [J]. 丹东师专学报, 2003, 5 (4): 53 - 54.
[439] 肖建成, 任江明. 中国出境旅游市场现状与发展对策分析 [J]. 云南地理环境研究, 2003, 15 (1): 2 - 11.
[440] 张莉. 出境旅游市场管理系统的设计及应用 [J]. 辽宁工学院学报, 2003, 5 (2): 33 - 35.
[441] 郭鲁芳. 关于中国公民出境旅游的探求 [J]. 杭州商学院学报, 1994 (4): 77 - 80.
[442] 张卫红. 旅游动机定量分析及其对策研究 [J]. 山西财经大学学报, 1998, 21 (4): 100 - 103.
[443] 吴忠才, 朱金林, 徐迎. 我国国内旅游消费模型初步研究 [J]. 湖南理工学院学报, 2007, 20 (1): 91 - 94.
[444] 吴璇. 我国居民国内旅游消费与居民收入关系的经济分析 [J]. 经济师, 2007 (2): 231.
[445] 宋娜, 刘丽娟, 郝彦革. 我国居民城乡消费结构对旅游消费者行为的影响 [J]. 商

场现代化，2006，476（8）：221.
［446］宁士敏．影响中国旅游消费的经济和社会因素分析［J］．旅游学刊，2000，16（3）：75－76.
［447］王晓峰．中国出境旅游人口规模的增长、原因及趋势［J］．人口学刊，2006，160（6）：11－15.
［448］文岚．试论中西文化差异对旅游消费行为的影响［J］．湘潭大学社会科学学报，2002，26（5）：175－177.
［449］沈祖祥．旅游文化概论［M］．福州：福建人民出版社，2003：140
［450］林增学．旅游者消费行为模式及其相关因素的分析［J］．桂林旅游高等专科学校学报，1999，10（4）：21－24.
［451］杨丽萍．我国旅游者旅游消费行为方式的实证分析［J］．中山大学学报，2005（3）：34－37.
［452］卞显红．旅游者目的地选择影响因素分析［J］．地理与地理信息科学，2003，19（6）：83－88.
［453］郑淑婧，李经龙，张淑萍．中国出境旅游市场的空间分布及深入发展对策分析［J］．旱资源与环境，2005，19（7）：54－59.
［454］刘富刚．旅游需求影响因素分析［J］．德州学院学报，2004，20（1）：81－84.
［455］张善芹，何佳梅．中国出境旅游发展及原因分析［J］．桂林旅游高等专科学校学报，2005，16（6）：11－15.
［456］舒伯阳，王红玲．中国公民出境旅游的消费行为分析及行业政策研究［J］．财贸经济，2004（8）：59－61.
［457］李明德，谭良方．对发展北京市旅游购物品的思考［J］．旅游学刊，1997（4）：28－29.
［458］徐飞雄．关于提高旅游购物品消费水平的几点思考［J］．消费经济，1997（5）：11－14.
［459］肖玲．广州市旅游购物发展的现状、问题及对策［J］．经济地理，1999，19（6）：123－126.
［460］叶苏平，单艺斌．改善旅游购物环境发展大连旅游业［J］．大连大学学报，2000，21（1）：17－19.
［461］李媛媛．旅游购物消费市场热点——服饰市场商机处处［J］．商业研究，2003（2）：138－141.
［462］袁国宏．我国旅游购物发展探讨［J］．北京第二外国语学院学报，2004（1）：

91 - 100.

[463] 朱孔山. 临沂市旅游购物品的设计与开发 [J]. 资源开发与市场, 2004, 20 (4): 306 - 307.

[464] 曾兰君. 加强市场调研, 开发我国旅游购物市场 [J]. 长沙大学学报, 2004, 18 (3): 44 - 46.

[465] 刘爱玲. 旅游购物的投诉心理及服务对策 [J]. 桂林旅游高等专科学校学报, 2000, 11 (2): 40 - 42.

[466] 石美玉. 旅游者购物行为研究 [J]. 旅游学刊, 2005, 20 (5): 70 - 75.

[467] 王德利. 旅游购物说质疑 [J]. 财贸研究, 2002 (6): 107 - 110.

[468] 唐文跃. 旅游购物心理成本与营销对策 [J]. 地理学与国土研究, 2002, 18 (3): 83 - 85.

[469] 杨雅琳. 以科学发展观对旅游购物的思考 [J]. 经济师, 2005 (3): 126 - 128.

[470] 石美玉. 关于旅游购物研究的理论思考 [J]. 旅游学刊, 2004, 19 (1): 32 - 36.

[471] 程伟进. 亚洲出境旅游市场发展综述 [J]. 旅游学刊, 1994 (3): 21 - 24.

[472] 郭鲁芳. 关于中国公民出境旅游的探讨 [J]. 商业经济与管理, 1994 (3): 77 - 80.

[473] 中国社科院财贸所"边境旅游研究"课题组. 关于云南省瑞丽、畹町边境旅游情况的考察报告 [J]. 财贸经济, 1994 (8): 63 - 65.

[474] 张国华, 高东云. 关于发展思茅地区边境旅游的思考 [J]. 思茅师专学报, 1994, 10 (2): 58 - 61.

[475] 余青. 亚洲出境旅游市场分析 [J]. 贵州民族学院学报, 1997: 82 - 84.

[476] 杜江, 戴斌等. 中国出境旅游发展年度报告 2005 [M]. 北京: 旅游教育出版社, 2006.

[477] 舒伯阳, 王红玲. 中国公民出境旅游的消费行为分析及行业政策研究 [J]. 财贸经济, 2004 (8): 59 - 61.

[478] 郭英之, 张红, 宋书玲, 等. 中国出境旅游目的地的市场定位研究 [J]. 旅游学刊, 2004, 19 (4): 27 - 32.

[479] 李冰州, 杨剑, 陈旭. 我国居民旅游消费模型研究 [J]. 软科学, 2004, 18 (2): 55 - 58.

[480] 王素洁, 齐善鸿. 消费主义与中国公民出境旅游高消费行为探析 [J]. 旅游学刊, 2005, 20 (6): 39 - 44.

[481] 唐代剑, 隋丽娜. 长三角居民赴韩旅游消费模式初探 [J]. 桂林旅游高等专科学校

学报，2006，17（2）：129 - 133.

[482] 朱蕴波．北京市出境旅游市场消费特征［J］．北京社会科学，2006（4）：76 - 79.

[483] Connie Mok & Thomas J. Iverson. Expenditure-based segmentation: Taiwanese tourists to Guam [J]. Tourism Management, 2000, Vol. 21, No. 3, pp. 299 - 305.

[484] Yvette Reisinger & Lindsay W. Turner. The determination of shopping satisfaction of Japanese tourists visiting Hawaii and the Gold Coast compared [J]. Journal of Travel Research, 2002, Vol. 41, No. 2, pp. 167 - 176.

[485] SooCheong (Shawn) Jang, Billy Bai, Gong - Soog Hong, Joseph T. O'Leary. Understanding travel expenditure patterns: a study of Japanese pleasure travelers to the United States by income level [J]. Tourism Management, 2004, Vol. 25, No. 5, pp. 331 - 341.

[486] Wolfgang Arlt & Marcel Kelemen. The shopping behavior of Chinese travelers: a practical guide for the international retail and tourism industry [M]. China Outbound Project, 2006, pp. 1 - 107.

[487] Hanqin Q. Zhang, Hailin Qu, Venus Mo Yin Tang. A case study of Hong Kong residents'outbound leisure travel [J]. Tourism Management, 2004, Vol. 25, No. 2, pp. 267 - 273

[488] Jacqueline M. Hamilton, David J. Maddison, Richard S. J. Tol. Climate change and international tourism: A simulation study [J]. Global Environmental Change, 2005, Vol. 15, No. 3, pp. 253 - 266

[489] Tamami Imanishi. An ethnic model of Japanese overseas tourism companies [J]. Annals of Tourism Research, 2007, Vol. 34, No. 2, pp. 517 - 536.

[490] Christine Lima, Ying Wang, China's post - 1978 experience in outbound tourism [J]. Mathematics and Computers in Simulation, 2008, Vol. 78, No. 2 - 3, pp. 450 - 458.

[491] Beverley Sparks , Grace Wen Pan. Chinese Outbound tourists: Understanding their attitudes, constraints and use of information sources [J]. Tourism Management, 2009, Vol. 30, No. 4, pp. 483 - 494.

[492] 张广瑞．2004 ~ 2006 年中国出境旅游的现状分析与趋势预测［J/OL］．中国网．2006 - 04 - 06，http：//www.china.com.cn/zhuanti2005/txt/2006 - 04/06/content_ 6176617.htm.

[493] 徐丛春．“假日经济”下旅游业的发展与对策［J］．哈尔滨师范大学自然科学学报，2003，19（3）：59 - 63.

[494] 佚名．来张家界自驾游为什么选择旅行社安排？通过旅行社安排有哪些好处？［J/

OL]，张家界旅游网，2007 - 03 - 27，http：//www. zjjok. com/Meeting/show. asp? id =457.

[495] 佚名．信息革命与旅游业的发展 [J/OL]．湖南师范大学，2005 - 01 - 18，http：// www. weiguolv. com/info/2005 - 1/2005118153642. htm.

[496] 郭英之．旅游市场营销 [M]．大连：东北财经大学出版社，2006：62 - 63.

[497] 李吉．透过韩国出境游看旅游市场的需求 [J]．山东大学报，2005 (15)：97.

[498] 陈勇．上海出境旅游者购物行为的实证研究 [D]．上海：复旦大学硕士学位论文，2007.

[499] 佚名．今年出境游透着新鲜 [N]．北京晚报，2007 - 3 - 29 (1)．

[500] 郭鲁芳．关于中国公民出境旅游的探讨 [J]．商业经济与管理，1994 (3)：77 - 80.

[501] 余颖，张捷，任黎秀．老年旅游者的出游行为决策研究——以江西省老年旅游市场为例 [J]．旅游学刊，2003 (3)：38 - 41.

[502] 徐栖玲，陈宏巨．中国老年旅游市场营销策略浅析 [J]．桂林旅游高等专科学校学报，2003 (4)：36 - 39.

[503] 张再生．中国人口老龄化的特征及其社会和经济后果 [J]．南开学报，2003 (1)：83 - 89.

[504] 王云龙．我国老年旅游产业的发展形势与路径选择 [J]．学术探索，2001 (12)：36 - 39.

[505] 杜江，厉新建，秦宇，等．中国出境旅游变动趋势分析 [J]．旅游学刊，2002，17 (3)：44 - 48.

[506] Kruskal, J. B. , & M. Wish. Multidimensional Scaling [M]. Beverly Hills：Sage Publications, 1986.

[507] Kruskal, J. B. Multidimensional Scaling by Optimizing Goodness of Fit to a Nonmetric Hypothesis [J]. Psychometrika, 1964, Vol. 29, pp1 - 27.

[508] Mok, C. & A. L. DeFranco. Chinese Cultural Values：Their Implications for Travel and Tourism Marketing [J]. Journal of Travel and Tourism Marketing, 1999, Vol. 8, No. 2, pp. 99 - 114.

[509] Chang J, Carroll J D. How to use PREFMAP and PREFMAP2-programs which relate preference data to multidimensional scaling solution. Murray Hill, NJ：Bell Laboratories, 1972.

[510] 林秀敏．出境旅游市场剖析：谁会是 2007 年大赢家? [N]. TTG China 旅业报, 2007 (3)：10 - 17.

[511] 林秀敏．出境旅游市场剖析：谁会是 2007 年大赢家? [N]. TTG China 旅业报, 2007

(3):10－17.
[512] 林秀敏. 出境旅游市场剖析:谁会是2007年大赢家?[N]. TTG China 旅业报,2007(3):10－17.
[513] 林秀敏. 出境旅游市场剖析: 谁会是2007年大赢家?[N]. TTG China 旅业报,2007(3): 10－17.
[514] 高舜礼. 新形势下出境游发展应处理好几个关系[J]. 旅游学刊,2002,17(6):42－44.
[515] 王伟宁. 结合外汇管理形势变化分析中国出境旅游现状[J]. 西南金融,2004(10):13－14.
[516] 孙玉琴. 加入WTO中国出境旅游的发展态势和对策[J]. 江西社会科学,2003(4):238－241.
[517] 舒伯阳. 我国出境旅游市场的发展趋势及管理政策研究[J]. 中国软科学,2004(11):31－35.
[518] 郭英之等. 中国出境旅游目的地的市场定位研究[J]. 旅游学刊,2004,19(4):27－32.
[519] 余颖,张捷,任黎秀. 老年旅游者的出游行为决策研究——以江西省老年旅游市场为例[J]. 旅游学刊,2003,18(3):38－41.
[520] 张再生. 中国人口老龄化的特征及其社会和经济后果[J]. 南开学报,2003(1):83－89.
[521] 王云龙. 我国老年旅游产业的发展形势与路径选择[J]. 学术探索,2001(12):36－39.
[522] 杜江,厉新建,秦宇,等. 中国出境旅游变动趋势分析[J]. 旅游学刊,2002,17(3):44－48.
[523] 杜江,厉新建,秦宇,等. 中国出境旅游变动趋势分析[J]. 旅游学刊,2002,17(3):44－48.
[524] 中国统计年鉴编辑委员会. 中国统计年鉴[M]. 北京:中国统计出版社,2001－2009.
[525] 高舜礼. 新形势下出境游发展应处理好几个关系[J]. 旅游学刊,2002,17(6):42－44.
[526] 世界游网. 外资看好国内旅游市场[J/OL]. 2006－11－13. http://www.lvyou168.cn/.
[527] 中国旅游统计年鉴编辑委员会. 中国旅游统计年鉴[M]. 北京:中国旅游出版社,2009.

[528] Guo, Xie. A Study on the Development Features and Their Affected Factors of Shanghai Outbound Tourism Market, 5th Aisa-pacific CHRIE & 13th Asia Pacific Tourism Association Joint conference, Beijing, 2007.

[529] 菲利普·科特勒,约翰·T. 保文,詹姆斯·C. 迈肯斯. 旅游市场营销[M]. 谢彦君,主译. 大连:东北财经大学出版社,2006: 132.

[530] 马庆国. 管理统计——数据获取、统计原理、SPSS工具与应用研究[M]. 北京:科学出版社,2002.

[531] 郭志刚. 社会统计分析方法——SPSS软件应用[M]. 北京:中国人民大学出版社,1999.

[532] 郭志刚. 社会统计分析方法——SPSS软件应用[M]. 北京:中国人民大学出版社,1999.

[533] Nunnally, J. C. Psychometeric theory[M]. 2nd ed. New York: McGraw – Hall, 1987.

[534] Nunnally, J. C. Psychometeric theory[M]. 2nd ed. New York: McGraw – Hall, 1987.

[535] 陈柳钦. 产业集群竞争力问题研究[J]. 中国矿业大学学报(社会科学版),2009(3): 58 – 75.

[536] 章怡,林刚,李丰生. 商务旅游需求影响因素分析[J]. 黄山学院学报,2005,7(2): 60 – 63.

[537] 杨建梅,杨静. 评价企业集群竞争力的GEM模型及其应用[J]. 科学学与科学技术管理,2003(9):23 – 26.

[538] 莫里森. 旅游服务营销[M]. 北京:电子工业出版社,2004: 17 – 19.

[539] 杨建梅,杨静. 评价企业集群竞争力的GEM模型及其应用[J]. 科学学与科学技术管理,2003(9):23 – 26.

[540] 佚名. 什么是萨伊定律[EB/OL]. 智购网,2007 – 08 – 06 ,www. zhigou. com/.

[541] 王清宪. 为什么中国市场化只能走政府主导的道路[EB/OL]. 新华网,2003 – 10 – 13.

[542] 中国旅游统计年鉴编辑委员会. 中国旅游统计年鉴(1997)[M]. 北京:中国旅游出版社,1997: 1 – 8.

[543] 张广瑞,刘德谦. 2007:中国旅游发展分析与预测[M]. 北京:社会科学文献出版社,2007: 43.

[544] 中商情报网. 中国旅游业改革开放30年发展报告[EB/OL]. 慧典市场研究报告网,2009 – 01 – 08, http://www. hdcmr. com/.

[545] 上海旅游统计年鉴编辑委员会. 上海旅游年鉴(2004)[M]. 上海:上海辞书出版社,

2004:66.

[546] 佚名. 春节凸显“黄金周”效应 上海出境游热情不减[EB/OL]. 新华网,2009－01－28,http://www. sh. xinhuanet. com.

[547] 魏军,苏勤. 国外旅游信息搜索研究综述[J]. 北京第二外国语学院学报,2008,159(7): 23－28.

[548] 中国互联网络信息中心. 中国互联网络发展状况统计报告[EB/OL]. 中国互联网络信息中心网站,2009－01,http://www. cnnic. cn/.

[549] 亚太旅游协会. 航空枢纽——旅游发展的动力[J]. 空运商务,2007(16):10－13.

[550] 金凤君. 基础设施与区域经济发展环境[J]. 中国人口资源与环境,2004,14(4): 70－75.

[551] 倪鹏飞. 中国城市竞争力报告[M]. 北京:社会科学文献出版社,2004:340.

[552] 倪鹏飞. 中国城市竞争力报告[M]. 北京:社会科学文献出版社,2004:340.

[553] 张孝存,孙根年. 西安旅游产业与旅游教育发展研究[J]. 商洛师范专科学院学报,2005,19(4): 31－37.

[554] 李农勤. 市场营销学[M]. 北京:清华大学出版社,2006:34－36.

[555] 王晓蓉. 体验经济时代旅游消费的文化解读[J]. 绵阳师范学院学报,2008,27(7): 21－25.

[556] 倪鹏飞. 中国城市竞争力报告[M]. 北京:社会科学文献出版社,2004: 158－159.

[557] 倪鹏飞. 中国城市竞争力报告[M]. 北京:社会科学文献出版社,2004: 158－159.

[558] Donald Getz. Tourist shopping villages: development and planning strategies [J]. Tourism Management,1993,Vol. 14,No. 1,pp. 15－26.

[559] Timothy H. Dodd. Influences of consumer attitudes and involvement on purchase behavior in an industrial tourism context [D]. Unpublished doctoral dissertation. Iowa State University, Ames,1994.

[560] Erik Cohen. Touristic craft ribbon development in Thailand [J]. Tourism Management, 1995,Vol. 16,No. 3,pp. 225－235.

[561] Dallen J. Timothy & Geoffrey Wall. Selling to tourists: Indonesian street vendors [J]. Annals of Tourism Research,1997,Vol. 24,No. 2,pp. 322－340.

[562] Frédéric Dimanche. The Louisiana tax free shopping program for international visitors: a case study [J]. Journal of Travel Research,2003,Vol. 41,No. 3,pp. 311－314.

[563] Dallen J. Timothy & Richard W. Butler. Cross-border shopping: a North American perspective [J]. Annals of Tourism Research,1995,Vol. 22,No. 1,pp. 16－34.

[564] Livio Di Matteo & Rosanna Di Matteo. An analysis of Canadian cross-border travel [J]. Annals of Tourism Research, 1996, Vol. 23, No. 1, pp. 103 – 122.

[565] Donggen Wang. Hong Kongers'cross-border consumption and shopping in Shenzhen: patterns and motivations [J]. Journal of Retailing and Consumer Services. 2004, Vol. 11, No. 3, pp. 149 – 159.

[566] Dallen J. Timothy & Richard W. Butler. Cross-border shopping: a North American perspective [J]. Annals of Tourism Research, 1995, Vol. 22, No. 1, pp. 16 – 34.

[567] Dallen J. Timothy & Richard W. Butler. Cross-border shopping: a North American perspective [J]. Annals of Tourism Research, 1995, Vol. 22, No. 1, pp. 16 – 34.

[568] Donggen Wang. Hong Kongers'cross-border consumption and shopping in Shenzhen: patterns and motivations [J]. Journal of Retailing and Consumer Services. 2004, Vol. 11, No. 3, pp. 149 – 159.

[569] William E. Kent, Patti J. Shock & Robert E. Snow. Shopping: tourism's unsung hero(ine) [J]. Journal of Travel Research, 1983, Vol. 21, No. 4, pp. 2 – 4.

[570] Myriam Jansen – Verbeke. Leisure shopping: a magic concept for the tourism industry [J]. Tourism Management, 1991, Vol. 12, No. 1, pp. 9 – 14.

[571] William E. Kent, Patti J. Shock & Robert E. Snow. Shopping: tourism's unsung hero(ine) [J]. Journal of Travel Research, 1983, Vol. 21, No. 4, pp. 2 – 4.

[572] Myriam Jansen – Verbeke. Leisure shopping: a magic concept for the tourism industry [J]. Tourism Management, 1991, Vol. 12, No. 1, pp. 9 – 14.

[573] Vincent C. S. Heung & Hailin Qu. Tourism shopping and its contributions to Hong Kong [J]. Tourism Management, 1998, Vol. 19, No. 4, pp. 383 – 386.

[574] Dallen J. Timothy & Richard W. Butler. Cross-border shopping: a North American perspective [J]. Annals of Tourism Research, 1995, Vol. 22, No. 1, pp. 16 – 34.

[575] Mary Ann Littrell. Symbolic significance of textiles crafts for tourists [J]. Annals of Tourism Research, 1990, Vol. 17, No. 2, pp. 228 – 245.

[576] Mary Ann Lithell, Luella F. Anderson & Pamela J. Brown. What makes a craft souvenir authentic [J]. Annals of Tourism Research, 1993, Vol. 20, No. 1, pp. 197 – 215.

[577] Shelly Shenhav – Keller. The Israeli souvenir: its text and context [J]. Annals of Tourism Research, 1993, Vol. 20, No. 1, pp. 182 – 196.

[578] Maggie Asplet & Malcolm Cooper. Cultural designs in New Zealand souvenir clothing: the question of authenticity [J]. Tourism Management, 2000, Vol. 21, No. 3, pp. 307 – 312.

[579] Donald Getz. Tourist shopping villages: development and planning strategies [J]. Tourism Management, 1993, Vol. 14, No. 1, pp. 15 – 26.

[580] Erik Cohen. Touristic craft ribbon development in Thailand [J]. Tourism Management, 1995, Vol. 16, No. 3, pp. 225 – 235.

[581] David J. Snepenger, Leann Murphy, Ryan O'Connell & Eric Gregg. Tourists and residents use of a shopping space [J]. Annals of Tourism Research, 2003, Vol. 30, No. 3, pp. 567 – 580.

[582] Maggie Geuens, Delphine Vantomme & Malaika Brengman. Developing a typology of airport shoppers [J]. Tourism Management, 2004, Vol. 25, No. 5, pp. 615 – 622.

[583] An – Tien Hsieh & Janet Chang. Shopping and tourist night markets in Taiwan [J]. Tourism Management, 2006, Vol. 27, No. 3, pp. 138 – 145.

[584] Yvette Reisinger & Robert Z. Waryszak. Tourists' perceptions of service in shops: Japanese tourists in Australia [J]. International Journal of Retail & Distribution Management, 1994, Vol. 22, No. 5, pp. 20 – 28.

[585] Abraham Pizam & Silvia Sussmann. Does nationality affect tourist behavior [J]. Annals of Tourism Research, 1995, Vol. 22, No. 4, pp. 901 – 917.

[586] Ruby Roy Dholakia. Going shopping: key determinants of shopping behaviors and motivations [J]. International Journal of Retail & Distribution Management, 1999, Vol. 27, No. 4, pp. 154 – 165.

[587] Vincent C. S. Heung & Eliza Cheng. Assessing tourists' satisfaction with shopping in the Hong Kong special administrative region of China [J]. Journal of Travel Research, 2000, Vol. 38, No. 4, pp. 396 – 404.

[588] Lindsay W. Turner & Yvette Reisinger. Shopping satisfaction for domestic tourists [J]. Journal of Retailing and Consumer Services, 2001, Vol. 8, No. 1, pp. 15 – 27.

[589] Neil Carr. A comparative analysis of the behaviour of domestic and international young tourists [J]. Tourism Management, 2002, Vol. 23, No. 3, pp. 321 – 325.

[590] Yvette Reisinger & Lindsay W. Turner. The determination of shopping satisfaction of Japanese tourists visiting Hawaii and the Gold Coast compared [J]. Journal of Travel Research, 2002, Vol. 41, No. 2, pp. 167 – 176.

[591] James Wong & Rob Law. Difference in shopping satisfaction levels: a study of tourists in Hong Kong [J]. Tourism Management, 2003, Vol. 24, No. 4, pp. 401 – 410.

[592] Barbara A. Carmichael & Wayne W. Smith. Canadian domestic travel behaviour: a market

segmentation study of rural shoppers [J]. Journal of Vacation Marketing, 2004, Vol. 10, No. 4, pp. 333 – 347.

[593] Kristen K. Swanson. Tourists' and retailers' perceptions of souvenirs [J]. Journal of Vacation Marketing, 2004, Vol. 10, No. 4, pp. 363 – 377.

[594] Sylvester Yeung, James Wong & Edmond Ko. Preferred shopping destination: Hong Kong versus Singapore [J]. International Journal of Tourism Research, 2004, Vol. 6, pp. 85 – 96.

[595] Atila Yüksel. Tourist shopping habitat: Effects on emotions, shopping value and behaviours [J]. Tourism Management, 2007, Vol. 28, No. 1, pp. 58 – 69.

[596] Atila Yüksel, Fisun Yüksel. Shopping risk perceptions: Effects on tourists' emotions, satisfaction and expressed loyalty intentions [J]. Tourism Management, 2007, Vol. 28, No. 3, pp. 703 – 713.

[597] Tsan – Ming Choi, Shuk – Ching Liu, Ka – Man Pang, Pui – Sze Chow. Shopping behaviors of individual tourists from the Chinese Mainland to Hong Kong [J]. Tourism Management, 2009, Vol. 29, No. 4, pp. 811 – 820.

[598] Astrid D. A. M. Kemperman, Aloys W. J. Borgers, Harry J. P. Timmermans. Tourist shopping behavior in a historic downtown area [J]. Tourism Management, 2009, Vol. 30, No. 2, pp. 208 – 218.

[599] 戴学峰．出境游支出被低估国际游变花汇游 [J]．中国统计，2005：26 – 27.

[600] Vincent C. S. Heung & Hailin Qu. Tourism shopping and its contributions to Hong Kong [J]. Tourism Management, 1998, Vol. 19, No. 4, pp. 383 – 386.

[601] Barry L. M. Mak, Nelson K. F. Tsang & Irene C. Y. Cheung. Taiwanese tourists' shopping preference [J]. Journal of Vacation Marketing, 1999, Vol. 5, No. 2, pp. 190 – 198.

[602] Vincent C. S. Heung & Eliza Cheng. Assessing tourists' satisfaction with shopping in the Hong Kong special administrative region of China [J]. Journal of Travel Research, 2000, Vol. 38, No. 4, pp. 396 – 404.

[603] James Wong & Rob Law. Difference in shopping satisfaction levels: a study of tourists in Hong Kong [J]. Tourism Management, 2003, Vol. 24, No. 4, pp. 401 – 410.

[604] 中国出境旅游者消费行为模式研究课题组．中国出境旅游者消费行为模式研究 [M]．北京：旅游教育出版社，2003：36.

[605] AC 尼尔森主页，中国人为旅游购物慷慨解囊 [On Line]．2005 – 05 – 19，http://www.acnielsen.com.cn/news.asp? newsID = 93.

[606] 生活报．中国游客在境外为何成大款 [On Line]．2005 – 07 – 18，http://

news. sina. com. cn/c/2005 - 07 - 18/083264620s. shtml.
[607] 重庆晚报. 全球“血拼”——中国人为何出境就成购物狂 [On Line]. 2005 - 12 - 27, http: //gov. ce. cn/shou/rdzz/200512/27/t20051227_ 5643485. shtml.
[608] 王素洁, 齐善鸿. 消费主义与中国公民出境旅游高消费行为探析 [J]. 旅游学刊, 2005, 20 (6): 39 - 44.
[609] 戴学锋, 巫宁. 中国出境旅游高速增长的负面影响探析 [J]. 旅游学刊, 2006, 21 (2): 41 - 45.
[610] 王素洁, 齐善鸿. 消费主义与中国公民出境旅游高消费行为探析 [J]. 旅游学刊, 2005, 20 (6): 39 - 44.
[611] 中国出境旅游者消费行为模式研究课题组. 中国出境旅游者消费行为模式研究 [M]. 北京: 旅游教育出版社, 2003: 36.
[612] 张广瑞. 中国出境旅游热的冷静思考——关于中国出境旅游发展政策的辨析 [J]. 财贸经济, 2005 (7): 87 - 91.
[613] 中国出境旅游者消费行为模式研究课题组. 中国出境旅游者消费行为模式研究 [M]. 北京: 旅游教育出版社, 2003: 36.
[614] 戴学峰等. 中国出境旅游研究报告 [R]. [On Line]. 2005 - 09 - 16, http: //travel. people. com. cn/GB/41636/41828/3702100. html.
[615] 上海市统计局. 上海统计年鉴 [M]. 北京: 中国统计出版社, 2009.
[616] 佚名. 沪出境旅游论坛显示中国出境势头强劲 [EB/OL]. 2009 - 04 - 09. http: // www. lvyou168. cn/tourism_ analysis/20090409/19934. html.
[617] 中国出境旅游者消费行为模式研究课题组. 中国出境旅游者消费行为模式研究 [M]. 北京: 旅游教育出版社, 2003: 36.
[618] 中国出境旅游者消费行为模式研究课题组. 中国出境旅游者消费行为模式研究 [M]. 北京: 旅游教育出版社, 2003: 36.
[619] 中国出境旅游者消费行为模式研究课题组. 中国出境旅游者消费行为模式研究 [M]. 北京: 旅游教育出版社, 2003: 36.
[620] 沈祖祥. 旅游与中国文化 (2 版) [M]. 北京: 旅游教育出版社, 2002: 17.
[621] 马庆国. 管理统计——数据获取、统计原理、SPSS 工具与应用研究 [M]. 北京: 科学出版社, 2002.
[622] 郭志刚. 社会统计分析方法——SPSS 软体应用 [M]. 北京: 中国人民大学出版社, 1999.
[623] Nunnally, J. C.. Psychometric theory[M]. New York: McGraw - Hill, 1967.

[624] Dann, G. M. S.. Anomie, Ego-enhancement and tourism [J]. Annals of Tourism Research, 1977, Vol. 4, No. 4, pp. 184 – 194.

[625] Pearce, P. L.. The social psychology of tourist behavior [M]. Oxford: Pergamon Press, 1982.

[626] Pearce, P. L. & Caltabiano, M. L. Inferring travel motivations from travelers' experience [J]. Journal of Travel Research, 1983, No. 3. pp. 16 – 20.

[627] Pyo, S., Mihalik, B. J. & Uysal, M.. Attraction attributes and motivations: a canonical correlation analysis [J]. Annals of Tourism Research, 1989, Vol. 16, No. 2, pp. 277 – 282.

[628] Yuan, S. & McDonald, C. Motivational determinants of international visitors to US Parks and Natural Areas [J]. Journal of Park & Recreation Administration, 1990, Vol. 8, No. 1, pp. 51 – 59.

[629] Kim, S. S., Lee, C. & Klenosky, D. The influence of push and pull factors at Korean National Parks [J]. Tourism Management, 2003, Vol. 8, No. 2, pp. 169 – 180.

[630] Mary Ann Littrell. Symbolic significance of textiles crafts for tourists [J]. Annals of Tourism Research, 1990, Vol. 17, No. 2, pp. 228 – 245.

[631] Soyoung Kim & Mary A. Littrell. Souvenir buying intentions for self versus others [J]. Annals of Tourism Research, 2001, Vol. 28, No. 3, pp. 638 – 657.

[632] Maggie Asplet & Malcolm Cooper. Cultural designs in New Zealand souvenir clothing: the question of authenticity [J]. Tourism Management, 2000, Vol. 21, No. 3, pp. 307 – 312.

[633] Dallen J. Timothy & Richard W. Butler. Cross-border shopping: a North American perspective [J]. Annals of Tourism Research, 1995, Vol. 22, No. 1, pp. 16 – 34.

[634] Joanne Yoon – Jung Oh, Chia – Kuen Cheng, Xinran Y. Lehto & Joseph T. O'Leary. Predictors of tourists' shopping behaviour: examination of socio-demographic characteristics and trip typologies [J]. Journal of Vacation Marketing, 2004, Vol. 10, No. 1, pp. 308 – 319.

[635] Donggen Wang. Hong Kongers'cross-border consumption and shopping in Shenzhen: patterns and motivations [J]. Journal of Retailing and Consumer Services. 2004, Vol. 11, No. 3, pp. 149 – 159.

[636] Keown, C.. A model of tourists' propensity to buy: case of Japanese vistors to Hawaii [J]. Jounal of Travel Research, 1989, Vol. 27, No. 3, pp. 31 – 34.

[637] 生活报．中国游客在境外为何成大款 [On Line]. 2005 – 07 – 18, http://news. sina. com. cn/ c/2005 – 07 – 18/08326463620s. shtml, 2005 – 7 – 18.

[638] Hanqin Q. Zhang, Ivy Chow. Application of importance – performance model in tour guides' performance: evidence from mainland Chinese outbound visitors in Hong Kong. Tourism Management, 2004, Vol. 25, No. 1, pp. 81 – 91.

[639] 张广瑞. 中国出境旅游热的冷静思考——关于中国出境旅游发展政策的辨析[J]. 财贸经济, 2005(7):87 – 91.

[640] SooCheong (Shawn) Jang, Larry Yu & Thomas E. Pearson. Chinese travelers to the United States: a comparison of business travel and visiting friends and relatives [J]. Tourism Geographies, 2003, Vol. 5, No. 1, pp. 87 – 108.

后　记

据联合国世界旅游组织预测，2020 年中国出境旅游将达 1 亿人次，将成为继德国、日本和美国之后的世界第四大出境旅游国。随着这些年来中国出境旅游市场的蓬勃发展，中国出境旅游市场在世界出境旅游市场地位的也不断提高。因此，如何将具有中国东方文化特色的出境旅游市场案例与旅游管理学理论进行有效融合，具体分析和研究具有中国特色的出境旅游市场，如何将旅游市场营销学理论卓有成效地应用于中国出境旅游市场的应用实践，是本研究关注的重点内容和重点问题。本研究试图在汲取国内外相关理论与实践的基础上，在此方面做一努力和探讨，其中难免有诸多不足之处，敬请读者批评指正。

本研究的相关文献综述、市场调研、问卷设计、数据分析、研究结果，首先要特别感谢国家自然科学基金（No. 70673013、No. 71073029、No. 70873025）的资助与支持，其次要特别感谢我的研究生陈勇、叶云霞、谢丽佳、臧胜男、薛康、周纯、裴艳琳、姜静娴、彭兰亚对相关研究的贡献和支持，感谢相关本科生在问卷调研和数据整理方面所提供的帮助。本研究在市场调研过程中，得到了国家旅游局、上海市旅游局的高级官员、经营出境旅游的旅行社高层管理者的大力支持与帮助，在此特表感谢。

随着中国加入 WTO，旅游业已成为中国少数具有竞争优势的产业之一。中国出境旅游市场在世界出境旅游市场中占有极为重要和特殊的地位，中国出境旅游市场的迅猛发展呼唤着学术界对旅游市场理论研究的纵深发展，呼唤着对旅游市场研究必须借助相关学科的研究理论与研究方法，呼唤着具有中国特色的旅游市场学理论。研究学问的真谛在于，弘扬中华优秀管理文化，促进民族伟大复兴，发展中国产业经济，服务中国经济发展。

该研究是我近年进行学术研究的浅薄之作，从进入复旦大学工商管理博士后流动站到留校至今，无论在国内的教学、研究与实践经历，还是在韩国、德国、美国等国的国外访问、研究与实践经历，都使我有机会认识接触了校内外及国内外学术界的许多知名专家学者。我经常为这些专家学者侃侃而谈、气度非凡的大家风范所折服，为其治学严谨、学识渊博的言传身教而倾倒。他们卓越不凡的组织才能、睿智博学的敏锐思维、鞠躬尽瘁的敬业精神、气度恢弘的人格魅力、德艺双馨的聪敏才智、孜孜不倦的务实教诲、求实治学的研究态度、出类拔萃的表达能力、体贴入微的人情练达，更使我由衷地钦佩和赞叹，并深深影响着我。

光阴荏苒、雁渡寒潭。随着时间的流逝，我越来越感到，具有中国文化特色的旅游市场理论与实践方面，需要做的相关工作太恢弘、太博大、太深邃了。我心中常常充满着忐忑惶恐，无法掩饰自己的才疏学浅，更惶惶于自己的资质笨拙与愚讷，只能用余生的时间来不断地学习与体会了。

作　者

2012 年 2 月